CB063687

Dia a dia com

D. L. MOODY

DEVOCIONAL DIÁRIO

Publicações
Pão Diário

Dia a dia com

D. L. MOODY

DEVOCIONAL DIÁRIO

D. L. MOODY

Dia a dia com D. L. Moody: Devocional diário
Essa obra é um trabalho de compilação e organização
feita por Marcos Rodrigues Simas e Adriel Moreira Barbosa.
Os textos foram retirados das obras originais de D. L. Moody.
Copyright © Publicações Pão Diário, 2022

COORDENAÇÃO DO PROJETO: Marcos Rodrigues Simas
COORDENAÇÃO EDITORIAL: Adolfo A. Hickmann
TRADUÇÃO E EDIÇÃO: Adriel Moreira Barbosa
REVISÃO: Dalila Mendes, Lozane Winter, Rita Rosario, Thais Soler
PROJETO GRÁFICO E CAPA: Audrey Novac Ribeiro
DIAGRAMAÇÃO: Audrey Novac Ribeiro

Dados Internacionais de Catalogação na Publicação (CIP)

Moody, Dwight Lyman
Dia a dia com D. L. Moody — Devocional diário
Tradução: Adriel Moreira Barbosa — Curitiba/PR, Publicações Pão Diário
1. Devocional   2. Encorajamento
3. Vida cristã   4. Bíblia

Proibida a reprodução total ou parcial sem prévia autorização, por escrito, da editora.
Todos os direitos reservados e protegidos pela Lei 9.610, de 19/02/1998.
Permissão para reprodução: permissao@paodiario.com

Exceto quando indicado o contrário, os trechos bíblicos mencionados são da edição
Revista e Atualizada de João F. de Almeida © 2009 Sociedade Bíblica do Brasil.

Publicações Pão Diário
Caixa Postal 4190
82501-970 Curitiba/PR, Brasil
publicacoes@paodiario.org
www.publicacoespaodiario.com.br
Telefone: (41) 3257-4028

Capa dura: Q1677
ISBN: 978-65-87506-86-9
Capa couro: PF558
ISBN: 978-65-87506-91-3

1.ª impressão 2022

Impresso na China

SUMÁRIO

Apresentação 7
Devocionais 9
Tabela de versículos.. 375

APRESENTAÇÃO

As leituras devocionais contidas neste livro foram editadas a partir de obras originais de Dwight L. Moody e de variados autores que contam a trajetória de transcrições das pregações desse autor. Os livros escritos por Moody, como *The Overcoming Life*, *Glad Tidings*, *Prevailing Prayer*, *Secret Power*, *The Way to God* e *Sowing and Reaping*, contêm reflexões profundas e diretas sobre temas como vida de oração, evangelização, ministério cristão, pregação, atualidade e confiabilidade da Bíblia, santidade, testemunho cristão, poder do Espírito Santo, amor de Deus, sacrifício de Cristo, entre outros. Já nas leituras extraídas das coletâneas de mensagens e textos biográficos, o leitor encontrará a forte ênfase evangelística de Moody, em reflexões sobre a necessidade urgente de evangelização, vida em santidade, arrependimento, vida eterna e salvação.

Cada devocional foi editado e adaptado cuidadosamente, procurando manter fidelidade à linguagem do autor e ao seu objetivo de atingir diretamente o coração de seus ouvintes. Moody não era um homem erudito segundo os padrões acadêmicos. Pelo contrário, ele mal conseguiu terminar seus estudos básicos. Porém, era um pregador eloquente e incisivo. Muitos foram ouvi-lo para tentar copiar seu método de pregação, mas sem sucesso. Ele apreciava muito contar histórias e ilustrações para, por meio delas, levar seus ouvintes e leitores às verdades que desejava ensinar.

Moody não hesitava em alertar sobre a iminência da volta de Cristo, a fim de persuadir as pessoas a receberem a fé em Cristo. Estas e outras características marcantes da personalidade desse grande evangelista estão presentes nos textos apresentados neste devocional.

Nosso desejo é que você, leitor, possa ter um encontro com o poder do Espírito Santo, por meio dos escritos desse humilde servo de Deus. Ele trabalhou intensamente, até poucos dias antes de sua morte, para que o evangelho alcançasse o máximo de pessoas possível, a fim de que essas pessoas pudessem ser levadas a uma vida de santidade e serviço a Deus.

Os organizadores

A BATALHA DE TODO CRISTÃO

...porque todo o que é nascido de Deus vence o mundo; e esta é a vitória que vence o mundo: a nossa fé. Quem é o que vence o mundo, senão aquele que crê ser Jesus o Filho de Deus? 1 JOÃO 5:4-5

Quando uma batalha é travada, todos ficam ansiosos para saber quem serão os vencedores. Nesses versículos, somos informados sobre quem obterá a vitória na vida. Quando me converti cometi este erro: pensei que a batalha já era minha, a vitória já estava ganha, e a coroa ao meu alcance. Pensei que, como as coisas velhas haviam passado e todas as coisas se tornaram novas, minha velha natureza corrupta, a vida de Adão, não me causaria mais problemas. Porém descobri, depois de servir a Cristo por alguns meses, que a conversão era apenas como o alistamento no exército, e que, se eu queria uma coroa, teria que lutar por ela. Mas muitos cristãos cometem o erro de pensar que toda batalha já foi travada e ganha. Eles acham que tudo o que precisam fazer é colocar os remos no fundo do barco, e a correnteza os levará para o oceano do amor eterno de Deus. Mas temos que cruzar a corrente deste mundo, remando com força para vencê-la.

Muitos novos convertidos ficam desanimados quando percebem que estamos em guerra. Eles começam a pensar que Deus os abandonou, que a vida cristã não é tudo o que eles pensavam ser. O grande adversário age para enredá-la novamente. Ele usa todo o seu poder para recapturar sua presa perdida, por isso, ataques mais ferrenhos são feitos e quanto mais violenta a batalha que o novo convertido é desafiado a travar, mais segura é a evidência da obra do Espírito Santo em sua vida. A vida cristã é um conflito e uma guerra, e quanto mais rápido entendermos isso, melhor. Devemos ter em mente que, se quisermos vencer o mundo, temos que trabalhar com Deus. É o Seu poder que torna eficaz todos os meios da graça.

D L Moody

AMOR MARAVILHOSO

...e conhecer o amor de Cristo, que excede todo entendimento, para que sejais tomados de toda a plenitude de Deus.

EFÉSIOS 3:19

A verdade de que "Deus é amor" tem o poder de transformar o mundo. Se você conseguir convencer uma única pessoa de que Deus a ama, você conquistou o coração dela. Se realmente levarmos pessoas a acreditarem que Deus as ama, nós certamente as encontraremos no Reino dos céus! O problema é que elas pensam que Deus as odeia e, por isso, ficam o tempo todo fugindo dele. Certa noite, em nossa igreja, um homem passou diante da porta e viu escrito na parede: "Deus é amor". Ele era um pobre filho pródigo, que, ao ler isso, pensou consigo mesmo: Deus não me ama, pois sou um pobre pecador miserável.

Ele tentou se livrar daquelas palavras; mas elas pareciam se fixar em seu coração como se tivessem sido marcadas com fogo. Ele continuou andando por alguns metros, então se virou, voltou e foi para a reunião. Ele não tinha ouvido um sermão, mas aquelas poucas palavras ficaram profundamente marcadas em seu coração, e isso foi o suficiente. Ele ficou quieto durante toda a reunião, e eu o encontrei chorando como uma criança ao final. Enquanto eu abria as Escrituras e dizia a ele como Deus o amou por todo aquele tempo em que estivera vagando, e como Deus estava esperando para recebê-lo e perdoá-lo, a luz do evangelho irrompeu em sua mente, e ele foi cheio da alegria da salvação.

… 3 DE JANEIRO

O PASTOR-MENINO

*O Senhor é o meu pastor;
nada me faltará.*
SALMO 23:1

Davi, o menino pastor, está cuidando das ovelhas de seu pai. Elas estão pastando pelas mesmas colinas onde mais tarde nascerá um Cordeiro, do qual nós muito temos ouvido: "Eis o Cordeiro de Deus, que tira o pecado do mundo!" (JOÃO 1:29). Davi, o menino pastor, era corajoso, poeta e músico talentoso. Davi, o menino pastor, era um belo jovem; era corajoso, e era um poeta. Acredito que muitas vezes ele se esquecia das ovelhas em seus devaneios. Lá, na solidão das pradarias, tocava sua harpa e se emocionava com a presença de Deus. Davi estava trabalhando, reunindo material para seus salmos, para presentear a humanidade com as palavras de Deus.

Deitado na relva, ele olhava para as estrelas, examinando o Céu, e para sua mente juvenil o Céu parecia um pedaço de bordado divino, que os dedos divinos trabalhavam os fios de luz e as contas das estrelas. Mais tarde, Davi escreveria sobre esses céus, obra dos dedos de Deus (SALMO 8:3). Ele viu as terríveis tempestades e trovões assustarem os animais do campo; e mais tarde, disse que a voz do Senhor faz parir as corças (SALMO 29:9). E, quando ficou velho, pensando na bondade de Deus, parecia que ouvia novamente o balido das ovelhas de seu pai, tantos anos depois, lembrando da época em que ele cuidava delas nas colinas de Belém. Então, novamente podia exclamar que o Senhor era o seu pastor!

D. L. Moody

COMPAIXÃO PELO PRÓXIMO

*Certo samaritano, que seguia o seu caminho, passou-lhe
perto e, vendo-o, compadeceu-se dele. E, chegando-se,
pensou-lhe os ferimentos, aplicando-lhes óleo e vinho;
e, colocando-o sobre o seu próprio animal,
levou-o para uma hospedaria e tratou dele.*
LUCAS 10:33-34

Olhe para aquele homem ferido, sangrando, morrendo, à beira da estrada. Agora, veja o sacerdote que desce pela mesma estrada e olha a cena. Seu coração pode ter sido tocado, mas ele não teve compaixão suficiente para ajudar o pobre homem. Pode ser que o sacerdote tenha lamentado em seu coração a situação daquele pobre sujeito; mas resistiu, passou ao seu lado e o deixou ali. O levita agiu da mesma forma, e ele não permitiu que seu coração fosse movido por compaixão e ajudá-lo. Ah, meus queridos amigos e amigas, muitos de nós somos como o sacerdote e o levita! Talvez alguns de vocês encontrem hoje mesmo um bêbado cambaleando na rua e apenas digam: "Pobre sujeito!".

Mas o samaritano olhou para o homem e teve compaixão dele. Esse bom samaritano representa Cristo, o bom samaritano que veio ao mundo para buscar e salvar o ser humano. Por isso, venha ainda hoje ao Filho de Deus, e Ele terá compaixão de você, o tirará do monturo e o transformará. Ele o levará ao Reino de Sua glória, se você apenas o deixar entrar em sua vida. Ele não se importa com quem você é, ou o que possa ter acontecido em sua vida passada. Como o Senhor disse à pobre mulher apanhada em adultério, Ele também diz a você que não o condena. Ele apenas quer que você não peque mais (JOÃO 8:11). Ele teve compaixão dela e terá de você também.

O SENHOR QUER ENTRAR

Eis que estou à porta e bato;
se alguém ouvir a minha voz e abrir a porta,
entrarei em sua casa e cearei com ele,
e ele, comigo. APOCALIPSE 3:20

Quão perto Cristo está de cada um de nós. Quem dera pudéssemos entender isso. Imagine que alguém esteja batendo na porta de sua casa agora? Pois bem, ele está muito mais perto do que isso. A porta que Ele bate é a do seu coração. Sim, Ele está junto ao seu coração agora, como aquele noivo do livro de Cânticos dos Cânticos, com Sua cabeça cheia de orvalho, e Seus cabelos com as gotas da noite, aguardado ansiosamente que você o deixe entrar em sua vida (5:2). Ele tem esperado muito para que nossa porta se abra; Ele tem batido centenas de vezes; mas, como o rei Agripa, muitos temos dito: "Por agora, podes retirar-te, e, quando eu tiver vagar, chamar-te-ei" (ATOS 24:25). Mas ele nunca é chamado de volta.

Quantos o têm rejeitado! Ele tem esperado 10, 20, 30, 40, 50 anos por alguns de vocês; e aquele momento oportuno não chegou. Novamente, Jesus cruza seu caminho e bate à sua porta. Seu coração não está palpitando agora? É Cristo que está batendo e quer entrar. Enquanto Ele está à porta, batendo, Ele diz que, se você ouvir a Sua voz e abrir a porta, Ele entrará em sua casa e ceará com você, e você, com Ele. Você o deixará entrar em seu coração hoje? Abra a porta e o deixe entrar, pois Jesus quer salvar sua alma e conceder a você a alegria de Sua presença santa. Não o rejeite mais.

NÃO CONFIE EM SI MESMO

…pelo contrário, Deus escolheu as coisas loucas do mundo para envergonhar os sábios e escolheu as coisas fracas do mundo para envergonhar as fortes.
1 CORÍNTIOS 1:27

Deus sempre tem tentado ensinar esta lição aos Seus filhos: que Ele usa os fracos em vez dos fortes. Quando Deus estava prestes a inundar a Terra com um dilúvio, Ele ordenou que uma arca fosse construída. Não chamou um exército, mas apenas um homem para construir uma arca. Aos olhos do mundo, a arca era algo insignificante; mas quando o dilúvio veio, ela valeu mais do que tudo que as pessoas tinham e nada poderia salvá-las a não ser a arca de Noé (GÊNESIS 7). Quando Deus quis libertar Israel do Egito, Ele não enviou um exército. Teríamos considerado um exército, com certeza. Enviaríamos alguém eloquente, que se apresentasse perante o rei em grande estilo, mas Deus não fez isso.

Ele enviou o tal do Moisés, que estava no deserto há 40 anos, totalmente esquecido; alguém com dificuldades na fala e nada eloquente. Quando o faraó olhou para ele, ordenou que ele saísse de sua presença. Mas Deus usou a pequena mosca e a pequena rã para abalar o Egito (Êxodo 8). Deus gosta dos pequenos. Ele se agrada em pegar as coisas fracas para confundir os poderosos. Podemos ser muito fracos em nós mesmos, mas Deus é poderoso para nos usar. O fato é que temos muita confiança em nós mesmos e não somos fracos o suficiente. Mas não é essa nossa força que queremos, pois apenas uma gota da força de Deus vale mais do que todo o mundo.

FAÇA O TRABALHO DE DEUS

*Olhando o filisteu e vendo a Davi, o desprezou,
porquanto era moço ruivo e de boa aparência.*
1 SAMUEL 17:42

Lemos na história bíblica sobre aquele gigante que, durante 40 dias, aterrorizou todo o exército de Saul. Os soldados tremiam diante dele. No tempo de Josué, ele e seu exército não temiam os gigantes, porque eram fracos em si mesmos, mas fortes no Senhor. Mas Saul e seu exército não tinham seus olhos postos em Deus e, quando tiramos nossos olhos de Deus, os gigantes parecem poderosos demais para nós. Então, apareceu um jovem adolescente do interior, que ouviu falar do gigante e começou a perguntar o que aquilo significava. Os soldados lhe contaram e ele resolveu imediatamente sair para enfrentá-lo. O garoto seria a última pessoa que teríamos escolhido, mas os caminhos de Deus não são os nossos. Se nos considerarmos fracos, Deus terá toda glória.

Esse é o ponto. Se escolhêssemos um gigante para enfrentar o gigante filisteu, a glória seria do gigante e não de Deus. O jovem hebreu não pediu nada para Saul; apenas pegou algumas pedras pequenas do riacho e as colocou em sua funda. Ele chegou diante do seu inimigo e anunciou a ele que estava ali em nome do seu Deus. Sim, ele se apoiou na força de Deus. Agora apenas pense comigo. Assim como Davi, devemos colocar nossa pedrinha na funda. Deus nos dirigirá e o trabalho de Deus será feito. O gigante de Gate cairá. Precisamos aprender a lição de que somos fracos, mas não precisamos de nenhuma força além daquela que Deus nos dá. Não são grandes reuniões que precisamos. Não é por força nem por poder, mas pelo Espírito de Deus, como aprendemos em Zacarias 4:6.

COLOQUE O "SE" NO LUGAR CERTO

...se tu podes alguma coisa, tem compaixão de nós e ajuda-nos. MARCOS 9:22

Esse homem usou o "se" de forma errada. Ele deveria ter feito como o leproso que disse: "'Senhor, se quiseres, podes purificar-me'. E [Jesus], estendendo a mão, tocou-lhe, dizendo: 'Quero; fica limpo!'" (LUCAS 5:12-13). O Senhor se agradou dele, a lepra sumiu e ele ficou bom num instante. Essas notícias correram por toda Cafarnaum e não só a cidade se agitou, mas também toda a nação, pois lemos que as pessoas vinham de todas as partes da Judeia, da Galileia e até mesmo de Jerusalém. A notícia chegou à capital e os escribas e fariseus buscaram saber o que significava aquele grande avivamento. Eles não iam para receber uma bênção, assim como muitos que vão aos cultos; eles iam apenas por curiosidade. Queriam ver como era que aquele homem estava realizando milagres tão poderosos e foram informados de que Ele estava numa casa.

Lá estavam eles sentados ao redor do Mestre e somos informados, em Lucas 5:17, que o poder do Senhor estava com Ele para curar os enfermos. Mas a Bíblia não diz que eles foram curados. Eles não achavam que estavam doentes e que precisavam de um Salvador. Como milhares de pessoas hoje, que se cobrem com trapos de imundícia de sua própria justiça, aquelas pessoas pensavam que eram boas por si só. Gente assim vai ao culto para encontrar um pensamento positivo, uma filosofia. Muitas vezes, penso como seria glorioso se todos os enfermos do tempo de Jesus tivessem sido curados. Que coisa gloriosa se aqueles que saíram da Judeia tivessem se convertido e voltado para publicar as boas-novas em suas casas e vilas. Que avivamento teria sido. Mas eles não foram lá com esse propósito, apenas para investigar o que estava acontecendo.

/ ## ABRA O SEU CORAÇÃO

*Então, Jesus lhe disse:
"Hoje, houve salvação nesta casa,
pois que também este é filho de Abraão".*
LUCAS 19:9

Zaqueu era um cobrador de impostos. Ele tinha um trabalho honesto e importante, mas a oportunidade de roubar era tão grande que ele não resistiu. A Bíblia diz que Zaqueu era um pecador, em sentido público. Quantas pessoas boas foram arruinadas ao se tornarem pessoas públicas. É algo terrível para qualquer um ter um cargo governamental, a menos que seus princípios de integridade estejam profundamente enraizados. Muitas pessoas que eram corretas em sua vida privada, naufragaram ao se tornarem conhecidas e respeitadas. Apesar de sua má reputação, havia alguns traços positivos em Zaqueu, como existe em quase todas as pessoas. Ele ficou muito curioso quando ouviu que um certo Rabi estava passando pela cidade. Era Jesus, o Senhor da glória, vindo a pé, coberto de poeira e cansado, carregando sobre si as dores e os sofrimentos do mundo.

Zaqueu era baixinho e não conseguia ver por cima da cabeça das pessoas enquanto Jesus passava; então ele subiu numa árvore para ver como era aquele homem tão admirado. Jesus avançou, em meio ao alvoroço da multidão que se aglomerava. Os homens mais ilustres e populares da cidade estavam observando e tentando chamar Sua atenção. Mas Jesus, em vez de olhar para eles, preferiu dar atenção ao homenzinho sentado no galho da grande árvore. Zaqueu subiu ali por mera curiosidade, mas acabou encontrando sua salvação. Posso imaginar Cristo entrando pela porta da frente da casa de Zaqueu. O Rei do Céu e da Terra se senta, e ao olhar ao redor para o lugar e para a família, Ele pronuncia a bênção: "Hoje, houve salvação nesta casa" (LUCAS 19:9).

O FAZENDEIRO "RICO"

*Mas Deus lhe disse: Louco, esta noite te pedirão
a tua alma; e o que tens preparado, para quem será?
Assim é o que entesoura para si mesmo
e não é rico para com Deus.* LUCAS 12:20-21

Quão pobre é uma pessoa que acumulou riqueza neste mundo, mas que não tem um tesouro no Céu! Durante a Guerra Civil, um casal de amigos chamou um grande fazendeiro para convencê-lo a ajudar financeiramente os soldados. O rico fazendeiro levou o casal para uma varanda e pediu para que eles olhassem para o horizonte. Então, ele lhes disse:

—Tudo isso é meu.

Depois, ele os levou para o outro lado da casa e mostrou sua linda fazenda; em seguida, mostrou a cidade onde morava, que recebeu seu nome, e disse:

—Eu vim para cá como um menino pobre, sem um centavo, mas hoje eu tenho toda essa honra.

Quando ele terminou de apresentar todas as suas conquistas, meu amigo perguntou, apontando seu dedo para cima:

—Quanto você tem guardado lá?

E o semblante do velho fazendeiro decaiu, pois sabia muito bem o que isso significava. Constrangido, ele respondeu:

—Bem, eu acredito que não tenho nada lá. — Então, lágrimas rolaram por seu rosto e ele disse:

—Sinto-me como um tolo.

Depois de sua morte, tudo o que ele acumulou foi dividido entre os seus familiares. Isso é o que eu vejo todos os dias; pessoas acumulando dinheiro como se isso representasse tudo pelo que elas devem viver, abandonando seus filhos e o próprio Deus. Essas pessoas acumulam riqueza para que a próxima geração desperdice e destrua seu corpo e sua alma.

D.L. Moody

11 DE JANEIRO

PREGUE O EVANGELHO

*E disse-lhes: Ide por todo o mundo
e pregai o evangelho a toda criatura.*
MARCOS 16:15

Quero perguntar se você acredita que Jesus enviaria seus discípulos para pregar o evangelho a toda criatura se ele não quisesse que todos fossem salvos? Por dois mil anos, os arautos da Cruz têm cruzado mares e rios, enfrentado adversidades e perseguições, para testificar sobre as gloriosas verdades do evangelho. Muitos foram torturados e mortos por terem pregado o evangelho. Hoje, vivemos em um mundo no qual o evangelho é tão livre quanto o ar. Mas precisamos nos lembrar que, para que esse santo evangelho chegasse até nós, custou tudo que Deus tinha. Desde então, ele é gratuito para todos, mas nunca podemos nos esquecer o que custou para Deus, o Filho de seu amor, redimir esse mundo rebelde. Se você é salvo, tenha em mente que você recebeu uma dádiva preciosíssima, que custou tudo a Deus.

Portanto, meus caros, digo a cada um de vocês que cada ser humano tem duas posições a tomar diante desse poderoso evangelho: deve recebê-lo e ser salvo ou rejeitá-lo e ser condenado. Aí está a Escritura, devemos crer nela ou rejeitá-la. Vou colocar de forma bem clara, para que ninguém fique com dúvida. Se alguém está disposto a dizer que não quer a salvação, essa pessoa está tomando a decisão de resistir a Deus e ao Filho do seu amor. Seu destino eterno será terrível e irreversível. Por isso, Deus convoca a todos os seus filhos e filhas a irem por todo o mundo e pregarem o evangelho a toda criatura. É tão difícil fazer as pessoas acreditarem que elas precisam obedecer ao mandato de Jesus. Não seja mais um daqueles que se omitem. Pregue o evangelho!

D. L. Moody

NUNCA SE ESQUEÇA DE ONDE DEUS TE TIROU

Porque a porção do Senhor é o seu povo; Jacó é a parte da sua herança. Achou-o numa terra deserta e num ermo solitário povoado de uivos; rodeou-o e cuidou dele, guardou-o como a menina dos olhos. DEUTERONÔMIO 32:9-10

É um privilégio para cada filho de Deus saber que pode ser conservado firme por seu Deus; nosso Salvador ajuda cada um de nós em nossas dificuldades. Mas, na medida que você avança, não se esqueça de onde você veio. É muito importante lembrar do lugar terrível de onde viemos. Essa passagem bíblica diz que Deus nos achou "numa terra deserta e num ermo solitário povoado de uivos"; depois, Ele nos rodeou, cuidou de nós e tem nos guardado "como a menina dos olhos".

Em Londres, um cristão muito rico fundou uma casa de acolhimento em um dos bairros mais pobres da cidade e ficava até as duas horas da manhã levando jovens imigrantes que viviam nas ruas para a casa de abrigo. Ele investiu muito dinheiro naquele bairro e ajudou mais de trezentos jovens estrangeiros. Quando ele os resgatava daquele lugar terrível, tirava uma foto deles naquela situação humilhante. Depois, ele os levava para tomar banho e receber roupas novas. Eles também aprendiam algum ofício e a ler a Bíblia. Antes de partirem, o empresário tirava outra foto deles e entregava ambas a eles. Ele fazia isso para mostrar aos jovens a condição em que a instituição os encontrou e que eles estavam depois.

Lembre-se, neste dia, como Deus encontrou você. Pode ser que você estava no fundo de uma cova tenebrosa, mas Deus o tirou de lá, pôs sobre uma rocha e lhe deu uma nova canção. Portanto, cante uma canção de gratidão a Deus por Ele tê-lo tirado das trevas do inferno. Louve a Deus e trabalhe para Ele. É um dos maiores privilégios da vida cristã podermos trabalhar para o Filho de Deus.

D. L. Moody

O MAIOR TESOURO DE TODOS

O reino dos céus é semelhante a um tesouro oculto no campo, o qual certo homem, tendo-o achado, escondeu. E, transbordante de alegria, vai, vende tudo o que tem e compra aquele campo. MATEUS 13:44

Suponhamos que dissesse a você que eu perdi um diamante muito valioso na noite passada. Eu o tinha no bolso quando entrei pelo corredor da igreja, mas, quando terminei de pregar, percebi que não estava mais no meu bolso. Então, eu logo imaginei que ele tivesse caído em algum lugar do corredor, entre a porta e o púlpito. E suponhamos que eu dissesse que qualquer pessoa que o encontrasse ela poderia ficar com ele. Quão fervorosos vocês se tornariam, não é verdade? De uma hora para outra, ninguém mais prestaria atenção ao que eu estou falando e todos estariam pensando em onde está o tal diamante. Para algumas pessoas, isso se tornaria uma verdadeira obsessão.

Se você pudesse encontrá-lo, isso o tiraria da pobreza imediatamente e você seria independente pelo resto de seus dias. Ó, como logo todos se tornariam terrivelmente comprometidos! Gostaria de fazer com que as pessoas pudessem buscar a Cristo da mesma forma. Tenho aqui comigo algo que vale muito mais do que um diamante para oferecer. Eu ofereço a salvação, a vida eterna, que é muito mais preciosa do que todos os diamantes do mundo. Imagine que o anjo Gabriel voasse do trono de Deus e descesse aqui, na sua frente, e dissesse que ele foi comissionado por Deus para lhe oferecer qualquer presente que você quisesse, mas teria que ser apenas uma coisa. O que você escolheria? A riqueza desta cidade ou do mundo? Essa seria sua escolha? Dez mil vezes, não! Seu único pedido deveria ser: "Senhor, dá-me a vida! A vida eterna!". Busque a vida eterna acima de qualquer outra coisa.

D. L. Moody

PRECISAMOS TRABALHAR COM DILIGÊNCIA

...Fiz-me tudo para com todos, com o fim de, por todos os modos, salvar alguns. 1 CORÍNTIOS 9:22

Coloque uma pessoa em um navio que está naufragando e você a verá dando tudo o que tem por uma única chance de salvar sua vida. Eu sei disso por experiência própria, pois fiquei dois dias esperando ser resgatado no meio do oceano e parecia não haver mais esperança para mim e para os demais que agonizavam ali. Sei que muitas pessoas têm medo de morrer em algum acidente e ficam em pânico quando a sirene de incêndio toca em locais como uma igreja, mas, existem muitas portas pelas quais se pode escapar facilmente. Estas mesmas pessoas parecem se esquecer que não há porta para escapar do inferno. Se elas entrarem lá, permanecerão eternamente presas. Milhões e milhões de anos passarão, sem que haja uma porta pela qual se possa sair.

Que Deus desperte aqueles que estão adormecidos, para que busquem a salvação de suas almas. Eu sei que, para muitos, o que eu estou dizendo pode parecer exagero e até fanatismo. Dizem que está tudo bem com a igreja. Oxalá a Igreja estivesse desperta, pois este mundo estremeceria desde seus alicerces. Que Deus desperte a Igreja adormecida! O que precisamos é que as pessoas façam mais que elogiar a pregação e depois irem embora, apertando as mãos uns dos outros. As águas mais profundas e silenciosas costumam correr mais rápido do que quem as vê imagina. Precisamos que os crentes trabalhem imediatamente, como quem sai para salvar os náufragos de um navio. Vá e fale com seu vizinho sobre Cristo e sobre o Céu. Você não precisa andar muito tempo na rua para encontrar alguém que está descendo para a escuridão da morte eterna. Vamos nos apressar para resgatá-los!

D L Moody

15 DE JANEIRO

DEVEMOS ORAR SEM CESSAR

Gloriai-vos no seu santo nome; alegre-se o coração dos que buscam o Senhor. Buscai o Senhor e o seu poder, buscai perpetuamente a sua presença.
1 CRÔNICAS 16:10-11

Eu creio que uma onda de bênçãos passando sobre a terra. Deus está derramando seu Espírito em todos os lugares. Por toda parte, as pessoas estão trazendo seus feixes e os colocando aos pés do Mestre. Acredito que estamos vivendo nos dias pelos quais nossos pais oraram. Os céus estão abertos e o Espírito de Deus está sendo derramado sobre os filhos dos homens. Agora, este tempo é um bom momento para buscar você ao Senhor. Precisamos de uma multidão orando ao Senhor nesse momento. É uma questão sempre presente em minha mente, saber se alguma vez houve tanta oração subindo a Deus como agora. Não apenas em nossa cidade, mas em todo o mundo, temos o povo de Deus carregando em seu coração o peso pela salvação das almas. E isso não é Deus trabalhando?

Haverá um momento melhor para você buscar o reino de Deus do que agora, quando há um grande despertar, quando há um tal espírito de expectativa; quando a Igreja de Deus está se levantando para orar? Pense nas pessoas que oram. Você acredita que sempre tem sido da mesma forma? Que as pessoas oram e oram sem parar? Não, meus irmãos! Há tempos de indiferença, mas, hoje, muitos estão orando silenciosamente a Deus. Posso imaginar um jovem com sua mãe ao seu lado orando e implorando pela salvação de seu filho. Que isso vá fundo em sua alma! Que o Senhor possa contar contigo nas fileiras dos que despertaram para o tempo de orar e de experimentar um grande avivamento. Ore, crendo que o Senhor vai operar sobre a Terra. Ore como você nunca orou em sua vida.

D. L. Moody

SEREMOS UMA NOVA CRIATURA

*Fiel é a palavra e digna de toda aceitação:
que Cristo Jesus veio ao mundo para salvar
os pecadores, dos quais eu sou o principal.*
1 TIMÓTEO 1:15

Um homem entrou em uma reunião de oração de nossa igreja e esta era a sua história. Ele disse que tinha uma mãe que orava muito por ele, pois ele era um filho pródigo e pecador. Algum tempo depois da morte de sua mãe, ele começou a ficar perturbado com sua situação e pensou que deveria conseguir um trabalho decente e deixar seus antigos companheiros de farra. Porém, todos perguntavam por sua história e, ao descobrirem que ele era um marinheiro bêbado, o rejeitavam imediatamente. Então, ele tentou entrar para os maçons, mas não tinha ninguém que o recomendasse. E eles também foram perguntar às pessoas sobre ele e descobriram que não havia nada de bom em seu caráter, e também o rejeitaram. Ninguém o queria. Certo dia, porém, alguém lhe entregou um pequeno panfleto na rua que falava sobre nossa reunião de oração, e ele veio até a igreja para participar. Ele ouviu que Cristo tinha vindo para salvar pecadores; ele creu naquelas palavras e, tempos depois, quando foi dar seu testemunho, disse que ele havia vindo a Cristo sem nenhum caráter, e Cristo não o havia rejeitado, como todos os demais.

Queridos amigos, esse é o jeito de Cristo tratar cada um de nós. Não importa qual seja sua situação nesta hora; não importa quão mal ou envergonhado você esteja se sentindo. Tenho boas notícias para você. Invoque o Filho de Deus e Ele lhe restaurará. Invoque-o agora e seja uma nova criatura.

D. L. Moody

NOSSA ATITUDE DIANTE DELE

Convém que ele cresça e que eu diminua.
JOÃO 3:30

Eu oro para que um avivamento possa começar em nosso coração ainda hoje e, então, quão rápido o Senhor nos abençoará e nos usará. Se você deseja apresentar uma pessoa a outra, você precisa conhecê-las. Se você quer apresentar os pecadores a Deus, você deve estar perto de Deus e do pecador também; e se alguém está perto de Deus, terá amor pelos pecadores e seu coração estará com eles. Mas até que nos aproximemos de Deus, não podemos apresentar os homens a Deus. Alguém disse que Deus usa o vaso que estiver mais próximo, portanto, se estivermos perto de Deus, Ele nos usará.

Precisamos nos colocar em uma posição que dará a Deus toda a glória. Há algumas coisas que às vezes me fazem tremer, como se todo o trabalho que eu faço fosse dar em nada, porque há tanta adoração ao homem em nosso tempo. Temos que nos livrar dessa falsa adoração antes que possamos fazer um trabalho profundo na obra de Deus. Eu imploro para que você faça tudo o que puder para conter essa adoração ao homem. Se apenas olharmos para a cruz de Cristo, teremos pessoas entrando no Reino de Deus.

Temos que diminuir rápido e colocar o nosso "eu" no pó. Precisamos entregar essa nossa "dignidade" no altar do Senhor e dizer: "Aqui estou, Senhor; usa-me, se puderes". Devemos tomar o espírito daquele santo pregador do deserto que disse: "Convém que ele cresça e que eu diminua" (JOÃO 3:30). Então, o Senhor nos tomará em suas mãos e nos usará.

APENAS TENHA FÉ

E eis que lhe trouxeram um paralítico deitado num leito.
Vendo-lhes a fé, Jesus disse ao paralítico:
Tem bom ânimo, filho; estão perdoados os teus pecados.

MATEUS 9:2

Uma das coisas maravilhosas que temos nesta passagem é que as pessoas não haviam levado o paralítico até Jesus para que ele fosse perdoado dos seus pecados e, provavelmente, nem o próprio homem doente pensava nisso. Ele apenas esperava se livrar de sua paralisia. Então, as pessoas começaram a olhar em volta com espanto, entendendo que Jesus houvesse cometido um erro muito grave. Quem Ele pensava ser para perdoar pecados? Que direito Ele tinha de fazer isso? É só Deus quem faz isso. Esse era o pensamento deles.

Os judeus não acreditavam na divindade de Jesus Cristo e começaram a murmurar entre si, mas Cristo sabia o que eles estavam pensando. Ele podia ler seus pensamentos. Então, Cristo olhou para o homem e ordenou que ele se levantasse dali e o homem foi imediatamente curado. Quanto tempo demorou o Senhor Jesus Cristo para curar aquele homem? Com apenas algumas palavras a lepra se foi para sempre. Rapidamente o homem se levantou, enrolou sua esteira e foi embora para casa. Eu gostaria de ter visto sua esposa, quando o viu. Posso imaginar que ela ficou tão surpresa quanto qualquer um de nós ficaria.

Mas agora, quero chamar sua atenção para as palavras: "vendo-lhes a fé". Há muitas pessoas que não têm nenhuma fé no evangelho. Elas não acreditam na Bíblia. Mas há uma coisa que me encoraja muito. O Senhor pode honrar nossa fé e fazer sua obra através de nós. Se apenas tivermos fé no Filho de Deus, ele fará seus milagres e salvará uma multidão de pecadores. Nós só precisamos crer e pregar seu santo evangelho e ele mesmo se encarregará de realizar aquilo que nós não podemos fazer.

D. L. Moody

DEPENDA DO PODER DO ESPÍRITO SANTO

*E, se o ministério da morte, gravado com letras em
pedras, se revestiu de glória, a ponto de os filhos de Israel
não poderem fitar a face de Moisés, por causa
da glória do seu rosto, ainda que desvanecente, como não
será de maior glória o ministério do Espírito!*

2 CORÍNTIOS 3:7-8

Eu acredito firmemente que o poder criativo e milagroso de Deus reside no Espírito Santo. Acima e além de toda lei natural, mas em harmonia com ela, a criação, a providência, o governo divino e a edificação da Igreja de Deus são presididos pelo Espírito Santo de Deus. Seu ministério é o ministério da vida e é mais glorioso do que o ministério da lei. O Espírito Santo tem todas as qualidades pertencentes a uma pessoa; o poder de compreender, querer, fazer, chamar, sentir, amar. Isso não pode ser dito de uma mera influência, apenas sobre uma pessoa. Ele possui qualidades que só podem ser atribuídos a uma pessoa e realiza aquilo que não poderia ser feito por uma máquina, uma influência ou algo parecido.

O Espírito Santo está intimamente identificado com as palavras do Senhor Jesus, registradas em João 6:63: "O espírito é o que vivifica; a carne para nada aproveita; as palavras que eu vos tenho dito são espírito e são vida." A proclamação do Evangelho não pode ser divorciada da ação do Espírito Santo. A menos que Ele opere com poder, vã será nossa tentativa de pregá-la. A eloquência humana e capacidade de persuasão são meros instrumentos da carne, se o Espírito vivo estiver ausente. O profeta pode pregar aos ossos secos que estão no vale, mas só o sopro do Céu fará com que os mortos vivam.

D. L. Moody

O PODER DA SANTIFICAÇÃO

*Santifica-os na verdade;
a tua palavra é a verdade.*
JOÃO 17:17

De todos os céticos e infiéis que falam mal da Bíblia, nunca encontrei um que a tivesse lido completamente. Pode até haver alguém, mas nunca conheci. Na verdade, eu acho que o que fazem é simplesmente uma desculpa, uma obra do diabo, de tentar nos fazer acreditar que essa santa Palavra não é a verdade e que é obscura e misteriosa. A verdade, é que a única maneira de uma pessoa vencer o grande inimigo das nossas almas é por meio da Palavra de Deus. Ele sabe disso e então tenta fazer as pessoas descrerem dela. Assim que alguém se torna um verdadeiro crente e aceita a Palavra de Deus, se torna um conquistador sobre Satanás e é isso que ele teme. Agora, me diga, o que esses céticos têm para nos dar em lugar da Bíblia? Nada. Então, vamos nos apegar à Palavra de Deus. É claro que não conseguiremos entender tudo de uma vez. Mas não devemos rejeitá-la por causa disso.

Há outra classe de pessoas que dizem não se tornarem cristãs, porque não terão mais prazer nesta vida. Pensam que sua alegria irá embora para sempre. Bem, eu quero dizer que não há nenhuma mentira maior do que essa. O diabo obscurece a mente humana para que ela não aceite a verdade do evangelho. Pegue uma pessoa que está realmente com sede, morrendo por falta de água, e você vai e lhe dá água. Isso vai deixá-la triste? É claro que não. E isso é o que Cristo faz; Ele dá água viva para a alma sedenta. Se alguém está morrendo de fome e você lhe dá pão, isso o torna triste? Absolutamente não! E é isso o que Cristo é para a alma: o pão da vida. Você nunca terá verdadeiro prazer, paz, alegria ou conforto até que tenha encontrado Cristo por meio de sua santa Palavra.

A HABITAÇÃO DE DEUS

…e quando em uníssono, a um tempo, tocaram as trombetas e cantaram para se fazerem ouvir, para louvarem o Senhor e render-lhe graças; e quando levantaram eles a voz com trombetas, címbalos e outros instrumentos músicos para louvarem o Senhor, porque ele é bom, porque a sua misericórdia dura para sempre, então, sucedeu que a casa, a saber, a Casa do Senhor, se encheu de uma nuvem. 2 CRÔNICAS 5:13

Vemos nesta passagem bíblica que, no exato momento em que Salomão completou o Templo, quando tudo estava terminado e eles estavam louvando a Deus com um só coração, a glória de Deus veio e simplesmente encheu o Templo. É maravilhoso ver que os cantores, os músicos e os ministros eram todos um; não havia discórdia; eles estavam todos louvando a Deus. Agora, conforme você entra no Novo Testamento, você descobrirá que, em vez de ir a algum templo, os crentes é que são o Templo do Espírito Santo. Quando, no dia de Pentecostes, antes de Pedro pregar aquele sermão memorável, todos os discípulos estavam orando, o Espírito Santo veio com grande pode sobre eles e os encheu com poder.

Eu acredito que não temos mais que orar para que o Espírito Santo desça do Céu; isso está errado, porque Ele já está aqui; Ele não saiu mais deste mundo desde aquele dia memorável. Ele sempre esteve com todos os crentes, os que foram chamados para fora deste mundo. E todo verdadeiro crente é um Templo para o Espírito Santo habitar. Em João 14:17 lemos que, o Espírito da verdade, que o mundo não pode receber, habita conosco e está em nós. Portanto, se temos o Espírito habitando em nós, Ele nos dará poder sobre a carne e sobre o mundo. Ele está morando com você, e estará sempre em você.

D.L. Moody

PRECISAMOS DAQUELE ANTIGO PODER

*Com grande poder, os apóstolos davam testemunho
da ressurreição do Senhor Jesus,
e em todos eles havia abundante graça.*
ATOS 4:33

Eu acredito que nove em cada dez crentes nunca pensam em falar sobre Cristo a alguém. Mesmo quando veem uma pessoa, talvez um parente próximo, indo rapidamente para a ruína, eles não pensam em falar com a pessoa e ganhá-la para Cristo. Certamente deve haver algo errado com essas pessoas. No entanto, quando você conversa com elas, descobre que elas têm fé e não pode dizer que não são filhos e filhas de Deus; mas elas não têm poder, não têm a liberdade e o amor que os verdadeiros discípulos de Cristo devem ter. Muitas pessoas estão pensando que precisamos de novas medidas, novas igrejas, novos equipamentos de som e novos coros em nossas igrejas para que as pessoas sejam alcançadas para Deus.

Mas não é disso que a Igreja de Deus precisa hoje. Ela precisa daquele antigo poder que os apóstolos tinham; e se tivermos isso em nossas igrejas, haverá uma nova vida. Então teremos novos ministros, renovados com poder do Espírito Santo. Queremos pessoas vivificadas pelo Espírito de Deus e queremos ver o Espírito descendo e tomando posse dos filhos de Deus e dando-lhes poder. Então, um homem cheio do Espírito saberá como usar a espada do Espírito. Se um homem não está cheio do Espírito Santo, ele nunca saberá como usar este Livro santo. A razão pela qual a Igreja não pode vencer o inimigo é porque ela não sabe como usar a espada do Espírito.

D.L. Moody

NOSSA DISPOSIÇÃO PARA SERVI-LO

*Procura apresentar-te a Deus aprovado,
como obreiro que não tem de que se envergonhar,
que maneja bem a palavra da verdade.*
2 TIMÓTEO 2:15

Precisamos ser cheios do Espírito, para sabermos como usar a Palavra de Deus. Lembro-me de homem cristão conversando com um incrédulo que lhe disse não crer Bíblia. Mas o crente foi em frente e lhe deu mais da Palavra e o homem novamente disse que não cria na Palavra de Deus. O crente continuou dando-lhe mais e, por fim, o homem foi alcançado. É isso o que nós queremos. Incrédulos podem dizer que não acreditam nas Escrituras e não é nosso trabalho fazê-los acreditar nela; essa é a obra do Espírito Santo. Nosso trabalho é dar a eles a Palavra de Deus; não para pregar nossas teorias e nossas ideias, mas apenas para transmitir a mensagem como Deus nos dá.

Lemos nas Escrituras sobre a palavra que o Senhor deu a Gideão. Suponhamos que Gideão tivesse ido lutar sem aquela Palavra; você pode imaginar o que teria acontecido com ele? Mas o Senhor usou Gideão; e eu acho que você pode ver claramente nas Escrituras, como Deus chama e usa estes instrumentos humanos, que não estavam preparados para a obra a que foram chamados. Você não pode encontrar, creio eu, um caso na Bíblia em que um homem seja convertido sem Deus usar algum agente humano. Mesmo quando pela glória do Senhor Jesus, Saulo de Tarso foi lançado em terra, Ananias foi usado para abrir seus olhos e conduzi-lo à luz do evangelho. Meus amigos, se nós estivermos dispostos a permitir que o Senhor nos use, Ele o fará.

A BOA MEDIDA

...dai, e dar-se-vos-á; boa medida, recalcada, sacudida, transbordante, generosamente vos darão.

LUCAS 6:38

Quando pudermos pisar nesses pecados, então as pessoas virão até nós e perguntarão como nós conseguimos. Elas desejarão esse poder; desejarão algo que elas não têm. Ó, que Deus nos convença dessa verdade. Trabalhamos a noite toda? vamos lançar a rede do lado direito do barco e pedir a Deus que perdoe nossos pecados e nos unja com poder do alto. Mas lembre-se que Ele não vai dar esse poder a alguém impaciente; Ele não vai dar a alguém egoísta; Ele nunca o dará a alguém ambicioso, até que primeiro essa pessoa se esvazie de si mesma. Quando você se esvaziar de todo orgulho e de todos os pensamentos mundanos, Deus o ungirá. Que seja a glória de Deus e não a nossa que buscamos e quando chegarmos a esse ponto, com que rapidez o Senhor nos abençoará para sempre. Então, a medida de nossa bênção será completa.

Você sabe como receber a boa medida do Céu? Encha seu coração com a Palavra de Deus e Deus o encherá. Depois disso, como Satanás e o mundo poderá entrar nele? Pois a medida do Céu é boa medida, medida plena, transbordante. Você tem essa plenitude? Se ainda não tem, procure-a. Diga, pela graça de Deus, que você a terá, pois é do agrado do Pai nos dar essas coisas. Ele quer que brilhemos neste mundo; Ele quer nos erguer para Sua obra; Ele deseja que tenhamos o poder de testificar sobre Seu Filho. Ele nos deixou neste mundo para testificar dele e não para comprar, vender e obter lucro, mas para glorificar a Cristo. Como você vai fazer isso sem o Espírito Santo? Essa é a questão. Como você vai fazer isso sem o poder de Deus? Será impossível.

D.L. Moody

UMA FONTE JORRANDO EM NÓS

Quem crer em mim, como diz a Escritura, do seu interior fluirão rios de água viva. JOÃO 7:38

No capítulo 3 do evangelho de João, encontramos Nicodemos vindo a Cristo e recebendo vida. Mas sua resposta foi fraca e você não ouve falar dele se levantando confessando a Cristo com ousadia, embora ele teve fé em Cristo. Então, no capítulo 4, você encontra aquela mulher do poço de Samaria e Cristo estendendo o cálice da salvação para ela. Ele disse a ela que a água que ele dá se torna "uma fonte a jorrar para a vida eterna" (JOÃO 4:14). Essa palavra é uma doce promessa para nossa alma, de que ela seja inundada com uma poderosa torrente que salte de volta para o trono de Deus. A água sempre sobe seu nível e, se enchermos nossa alma com a água que vem do trono de Deus, ela nos levará para cima, até sua fonte. Mas se você quiser ter a melhor visão de uma vida cristã poderosa, vá para o capítulo 7 e você verá que, aquele que recebe o Espírito Santo, por meio da confiança no Senhor Jesus, tem rios de água viva fluindo do seu interior.

Quando eu era menino, na Nova Inglaterra, havia um poço com uma velha bomba, com a qual eu costumava bombear a água todos os dias, até meu braço ficar cansado. Tempos depois, substituíram aquele velho poço com a velha bomba por um poço artesiano, que não dava tanto trabalho, pois a água subia espontaneamente das profundezas da terra. Eu acho que Deus quer que todos os seus filhos sejam uma espécie de poço artesiano; assim, eles não precisam ser "bombeados" para dar água, mas fluem espontaneamente. Quando o Espírito de Deus está repousando sobre nós, somos ungidos e podemos fazer grandes coisas para Deus. "Derramarei água sobre o sedento", diz Deus (ISAÍAS 44:3). Que palavra abençoada!

CONTINUE PREGANDO SEM DESANIMAR

Ouvindo eles estas coisas, compungiu-se-lhes o coração e perguntaram a Pedro e aos demais apóstolos: Que faremos, irmãos?

ATOS 2:37

Mesmo nesse mundo tão indiferente como o nosso, se você buscar, encontrará pessoas que estão ansiosas pela salvação. Mas também é verdade que, muitas vezes, ao pregar o evangelho, você se depara com pessoas totalmente desinteressadas. Você está falando com elas sobre o assunto mais importante da vida delas, e elas olham para você como se tivessem algo mais importante para fazer. Mas, não se desanime com isso e continue pregando. Logo você vai se deparar com pessoas que ficarão com seus olhos brilhando e dirão que querem ser salvas por Jesus. No dia de Pentecostes, Pedro ouviu da multidão estas preciosas palavras: "Que faremos, irmãos?" (ATOS 2:37).

Ah, meus amigos, quem dera que esse mundo buscasse a Deus como buscam riquezas. Acho impressionante ver como os comerciantes ficam entusiasmados tão rápido, quando ouvem que os preços de suas mercadorias serão reajustados e eles terão mais lucro. Alguns dizem que essa é uma excitação saudável, pois o comércio está crescendo e a economia vai melhorar. Mas quando as pessoas começam a ser tocadas por Deus e dão atenção ao destino eterno de suas almas, muitos dizem que esse fervor religioso é uma perda de tempo. No entanto, elas não falam nada sobre as multidões que correm para a morte todos os dias. Ali está um pobre viciado; olhem para ele e ouçam seu clamor subindo ao Céu! No entanto, a Igreja de Deus cochila e dorme, enquanto aqui e ali há uma alma sedenta. Quando as pessoas se importarão com a salvação como se importam com sua honra ou com a busca de riquezas?

D. L. Moody

O PODER DA HUMILHAÇÃO

*...e Deus escolheu as coisas humildes do mundo,
e as desprezadas, e aquelas que não são, para reduzir a
nada as que são; a fim de que ninguém s
e vanglorie na presença de Deus.*

1 CORÍNTIOS 1:28-29

Você já parou para pensar que, diferentemente de nós, são as coisas fracas que Deus deseja usar. Nós sempre queremos o grande, o poderoso, mas Deus busca as coisas loucas, humildes e desprezadas. E por que Ele faz isso? Para que nenhuma carne se glorie diante dele. Quanto tempo levará para aprendermos a lição de que Deus deve receber toda a glória e que não devemos tomar nada da glória para nós?

No momento em que estamos prontos para tomar nosso lugar no pó e dar a Deus seu lugar de direito, o Espírito de Deus pode ser derramado sobre nós. Se nos exaltarmos e dissermos que temos reuniões com multidões em torno de nós, tirando nossa mente de Deus e não mantermos uma constante comunhão com Ele, elevando nosso coração na oração, nosso trabalho será um fracasso estupendo.

Ó, irmãos, como Deus tem tentado ensinar esta lição a Seus filhos. Ele tem insistido em dizer que Ele usa os fracos em vez dos fortes. Ele tem alertado que aquilo que é altamente estimado pelos homens é uma abominação para Ele. Aprenda, logo de uma vez, a lição que Deus está ensinando a você e não se exalte, nem pense que é você quem faz as coisas maravilhosas que acontecem em sua obra. Precisamos entender de uma vez por todas que a glória pertence somente a Deus.

D. L. Moody

BUSQUE AO SENHOR

*Buscai o Senhor enquanto se pode achar,
invocai-o enquanto está perto.*
ISAÍAS 55:6

Haverá um momento melhor para buscar a Deus do que agora? Não, meus irmãos, não há! Este É o melhor momento para você buscar o reino de Deus. Busque ao Senhor, pois você pode encontrá-lo aqui e agora. Você pode dizer que o encontrará amanhã? Alguém tem o poder de dizer que estará vivo quando o sol nascer de novo? Ninguém sabe o que o amanhã pode trazer. Você sabia que desde que exatamente agora, dezenas de milhares de almas passaram para a eternidade no mundo? Você sabia que toda vez que o relógio bate uma alma morre? Então, não é este o melhor momento para você buscar o reino de Deus?

O Senhor quer você. Busque primeiro o reino de Deus e faça isso enquanto é possível. Mais de vinte anos atrás, um grande reavivamento varreu nossa nação. Muitos balançaram a cabeça em desaprovação; eles não podiam acreditar que aquilo tudo era um estado de coisas saudável. A Igreja não estava em seu estado normal! A Igreja estava agitada. Era possível ver as congregações sempre iluminadas e as pessoas buscando o reino de Deus às centenas. E em um ano e meio ou dois anos havia mais de meio milhão de almas salvas para Cristo. Mas, muitos diziam que aquilo era uma falsa excitação, um incêndio que logo se extinguiria. Mas, meus amigos, foi a graça precedendo o julgamento. Mal sabíamos nós que nossa nação seria ferida com sangue, por causa da guerra; e que logo veríamos centenas e milhares dos nossos jovens, a flor da nossa nação, mortos ou gravemente feridos. Ó, meus amigos, era Deus chamando Seu povo para buscá-lo. Ele estava preparando nossa nação para um tempo terrível.

DEUS USA QUEM ELE QUER

*Então, disse Deus a Noé: Resolvi dar cabo de toda carne,
porque a terra está cheia da violência dos homens;
eis que os farei perecer juntamente com a terra.
Faze uma arca de tábuas de cipreste.*

GÊNESIS 6:13-14

Veja que coisa maravilhosa, quando Deus estava prestes a inundar a terra e Ele queria que uma arca fosse construída, o que Ele fez? Chamou um exército? Não, Ele apenas chamou um homem para realizar esse tremendo trabalho. À vista do mundo, a Arca podia ser uma coisa muito pequena, mas, quando o dilúvio chegou, valia mais do que tudo o que havia no mundo. Por isso, meus amigos, não pensem que vocês são pequenos demais para que Deus os use. Aquela nuvem que não era maior do que a mão de um homem foi grande o suficiente para regar toda a Palestina; e a terra, que estava seca e sedenta por três anos e seis meses tirou daquela nuvem toda a água que precisou. Nós seremos grandes o suficiente se Deus estiver em nós.

O que precisamos para sermos usados por Deus é que ele se apodere de nós. Há muitas pessoas que dependem de outras pessoas para ouvir a Deus; elas nunca o ouvem por si mesmas. Querem que outros busquem a Deus para alimentá-las. Vamos parar com isso e subir por nós mesmos até a presença de Deus, para que possamos ser abençoados e usados por Ele. Se o Espírito do Senhor Deus vier sobre nós, o resultado dessa obra se estenderá por toda a eternidade. Mas, se formos frios e indiferentes, nosso trabalho será superficial. Não será duradouro e não será como muitos de nós esperamos. Vamos pedir a Deus que nos vivifique! Vamos orar: "Deus, dá-me um novo batismo. Instila em mim a bênção da Tua salvação."

D.L. Moody

PODER PARA PREGAR O EVANGELHO

...mas nós pregamos a Cristo crucificado.
1 CORÍNTIOS 1:23

Lendo as Escrituras, descobrimos que pessoas cheias do Espírito Santo pregam a Cristo e não a si mesmos. Elas pregam a Cristo crucificado. Em Lucas 1:67, Zacarias, pai de João Batista, cheio do Espírito Santo, exalta a Deus e sua poderosa Palavra. Ele engrandece a Palavra e não a si mesmo; ele dá a este mundo perdido a Palavra do Deus vivo. E vemos que, quando Isabel e Maria se encontraram, elas falaram das Escrituras. Ambas foram cheias do Espírito Santo e imediatamente começaram a glorificar seu Senhor. Também encontramos Simeão que, ao entrar no templo e encontrar o menino Jesus, imediatamente começou a citar as Escrituras, pois o Espírito Santo estava sobre ele.

E quando Pedro se levantou no dia de Pentecostes e pregou aquele sermão maravilhoso, lemos que ele foi cheio do Espírito Santo, começou a pregar para uma multidão e foi a Palavra que os cortou com uma espada afiada. Era a espada do Senhor e de Pedro, assim como era a espada do Senhor e de Gideão. E, sobre Estêvão, lemos em Atos 6:10, que eles "não podiam resistir à sabedoria e ao Espírito, pelo qual ele falava". E por que não podiam resisti-lo? Porque ele deu a eles a Palavra de Deus, pregou a Cristo crucificado e que muitas pessoas foram acrescentadas à Igreja. Os discípulos de Jesus precisam ser cheios do Espírito e, assim, a Palavra de Deus será anunciada pelas ruas e becos; e não haverá um porão escuro ou qualquer outro lugar onde o evangelho não seja levado.

NÃO PERCA SUA ESPERANÇA

*E o Deus da esperança vos encha de todo o gozo
e paz no vosso crer, para que sejais ricos de esperança
no poder do Espírito Santo.*

ROMANOS 15:13

Você já notou que nenhum homem ou mulher é usado por Deus se perder a esperança? Tenho observado isso em diferentes partes e onde quer que eu encontre um trabalhador da vinha de Deus que perdeu a esperança, vejo alguém derrotado. Você consegue pensar em alguém que Deus usou para construir Seu reino e que tenha perdido a esperança? Eu não sei de nenhum. É muito importante ter esperança na Igreja e é obra do Espírito Santo transmitir esperança. Então, precisamos permitir que Ele entre em nossas igrejas para que possa converter os corações que se encontram sem esperança imediatamente. Uma pessoa cheia do Espírito de Deus terá muita esperança e sempre olhará para o futuro sabendo que Deus estará lá e que Ele é capaz de fazer grandes coisas. Portanto, é muito importante que tenhamos esperança.

Se você perdeu a esperança, pode ter perdido também sua comunhão com Deus e isso pode comprometer o serviço que você realiza para ele. Você não pode ser um filho de Deus e desanimado ao mesmo tempo. Há alguns anos, eu me encontrei bastante desanimado em meu trabalho e estava pronto para pendurar minha harpa no salgueiro. Eu estava muito abatido e deprimido. Eu já estava há semanas naquele estado quando, numa segunda-feira de manhã, um amigo me repreendeu e disse que eu não podia me entregar àquele sentimento. Graças a Deus, eu me levantei daquele monturo e nunca mais me sentei nele. Tenho confiado em Deus desde então e realizado sua obra, independentemente do que meus olhos possam ver.

D. L. Moody

NÃO É DIFÍCIL SERVIR A DEUS

Porque o meu jugo é suave, e o meu fardo é leve.
MATEUS 11:30

Há quem pense que uma pessoa cristã não pode ter paz e alegria neste mundo. Embora isso seja loucura, eu mesmo tinha essa dificuldade. Mas, quando me converti, tive mais alegria, conforto e paz, do que toda a minha vida anterior e nunca ouvi falar de nenhum novo convertido que não testifique a mesma coisa. Outro falso pensamento que muitos têm é que ser cristão é algo muito difícil, por isso eles não se aproximam de Deus. Outras dizem que tentaram muitas vezes, mas não conseguiram permanecer. Eu acredito que estas pessoas têm tentado servir a Deus com a sua mente carnal. Isso é o mesmo que tentar caminhar até a lua; é impossível. Um leopardo não pode mudar suas manchas. Assim também, é impossível servir a Deus com seu velho coração. Mas, se recebermos um novo coração, Deus nos dará poder e não estaremos mais falando sobre ser difícil servi-lo. Não caia nessas mentiras do diabo.

Vamos dar uma olhada nisso. Você quer saber se é difícil servir a Jesus? Alguém pode dizer que é mais fácil viver no mundo e na carne que servir a Ele? Será que isso é honesto? É verdade? Jesus seria um Mestre rígido? Se eu li minha Bíblia direito, creio que ela diz que o caminho do transgressor é que é difícil. Deixe-me dizer a você que o diabo quer que você acredite nessa mentira, pois, na verdade, ele é quem é um mestre duro. Se você tem dúvida disso, olhe para a prisão e veja quantos jovens na flor da idade, no auge da vida, estão lá. Pergunte a um bêbado se seu caminho é fácil ou difícil; pergunte se ele acha fácil o caminho da transgressão. Fácil? Não. É muito difícil e duro. Mas o jugo do Senhor é suave e Seu fardo é leve.

D.L. Moody

O AMOR DE DEUS NOS COBRE

...o seu estandarte sobre mim é o amor.
CÂNTICO DOS CÂNTICOS 2:4

Conta-se a história de um homem que deixou a Inglaterra e foi para Cuba e, passado algum tempo desde que ele chegou, iniciou a guerra cubana, em 1867. Como consequência, o homem foi preso por suspeita de espionagem. A corte marcial ordenou seu fuzilamento, não dando a ele a oportunidade de defesa, pois ele não falava espanhol e sequer sabia o motivo de sua prisão. Após sua sentença, o caso foi encaminhado ao consulado inglês e ao americano, que procuraram entender seu caso. Após intensa investigação, constataram sua inocência. Mesmo após os agentes consulares terem demonstrado sua inocência para a corte, sua sentença foi mantida, pois, segundo as autoridades, ele havia sido considerado culpado pela lei do país e por isso sua pena deveria ser cumprida.

Sem tempo para comunicar o governo da Inglaterra, o dia da execução chegou e o homem foi levado ao local de execução, onde estavam seu caixão e a sepultura onde ele haveria de ser enterrado. Eles o sentaram em uma cadeira, onde ele ficou aguardando sua execução. Naquele momento, os agentes consulares ingleses e americanos chegaram ao local, correram até ele e o enrolaram com a bandeira inglesa e a americana. Então, eles disseram aos soldados que eles teriam que atirar nas bandeiras, caso quisessem matá-lo. Eles não ousaram atirar, pois dois grandes governos eram representados por aquelas bandeiras. Eu pergunto a você: o que são estes dois governos comparados ao governo do Céu? O estandarte do governo celestial é o amor. Portanto, permita que o Senhor Jesus o envolva com o estandarte celestial, fique sob ele e você será protegido do seu grande Inimigo. Deus o ama e quer abençoar e proteger sua vida.

D. L. Moody

NÃO OLHE PARA OS HIPÓCRITAS

…Se alguém tem sede, venha a mim e beba.
JOÃO 7:37

O que mais você pode querer do que estas preciosas palavras do nosso Senhor? Você quer a água da vida? Então, pegue esta taça sagrada e mate sua sede. Seja parte daquele grande banquete no Céu. Mas, muitas pessoas têm rejeitado esse glorioso chamado porque estão olhando para os hipócritas que estão na igreja. Fico muito preocupado com o que estas pessoas dirão quando estiverem diante do Grande Trono Branco. Dirão: "Senhor, eu não aceitei o convite porque não queria estar perto de pessoas ruins e hipócritas". Posso imaginar alguém dizendo: "Senhor Moody, essa é a minha dificuldade. Conheço um homem que pertence à Igreja de Cristo e me roubou há alguns anos. Há hipócritas na sua igreja e eu não quero ter nada a ver com ela". A pessoa que pensa assim se esquece que não estamos pedindo que ela venha para a Igreja.

Não, não estamos pedindo para que você acredite em igrejas, mas estamos convidando você para a ceia das bodas do Cordeiro. Venha primeiro a Cristo e depois podemos falar sobre a Igreja. Sempre houve hipócritas na Igreja e sempre haverá. Um dos doze apóstolos se revelou um hipócrita e haverá hipócritas na Igreja até o fim dos tempos. Mas não haverá um hipócrita naquele grande banquete e, se você quiser sair da companhia dos hipócritas, é melhor se apressar e vir a Cristo. Se você não aceitar o convite, terá que passar a eternidade com eles. Suponhamos que todos ao seu lado fossem hipócritas, o que isso tem a ver com você? Jesus disse a Pedro: "que te importa? Quanto a ti, segue-me" (JOÃO 21:22). Você não deve olhar para João, Pedro, Paulo, este ou aquele, mas diretamente para Cristo. Você pode encontrar muitas falhas em nosso caráter, mas não encontrará nenhuma naquele que morreu por você na cruz.

D. L. Moody

A GRANDEZA DO AMOR

Mas o fruto do Espírito é: amor...
GÁLATAS 5:22

Existem muitas pessoas tentando ter mais amor; elas estão tentando produzi-lo por si mesmas. Mas são tentativas vãs, que sempre falharão. O amor implantado profundamente em nossa nova natureza é espontâneo. Veja, eu não tenho que aprender a amar meus filhos; na verdade, eu não posso deixar de amá-los. Uma jovem me disse que ela não conseguia amar a Deus, que era muito difícil para ela amá-lo. Eu perguntei a ela se era difícil amar sua mãe e ela olhou para cima em meio às lágrimas e disse que não, que ela podia evitar amá-la profundamente. Então, eu expliquei para ela que, quando o Espírito Santo acende o amor em nosso coração, não podemos deixar de amar a Deus; será igualmente espontâneo. Portanto, quando o Espírito de Deus entrar no seu e no meu coração, será fácil servirmos a Deus.

O fruto do Espírito, como você encontra em Gálatas 5, começa com amor. Há nove graças mencionadas no capítulo e Paulo coloca o amor no topo da lista; o amor é a primeira virtude, o primeiro desse precioso cacho de frutas. Alguém colocou desta forma: que todos as outras oito podem ser colocadas na palavra amor. Alegria é o amor exultante; paz é amor em repouso; longanimidade é amor na provação; benignidade é amor na sociedade; a bondade é amor em ação; fidelidade é amor no campo de batalha; mansidão é amor no aprendizado; e domínio próprio é amor em treinamento. Portanto, é amor o tempo todo; amor no topo; amor no fundo e ao longo de todas essas graças; e se apenas tivermos o fruto do Espírito, que mundo melhor teremos. Uma pessoa cheia do Espírito Santo não precisa ser colocada a lei; não precisa de nenhum policial para a vigiar.

D. L. Moody

INVOQUE AO SENHOR

…Jesus, lembra-te de mim quando vieres no teu reino.
Jesus lhe respondeu: Em verdade te digo que
hoje estarás comigo no paraíso.
LUCAS 23:42-43

Ah, meus irmãos, nosso Deus espera ser invocado por seus filhos. Você já ouviu falar de alguém que tenha invocado a Cristo de todo o coração e não tenha recebido uma resposta? Olhe para esse ladrão na cruz. Pode ser que ele tivesse uma mãe orando para que ele se arrependesse dos seus pecados. E, naquele momento de tanta dor, este ladrão ouviu Cristo fazer aquela oração maravilhosa: "Pai, perdoa-lhes, porque não sabem o que fazem" (LUCAS 23:34). E, quem sabe, enquanto ele estava ali, pendurado na cruz, ele se lembrou das palavras do profeta Isaías: "Buscai o SENHOR enquanto se pode achar, invocai-o enquanto está perto" (ISAÍAS 55:6). Não sabemos o que se passou dentro dele, mas sabemos que ele olhou para Jesus, clamou por misericórdia e o Senhor disse: "Hoje estarás comigo no paraíso". Essa era sua oportunidade de busca, era sua última chance.

Meu amigo, para você, este é o seu dia e esta é a hora certa. Eu acredito que todos têm seu dia. Você tem o seu agora; então, por que não o invoca agora mesmo o nome dele? Diga, como o pobre ladrão disse: "Senhor, lembra-te de mim." Essa foi sua oportunidade de ouro, e o Senhor ouviu, respondeu e o salvou. Bartimeu também o invocou enquanto Ele estava perto. Cristo estava passando por Jericó pela última vez e ele clamou: "Filho de Davi, tem compaixão de mim" (MARCOS 10:48). E o Senhor não ouviu sua oração e não lhe devolveu a visão? Que você possa clamar pelo Seu nome nesta hora, pois Ele não virará as costas para você. Ele o responderá e abençoará.

D. L. Moody

ROMPENDO AS ATADURAS

*...Então, lhes ordenou Jesus:
Desatai-o e deixai-o ir.*

JOÃO 11:44

Algo que o Espírito de Deus nos dá é liberdade e isso é algo raro em muitas de nossas igrejas nos dias atuais. Deus não usa pessoas que estão presas, portanto, primeiro, Ele precisa libertá-las. A condição de muitos crentes hoje é como a de Lázaro quando saiu do sepulcro. Estão completamente atados. Suas ataduras ainda não foram retiradas de suas bocas, por isso eles não conseguem falar. Eles têm vida, como Lázaro, depois de ressuscitar dos mortos. São muitas as pessoas que, quando você diz que algo não vai bem com seu testemunho, respondem que são cristãs e vão sempre aos cultos. Bem, isso até pode ser verdade, mas não significa que elas não estejam totalmente atadas.

Que Deus possa romper essas ataduras e libertar Seus filhos, para que sejam verdadeiramente livres. Eu acredito que Ele vem para nos libertar e quer que falemos sobre Ele ao mundo. Quantas pessoas gostariam de se levantar em uma reunião social para dizer algumas palavras sobre Cristo, mas há um espírito que as congela e elas não ousam fazer isso. Elas não sentem liberdade para fazer isso. Se elas se levantam, ficam tão assustadas com as críticas que começam a tremer e se calam. Eles não podem dizer nada para seus críticos. Mas o Espírito de Deus está sendo derramado sobre nós para nos dar liberdade e onde quer que você veja a obra do Senhor acontecendo, verá esse Espírito de liberdade. As pessoas não terão medo de falar umas com as outras. Elas começarão a apertar as mãos umas das outras e a falar das grandezas de Deus. Haverá liberdade por todos os lados.

D.L. Moody

A GLÓRIA DA SHEKINAH

*Assim Moisés acabou a obra. Então, a nuvem cobriu
a tenda da congregação, e a glória do S*ENHOR *encheu
o tabernáculo. Moisés não podia entrar na tenda da
congregação, porque a nuvem permanecia sobre ela,
e a glória do Senhor enchia o tabernáculo.*

ÊXODO 40:33-35

Ter o Espírito Santo habitando em nós, é uma coisa, mas quando o Espírito Santo nos unge para realizarmos a obra de Deus é outra coisa. No momento em que Moisés terminou a obra e o tabernáculo ficou pronto, a nuvem celestial desceu sobre ele e a glória do Senhor o encheu de modo que Moisés não pôde ficar diante da presença do Senhor. Acredito firmemente que, quando nosso coração estiver vazio de tudo que é contrário à lei de Deus, o Espírito Santo virá e preencherá todos os cantos dos nossos corações. Não há presença de Deus onde o pecado reina.

Mas se permanecermos cheios de orgulho e presunção, de ambição e egoísmo, de prazeres mundanos, não haverá lugar para o Espírito de Deus; e eu acredito que muitos, hoje, estão orando a Deus para enchê-los quando, na verdade, eles já estão cheios com outras coisas. Antes de orarmos para que Deus nos encha, creio que devemos orar que Ele nos esvazie. Deve haver um esvaziamento antes que possa haver um enchimento; e quando o coração é virado de cabeça para baixo e tudo que é contrário a Deus é retirado, então o Espírito Santo vem e assim como Ele fez no tabernáculo, ele fará em nós: Ele nos encherá com Sua glória. Peça para que o Espírito Santo tome sua vida e esvazie de tudo o que impede que Ele possa encher o seu viver.

D. L. Moody

A FÉ DE UMA ESPOSA QUE ORA

*Então, me invocareis, passareis a orar a mim,
e eu vos ouvirei.*
JEREMIAS 29:12

Em uma das cidades da Inglaterra por onde eu passei, conheci uma mulher cristã, cuja história tocou profundamente meu coração. Ela se casou com um homem que não era cristão e lhe dava muito trabalho, mas ela permaneceu firme em oração por ele. Ele não permitia que o pastor fosse visitá-los, nem que ela lesse a Bíblia em casa ou falasse com ele sobre religião. Quando ela percebeu que não conseguiria influenciá-lo conversando com ele, decidiu que todos os dias ela oraria por ele ao meio-dia. Sem contar nada para ele, começou a orar e ele via e ouvia sua esposa orando, todos os dias. Depois de doze meses, não houve nenhuma mudança nele, mas ela não desistiu. Mais seis meses se passaram e a fé daquela preciosa mulher começou a vacilar.

Ela perguntou a si mesma se era hora de desistir ou que talvez Deus atendesse suas orações apenas após sua morte. Certo dia, o homem chegou em casa na hora do jantar; sua esposa estava esperando por ele na sala de jantar, mas ele não entrou. Ela esperou um pouco por ele e, por fim, pensou em entrar no quarto onde ela havia orado tantas vezes para buscar ao Senhor. Quando ela decidiu orar, lá estava ele, em agonia, orando e pedindo perdão por seus pecados, no mesmo lugar onde ela tantas vezes havia derramado suas lágrimas. Esta é uma lição para todas as pessoas que oram por seus amados que ainda não entregaram sua vida a Deus. O Senhor viu a fé daquela mulher e respondeu suas orações.

NOSSAS DESCULPAS NÃO NOS AJUDAM

*Então, disse aos seus servos: Está pronta a festa,
mas os convidados não eram dignos.*
MATEUS 22:8

Haverá uma grande ceia no Céu, na qual estarão aqueles que lavaram suas vestes no sangue do Cordeiro. Prefiro morrer esta noite e ter a certeza de encontrar a bem-aventurança dos santos, do que viver por séculos com as riquezas deste mundo aos meus pés e perder a ceia das bodas do Cordeiro. Já perdi muitos compromissos na minha vida, mas, pela graça de Deus, pretendo me certificar não perder este. Ora, o bendito privilégio de se sentar na Ceia das bodas do Cordeiro, para ver o Rei em sua formosura e estar para sempre com o Senhor, poderia ser perdido? É claro que não, mas, infelizmente, muitos têm dado desculpas para não entrar pelas portas da salvação e podem não estar lá.

Alguns dizem não se aproximam de Deus porque não gostam deste ou daquele pregador. Bem, eu pergunto, o que isso tem a ver contigo? Suponhamos que um menino venha e me traga uma mensagem com boas notícias de minha esposa. Mesmo que por algum motivo eu não gostasse daquele mensageiro, eu não leria a mensagem? Que estupidez. O que você está olhando para o mensageiro? A questão é: você está disposto a receber a mensagem de Deus? Você acredita que a Palavra de Deus é verdadeira e que Deus o convida para esta festa? Se a mensagem é de Deus, por que não a aceitar? Se for esperar até encontrar um homem ou mulher perfeito para lhe fazer o convite, você nunca chegará lá. Você encontrará muitas falhas em nosso caráter, muitas coisas que você pode não gostar nos seguidores de Cristo, mas eu o desafio a encontrar uma falha no caráter de nosso Mestre. Ele manda você vir. E quem aceitar o convite, Ele receberá em Sua mesa.

D. L. Moody

O CLAMOR DA IGREJA

*O Espírito e a noiva dizem: Vem! Aquele que ouve, diga:
Vem! Aquele que tem sede venha, e quem quiser
receba de graça a água da vida.*
APOCALIPSE 22:17

Algumas pessoas me dizem que há muitas coisas na Bíblia que não podem compreender. Bem, não tenho dúvidas disso. Deus diz que o homem natural não pode entender as coisas espirituais e a Bíblia é um livro espiritual. Como pode o coração não regenerado entender a Bíblia? Bem, você diz, se este é um livro selado, como, então, eu posso ser salvo? Bem, quando Deus deu a salvação para este mundo, Ele deixou isso bem claro. A Palavra de Deus pode ser obscura para o homem natural, mas o caminho da salvação é tão claro, que uma criança de seis anos pode entendê-lo, se ela quiser. Pegue a passagem acima e diga-me se você não a entende. Você não está com sede? Deus diz: "venha e beba da água da vida".

Ele dá a você a salvação como um presente. Você entende o que significa receber um presente, uma dádiva? Veja estas doces palavras: "A todos quantos o receberam, deu-lhes o poder de serem feitos filhos de Deus, a saber, aos que creem no seu nome" (JOÃO 1:12). Você pode entender isso? Pode ser que você encontre coisas de difícil compreensão para você na Bíblia, mas quando começar a confiar em Cristo, seus olhos se abrirão, e a Bíblia será um livro fácil e atrativo. Muitas coisas que são misteriosas hoje, amanhã terão nova beleza. Ela se tornará o Livro dos livros para você. Hoje, Cristo pode ser uma raiz de uma terra seca, sem forma ou formosura; mas Ele se tornará para você o mais distinguido entre dez mil, a brilhante e a Estrela da manhã, se você o tomar como seu Salvador. Então você entenderá a Bíblia.

O PODER DO ARREPENDIMENTO

*Todo aquele que o Pai me dá, esse virá a mim;
e o que vem a mim, de modo nenhum o lançarei fora.*

JOÃO 6:37

O arrependimento e a remissão de pecados devem ser pregados entre todas as nações, começando por Jerusalém. Os próprios homens cujas mãos estavam sujas com o sangue do Filho de Deus, tiveram a salvação oferecida a eles. Paulo disse que ele era o principal dos pecadores e, se ele foi salvo, certamente há esperança para cada pessoa na face da terra. Se você se considera mau, você é aquele que Ele deseja salvar. Durante nossa Guerra Civil, lembro-me de um médico que costumava ir ao campo de batalha para olhar os feridos mais desesperados e atendê-los primeiro. É assim que o grande Médico faz agora conosco. Ele salva os piores pecadores que puder encontrar. Conheço muitas pessoas que estão ansiosas por vir a Cristo, mas estão esperando até que pareçam um pouco melhor. Eles acham que Deus não os levará até Seu Filho da forma como estão.

Agora, se você pudesse melhorar, não seria mais aceitável a Ele. Não coloque esses trapos imundos de justiça própria e hipocrisia sobre si. Deus tirará todos os seus trapos quando você for a Ele e o vestirá com o finíssimo linho. Quando a Guerra Civil estava acontecendo, às vezes íamos ao escritório de recrutamento e víamos um homem entrar com roupas caríssimas e sapatos importados, muito caros; depois, víamos outro entrar com roupas não valiam nada; depois, ambos saíam com o mesmo uniforme do exército e não sabíamos mais quem era o rico e quem era o pobre. Da mesma forma, quando vamos a Cristo, devemos vestir as vestes celestiais e sermos despojados de todo trapo imundo. Portanto, por pior que você seja, venha como está, pois o Senhor o receberá.

D L Moody

SOMOS TODOS INDIGNOS DA GRAÇA

Simão Pedro prostrou-se aos pés de Jesus, dizendo: Senhor, retira-te de mim, porque sou pecador.
LUCAS 5:8

Li sobre um artista que queria pintar um quadro do filho pródigo. Ele saiu para encontrar um homem miserável o suficiente para representar o filho pródigo, mas não achou ninguém que o satisfizesse. Um dia ele encontrou um mendigo e pensou que ele serviria. Ele disse ao pobre mendigo que pagaria bem se ele fosse ao seu ateliê para servir de modelo para o retrato. Chegou o dia combinado e um homem apareceu, mas, o artista olhou para ele e disse que nunca o havia visto antes. O homem insistiu que tinha marcado de estar ali naquele dia e hora, mas o artista insistiu em que o homem estava enganado, que deveria ter sido outro artista, pois ele havia marcado compromisso com um mendigo. Então, o homem disse que ele era o mendigo que ele havia encontrado antes. Impressionado, o artista perguntou o que havia acontecido, e o homem disse que pensou em tomar banho e se vestir melhor antes de ser pintado. Decepcionado, o artista disse ao homem que agora ele não servia mais, pois ele precisava de um mendigo, não de um homem comum.

Da mesma forma, Cristo não quer que as pessoas tentem parecer melhor antes de irem até Ele. Cristo quer o pecador, assim como é. Acho que posso ouvir alguém dizer: "Ah, senhor Moody, meu coração está tão duro". Bem, esse é exatamente o motivo pelo qual você deve se entregar a Cristo. Se você não tivesse um coração duro, não precisaria de um Salvador. Portanto, isso não é desculpa. Deus o convida e você não deve dizer ao grande Rei que não aceitou seu convite por causa disso. Ele convida a todos e você pode vir com seu coração duro, do jeito que você está.

D. L. Moody

FOMOS REDIMIDOS E LIBERTOS

Sabendo que não foi mediante coisas corruptíveis, como prata ou ouro, que fostes resgatados do vosso fútil procedimento que vossos pais vos legaram, mas pelo precioso sangue, como de cordeiro sem defeito e sem mácula, o sangue de Cristo.

1 PEDRO 1:18-19

Um garotinho irlandês pegou um pequeno pardal que ainda estava aprendendo a voar. O pobre passarinho tremia em sua mão e parecia muito ansioso para escapar. Um homem que passava pelo local e viu a cena, implorou ao menino que o deixasse ir, pois o pássaro não poderia lhe fazer bem algum; mas o menino disse que não, pois o perseguiu por três horas antes de pegá-lo. O homem tentou argumentar com o menino, mas em vão. Por fim, ele se ofereceu para comprar o pássaro; o menino concordou com o preço e o homem recebeu o passarinho em suas mãos. O menino antes apertava muito o pássaro com os dedos, mais forte do que o bichinho podia suportar, assim como Satanás faz conosco.

Então, o cavalheiro pegou o coitadinho do pássaro em sua mão, com muito cuidado e, devagar foi abrindo os dedos, até que o pequeno pardal ficasse na palma de sua mão. O pássaro permaneceu ali por algum tempo, mal podendo perceber o fato de que havia obtido a liberdade; mas, pouco depois, ele saiu voando e cantando, como se dissesse ao cavalheiro: "Obrigado! obrigado! Você me redimiu". Prezados, isso é redenção: comprar de volta e libertar. Cristo veio ao mundo para quebrar os grilhões do pecado, para abrir as portas da prisão e libertar o pecador. Estas são as boas-novas, o Evangelho de Cristo, que não fomos redimidos com coisas corruptíveis, como a prata e o ouro, mas com o precioso sangue de Cristo.

D. L. Moody

APARTE-SE DO MUNDO

Porque os olhos do Senhor repousam sobre os justos, e os seus ouvidos estão abertos às suas súplicas, mas o rosto do Senhor está contra aqueles que praticam males.

1 PEDRO 3:12

Devemos sempre estar atentos às tendências e hábitos mundanos e, muitas vezes, temos que ir diretamente contra eles. Tenho grande respeito por aqueles que defendem suas crenças nadando contra a corrente desse mundo. Aquele que pode ficar sozinho com sua crença é um herói. Suponhamos que seja costume que os rapazes façam certas coisas que não gostariam que suas mães soubessem; coisas que sua elas lhes ensinaram que são erradas. Um rapaz cristão pode ter que ficar sozinho entre todos os seus amigos para não agir do mesmo modo. Eles dirão a ele que não há nada de errado em mentir para sua mãe, e não basta o jovem crente dizer que a respeita; ele terá que enfrentá-los, dizer que ela o ensinou o que é certo e que ela é a melhor amiga que ele tem. O jovem tem que ir contra seus companheiros, ainda que todos fiquem contra ele.

Enoque fez isso, assim como José, Eliseu e Paulo. Deus manteve esses homens em pé, diante do mundo de seu tempo. Uma vez eu entrei num lugar de onde precisei me levantar e sair. Fui convidado a uma casa e eles jantavam tarde e colocaram sete tipos de bebidas alcoólicas na mesa. Tenho vergonha de dizer que eles são cristãos. Um diácono incentivou uma jovem a beber até que seu rosto ficasse vermelho. Eu me levantei da mesa e fui embora, pois senti que ali não era lugar para eu estar. Eles disseram que o que eu fiz foi muito deselegante, mas essa foi minha forma de protestar contra o que acreditei ser algo totalmente errado aos cristãos. Por isso, creio que precisamos ir contra certos costumes, quando eles nos induzem ao erro.

D L Moody

O VALOR DO ARREPENDIMENTO

Disse, porém, Abraão: Filho, lembra-te...
LUCAS 16:25

Eu não creio que Caim se esqueceu do pecado que cometeu e do grito de seu irmão Abel ao ser golpeado. É possível que ele se lembre disso por toda a eternidade, de como Abel implorou para que não tirasse sua vida e do primeiro sangue humano derramado sobre a terra. Milhares de anos passaram e creio que Caim não se esqueceu disso, nem vai se esquecer. Ele levou essa lembrança para o outro mundo com ele. É possível que Judas também não tenha se esquecido, mesmo depois de todo esse longo tempo, como Cristo olhou para ele quando foi traído com um beijo. Acredito que é isso que torna o inferno terrível para Judas; ele pode se lembrar das palavras do Senhor Jesus e como Cristo olhou para ele; e da bondade e amor que ele recebeu do amoroso Salvador.

Na prisão, se perguntarmos aos prisioneiros o que torna aquele lugar tão terrível, eles não dirão que é a estrutura daquele lugar, mas sim suas lembranças. O que torna a vida tão amarga para muitos hoje é o registro que está na mente deles, pois, ainda que tentem esquecer, não podem. E está chegando a hora em que Deus dirá: "Filho, lembra-te" e não será possível fugir das lembranças que Deus trará de volta. Por isso, não podemos continuar pecando dia após dia e pensar que Deus não trará isso a juízo. O pecado é algo terrível e, quanto mais eu vivo, mais me convenço de que não pregamos o suficiente contra o pecado. Que Deus nos ajude a pregar contra o pecado que tem destruído tantas vidas. Sejamos sábios, pedindo perdão a Deus por nossos pecados e decidamos viver em santidade.

O QUE VOCÊ QUER PARA SUA VIDA?

*Porque derramarei água sobre o sedento e torrentes,
sobre a terra seca; derramarei o meu Espírito sobre
a tua posteridade e a minha bênção,
sobre os teus descendentes; e brotarão como a erva,
como salgueiros junto às correntes das águas.*

ISAÍAS 44:3-4

Quando eu estive na Califórnia, fiquei surpreso ao conhecer uma fazenda que tudo era verde, todas as árvores e flores, tudo estava florescendo, enquanto do outro lado da cerca tudo estava seco e não havia nada de bom ali. Soube, então, que o dono daquela fazenda irrigava seu campo e assim podia manter tudo fértil, enquanto o que estava do lado de fora permanecia tão seco quanto a lã de Gideão. Assim ocorre com muitos na igreja hoje; estão secos como aquelas terras da Califórnia, tudo na vida deles está árido e desolado, aparentemente sem vida. Eles podem se sentar ao lado de alguém cheio do Espírito de Deus, que é como uma árvore verde frutífera, mas não serão semelhantes. E por que há essa diferença? Porque Deus derrama água sobre o sedento; essa é a diferença.

A grande questão diante de nós agora é: o que queremos? Ó, que Deus possa ungir Seu povo! Não apenas os pastores, mas todos os discípulos. Não pense que os pastores sejam os únicos que precisam desse poder. As mães precisam disso em sua casa para ordenar sua família, tanto quanto o pastor precisa no púlpito ou o professor da escola dominical precisa em sua classe. Todos precisamos dele e não descansaremos dia ou noite até que o possuamos; se esse for o pensamento mais importante em nosso coração, Deus nos dará, se apenas tivermos fome e sede dele, e dissermos: "Deus me ajudando, não descansarei até que seja cheio de poder do alto".

D L Moody

OUSE PEDIR

...Disse Eliseu: Peço-te que me toque por herança porção dobrada do teu espírito.

2 REIS 2:9

Esta história sobre Elias e Eliseu é muito preciosa e eu amo meditar sobre ela. Havia chegado a hora de Elias ser arrebatado, e ele disse a Eliseu para ficar em Gilgal, enquanto ele iria para Betel. Eliseu disse que não ficaria e se manteve perto de Elias nas três vezes que o profeta tentou se separar dele. Imagino que Eliseu estava atrás de algo. Quando eles chegaram ao Jordão, Elias tirou seu manto e golpeou as águas, elas se dividiram e os dois passaram como gigantes, a pés secos, e cinquenta filhos de profetas observaram tudo de longe. Eles não sabiam, mas Elias seria arrebatado à vista deles. Ao passarem pelo Jordão, Elias perguntou a Eliseu o que ele queria dele, pois sabia que ele estava atrás de algo. Eliseu tinha uma boa dose do Espírito de Elias, mas ele queria uma porção dobrada. Então, depois que Elias foi levado para o Céu, Eliseu pegou o manto de Elias e foi ao Jordão e clamou pelo Deus de Elias. As águas se separaram e ele passou por terra seca. Então os filhos de profetas disseram que o Espírito de Elias estava sobre Eliseu; e assim, uma porção dobrada foi dada a ele.

Que o Espírito de Elias, amado leitor, esteja sobre nós. Se o buscarmos, nós o teremos. Ó, que o Deus de Elias responda com fogo e consuma o espírito do mundanismo que há em nossas igrejas; queime a escória e nos torne verdadeiramente cristãos. Que esse Espírito venha sobre nós e que essa seja nossa oração em nossos altares familiares e em nossas comunidades. Vamos clamar fortemente a Deus para que possamos ter uma porção dobrada do Espírito Santo e que nos afastemos deste estado de vida mundano.

D L Moody

NÃO TENHA MEDO DE CAIR

*Então, ele me disse: A minha graça te basta,
porque o poder se aperfeiçoa na fraqueza. De boa
vontade, pois, mais me gloriarei nas fraquezas,
para que sobre mim repouse o poder de Cristo.*

2 CORÍNTIOS 12:9

Muitas pessoas que receberam Jesus como seu Salvador pessoal me dizem que têm medo de não conseguir ficar firmes na fé. Há vários anos, tenho uma regra que me serve de grande ajuda nesse assunto, que é de nunca colocar meus olhos no obstáculo que está entre mim e meu objetivo. Você precisa confiar que Cristo tem poder para salvá-lo. O diabo joga um pouco de pedras no seu caminho e então tenta fazer você pensar que ela é uma grande montanha. Mas não importa as pedras ou montanhas no caminho; devemos confiar nele. Se Ele pode salvá-lo hoje, Ele pode mantê-lo amanhã. Eu mesmo aceitei esse convite na minha juventude e nunca mais olhei atrás.

Não tive que me manter todos esses anos, porque certamente não teria aguentado. Foi a graça de Deus que me manteve. O Senhor é o meu guardião, meu pastor; por isso, nada me faltará. Ele nos mantém. É necessária a mesma graça para nos manter em pé quanto para nos salvar. É Deus nos diz: "A minha graça te basta, porque o poder se aperfeiçoa na fraqueza".

O QUE VOCÊ TEM FEITO?

*Que aproveita ao homem ganhar o mundo inteiro
e perder a sua alma?*

MARCOS 8:36

Há pessoas para as quais eu pergunto se elas são cristãs e elas me dizem: "Bem, você sabe, eu gostaria de ser, mas não tenho tempo". Elas dizem que têm negócios muito urgentes para resolver e por isso não podem dar atenção à religião agora. Outras dão a desculpa de que têm filhos pequenos, que lhes dão muito trabalho, portanto, não têm tempo. Assim, milhares e milhares dizem que não têm tempo para se aproximarem de Deus. Mas, meus amigos, a minha pergunta é o que estamos com todo o tempo que Deus nos deu? O que temos feito todos os meses e anos que se passaram desde que Ele nos trouxe ao mundo?

É verdade que você não tem tempo? O que você fez nos 365 dias do ano passado? Não teve tempo durante todos os doze meses do ano para buscar o Reino de Deus? Você passa vinte anos recebendo uma educação que lhe permite ganhar a vida para este pobre corpo frágil, que logo será comido por vermes. Passa sete ou oito anos aprendendo uma profissão, para ganhar o pão de cada dia e ainda assim não tem tempo para Cristo! Meu amigo, tenha em mente que, ainda bem que seu tempo de morrer não chegou, quando deverá estar na presença do justo Juiz. E quando Ele o chamar para ficar diante dele, você ousará dizer a Ele que não teve tempo de se preparar para a ceia das bodas de Seu Filho? Por favor, reserve um tempo! Que tudo mais seja posto de lado até que você resolva a questão da sua vida eterna. Busque primeiro o Reino de Deus. Deixe as crianças um pouco e busque a Deus. Deixe seu negócio esperando um pouco e busque a Deus. É melhor ter certeza da sua salvação do que "ganhar o mundo inteiro e perder a sua alma".

D. L. Moody

TESTEMUNHO PODEROSO

Quando, porém, vier o Consolador, que eu vos enviarei da parte do Pai, o Espírito da verdade, que dele procede, esse dará testemunho de mim; e vós também testemunhareis, porque estais comigo desde o princípio.

JOÃO 15:26-27

Eu acredito que a questão de dar testemunho no poder do Espírito Santo ainda não foi suficientemente compreendida pela igreja dos nossos dias. E, até que tenhamos mais clareza quanto a este ponto, trabalharemos sem obter grande sucesso. As palavras que lemos nesta passagem, atestam que o que o Espírito vai fazer o que Cristo disse que Ele faria quando viesse: testificar dele ao mundo. E se você for ao segundo capítulo de Atos, verá que, quando Pedro se levantou no dia de Pentecostes e testificou do que Cristo havia feito, o Espírito Santo desceu e deu testemunho desse disso através dele e as pessoas foram convencidas por suas palavras. Portanto, devemos ter o Espírito de Deus repousando sobre nossa vida, dando a habilidade necessária para darmos testemunho e devemos estudar a Palavra de Deus para testificar de acordo com a mente do Espírito.

Se os ministros não têm o Espírito de Deus, seria melhor ficarem em suas casas e não pregar. Uma igreja sem o Espírito de Deus é mais uma maldição do que uma bênção para o mundo. Se você não tem o Espírito de Deus, obreiro cristão, lembre-se de que você está no caminho de outra pessoa que quer ser usada por Deus; você é como uma árvore que não dá fruto, onde outra árvore frutífera poderia crescer. Dar testemunho de Deus é uma obra solene; portanto, sejamos muito ternos para com Ele, andemos humildemente diante dele, esperemos Nele muito seriamente e decidamos que não deve haver nada que O impeça de habitar em nós e estar conosco de agora em diante e para sempre.

D L Moody

UMA RENOVAÇÃO ESPIRITUAL

*Mas recebereis poder, ao descer sobre vós o
Espírito Santo, e sereis minhas testemunhas tanto em
Jerusalém como em toda a Judeia e Samaria e
até aos confins da terra.* ATOS 1:8

Lembro-me de que, quando fui à Inglaterra pela primeira vez e fiz um estudo da Bíblia, havia muitos pastores estavam presentes. Eu não sabia nada sobre a teologia deles e temia que poderia ir contra seus ensinos, por isso, eu fiquei um pouco atrapalhado, especialmente quando falei sobre o enchimento do Espírito Santo para capacitação para a obra de Deus. Lembro-me particularmente de um ministro cristão que estava com a cabeça inclinada sobre a mão e achei que aquele bom homem estava com vergonha de tudo o que eu estava dizendo. É claro que aquilo me incomodou. No final do meu ensino, ele pegou o chapéu e foi embora; então, eu pensei que nunca mais o veria. Na reunião seguinte, procurei por ele em todos os lugares e ele não estava lá; e na reunião seguinte olhei de novo, mas ele também não estava. Eu pensei que o meu ensino o havia ofendido.

Mas, alguns dias depois, em uma grande reunião de oração, um homem se levantou e seu rosto tinha um aspecto maravilhoso, como se ele tivesse subido ao monte da transfiguração. Eu olhei para ele e para minha grande alegria, era aquele irmão. Ele disse que estava naquele estudo bíblico e ouviu que precisava receber um novo poder para pregar o evangelho. Ele contou que ele foi para casa orar e que nunca havia tido uma batalha consigo mesmo como naquele dia. Ele pediu que Deus lhe mostrasse a pecaminosidade de seu coração, da qual ele nada sabia e clamou fortemente a Deus para que ele fosse esvaziado de si mesmo e cheio do Espírito Santo. Segundo ele, Deus respondeu sua oração e ele foi poderosamente renovado em seu ministério.

D. L. Moody

NOSSOS FILHOS PRECISAM OUVIR O EVANGELHO

...E como crerão naquele de quem nada ouviram?
ROMANOS 10:14

Durante o período em que eu estive na Escócia, eu participei de uma reunião para pastores, em que uma mulher ficou por toda a reunião sentada na galeria sozinha. Quando o trabalho terminou e eu estava quase desmaiando de cansaço, ela veio até mim e me perguntou se eu me lembrava dela. Eu disse que sim, mas não sabia de qual cidade ela era. Ela me disse que era de Londres, mas havia estado comigo e com o senhor Sankey na campanha evangelística na cidade de Dundee. Então eu me recordei, que ela havia ido de Londres até Dundee para levar seus dois filhos para ouvirem a pregação. Os garotos deviam ter cerca de dezoito ou dezenove anos de idade e eram gêmeos. O coração daquela mãe estava preocupado com a salvação de seus filhos. Na última noite da campanha em Dundee, seus filhos se renderam a Cristo e ela voltou para casa na manhã seguinte feliz por seus dois filhos terem encontrado paz em Jesus.

Algumas pessoas podem pensar que foi um exagero que ela era viajar de Londres a Dundee com seus filhos apenas para que eles pudessem ouvir a mensagem do evangelho. Mas, na sexta-feira seguinte à campanha em Dundee seu filho morreu tragicamente, mas ela teve paz em saber que ele havia encontrado o Salvador e agora estava em seus braços eternos. Meus amigos, sejamos sinceros quanto à salvação de nossos filhos e das demais pessoas que amamos. Não devemos dar mais atenção a elas e falar do amor de Cristo ou levá-los para ouvir a mensagem do evangelho? Ó, eu oro para que haja muitos pecadores buscando o reino de Deus de todo o coração nesses dias.

NÃO SEJA INDIFERENTE

...muito mais o sangue de Cristo, que, pelo Espírito eterno, a si mesmo se ofereceu sem mácula a Deus, purificará a nossa consciência de obras mortas, para servirmos ao Deus vivo!

HEBREUS 9:14

Certa vez, eu estava saindo para pregar junto com um amigo pastor, em uma manhã de domingo, quando um jovem passou por nós em uma carruagem. Havia uma mulher idosa sentada ao seu lado e eu perguntei ao meu amigo quem é aquele jovem. Ele apontou para uma grande pradaria ao fundo e disse que tudo aquilo pertencia àquele rapaz. Seu pai havia perdido toda a propriedade por causa do alcoolismo, esbanjando e gastando muito dinheiro com suas farras. Por fim, ele morreu e deixou sua esposa e seu filho sem terem onde morar, sendo amparados em um lar para pessoas sem teto. E aquele rapaz, disse meu amigo, trabalhou duro, ganhou dinheiro e comprou a fazenda de volta; depois, buscou sua mãe e restituiu sua antiga condição. Naquele momento em que a carruagem passou por nós, ele a estava levando à igreja.

Eu pensei que essa história era uma excelente ilustração a respeito da obra de Deus em nossa vida. O primeiro Adão, no Éden, nos entregou ao inimigo, mas o Messias, o segundo Adão, veio e nos resgatou de volta. O primeiro Adão nos deixou no abrigo para pobres, por assim dizer; o segundo Adão nos tornou reis e sacerdotes para Deus. Isso é redenção. Recebemos em Cristo tudo o que Adão perdeu e muito mais. As pessoas olham para o sangue de Cristo com indiferença e desprezo, mas está chegando o tempo em que o sangue de Cristo valerá mais do que todos os reinos do mundo. O sangue de Cristo valerá mais para você do que toda a prata e ouro do mundo.

D. L. Moody

NÃO SE ESTRIBE EM SUA PRÓPRIA VONTADE

De fato, sem fé é impossível agradar a Deus, porquanto é necessário que aquele que se aproxima de Deus creia que ele existe e que se torna galardoador dos que o buscam.
HEBREUS 11:6

Suponhamos que eu peça para meu filho Willie buscar um copo de água para mim, mas ele não quer ir. Digo a ele que eu não perguntei se ele queria ir ou não; eu pedi para que ele fosse. Mesmo assim, ele continua insistindo em não me obedecer, mas, como sabe que gosto muito de uvas e ele mesmo gosta muito delas, ele vai buscar um lindo cacho de uvas. Ele volta todo feliz com as uvas e me diz para eu comê-las. Eu agradeço, mas pergunto pela água. Willie, então, me questiona se as uvas não serviam no lugar da água, mas eu digo a ele que não, as uvas não podem substituir a água que eu pedi. Nossa discussão prossegue. Meu filho não está disposto a me trazer a água que eu pedi e quer que eu coma as uvas e me dê por satisfeito.

Inconformado, ele vai e dessa vez me traz uma laranja. Ele a coloca diante de mim e me pergunta se eu não aceitaria a laranja no lugar da água. Novamente nós discutimos, mas dessa vez, eu sou mais enérgico e o repreendo, dizendo que ele precisa me trazer a água, pois nada além disso me satisfará. Meus amigos, com Deus, acontece a mesma coisa. Para agradá-lo, você deve primeiro obedecê-lo; e a primeira coisa que ele nos pede é para acreditarmos no Senhor Jesus Cristo. Deus nos deu um Dom maravilhoso, que é Seu próprio Filho; se o rejeitarmos e nos recusarmos a segui-lo, você acha que qualquer outra coisa que possamos fazer pode agradá-lo? De forma alguma. Há um caminho para chegarmos a Deus e esse caminho não passa pela nossa própria vontade.

D L Moody

REVESTIMENTO DE PODER DO ALTO

E, havendo dito isto, soprou sobre eles e disse-lhes: Recebei o Espírito Santo. JOÃO 20:22

...permanecei, pois, na cidade, até que do alto sejais revestidos de poder. LUCAS 24:49

Quando Jesus soprou sobre os discípulos, eu não tenho dúvida de que eles receberam o que foi dito, mas não como quando eles foram habilitados para a obra do ministério, em Atos 2. Se eles fossem como alguns cristãos do nosso tempo, teriam dito: "Senhor, eu já tenho poder suficiente agora; pode me enviar. " Algumas pessoas parecem pensar que estão perdendo tempo ao esperar pelo poder de Deus e, assim, saem para trabalhar sem unção, sem nenhum poder. Mas depois que Jesus disse: "Recebei o Espírito Santo" e soprou sobre eles, Ele disse para eles ficarem em Jerusalém até que fossem revestidos de poder do alto. Leia o primeiro capítulo de Atos, versículo 8, que você encontrará a promessa de que eles receberiam poder, quando o Espírito Santo fosse derramado sobre eles.

Portanto, nós não vamos perder nada se permanecermos diante do Senhor até recebermos poder. Esse é a forma de realizar o verdadeiro trabalho cristão: esperar em Deus, até receber dele poder para dar testemunho do evangelho. Então descobrimos que no dia de Pentecostes, dez dias depois que Jesus Cristo foi glorificado, o Espírito Santo desceu poderosamente sobre os discípulos. Você acha que Pedro, Tiago, João e os demais não tinham certeza de que Jesus cumpriria o que prometeu? Eles nunca duvidaram disso. Talvez alguns questionem a possibilidade de ter o poder de Deus agora, dizendo que o Espírito Santo nunca mais veio em manifestação semelhante e nunca mais virá com tal poder, mas eles se enganam. Feliz é aquele que anuncia o evangelho sob esse poder maravilhoso.

D. L. Moody

26 DE FEVEREIRO

BOAS NOTÍCIAS

...sendo justificados gratuitamente, por sua graça, mediante a redenção que há em Cristo Jesus, a quem Deus propôs, no seu sangue, como propiciação, mediante a fé, para manifestar a sua justiça, por ter Deus, na sua tolerância, deixado impunes os pecados anteriormente cometidos; tendo em vista a manifestação da sua justiça no tempo presente, para ele mesmo ser justo e o justificador daquele que tem fé em Jesus. ROMANOS 3:24-26

O que Deus faz, Ele o faz livremente, porque ama fazer. Marque estas palavras: "mediante a redenção que há em Cristo Jesus". O pecador é justificado com Deus por Sua graça incomparável, por meio do sangue de Seu Filho. "Justificado", quer dizer, "como se nunca tivesse cometido pecado". Que coisa maravilhosa; nenhum pecado pode ser apresentado contra ele! É como se a pessoa tivesse uma dívida com alguém e, quando fosse pagá-la, lhe dissessem: "Não há nada para você pagar; está tudo quitado". E a pessoa ficasse sem saber como aquilo poderia ter ocorrido. Isso tem a ver com substituição, contudo, não saberíamos quem pagou nossa dívida.

No nosso caso, nós sabemos quem foi: O Senhor Jesus Cristo. Cristo foi levantado na cruz para nossa justificação. É muito melhor ser justificado do que perdoado. Suponhamos que eu tenha sido preso por roubar uma grande soma de dinheiro; fosse julgado e condenado. Mas suponhamos que o juiz tivesse misericórdia de mim e me perdoasse. Eu sairia da prisão, mas de cabeça baixa, pois ainda seria culpado pelo crime. Mas pensemos que eu fosse acusado de roubá-lo, mas isso não pudesse ser provado e eu fosse absolvido. Então, eu estaria justificado e isso faria toda a diferença para mim diante do mundo. É assim que Deus nos justifica, pelo sangue de Seu Filho. Essas não são boas notícias?

D. L. Moody

SEJA UM CANAL PARA A PREGAÇÃO DO EVANGELHO

Isto vos tenho dito, estando ainda convosco; mas o Consolador, o Espírito Santo, a quem o Pai enviará em meu nome, esse vos ensinará todas as coisas e vos fará lembrar de tudo o que vos tenho dito. JOÃO 14:25-26

Se retivermos o evangelho de Cristo e não o apresentarmos ao mundo, o Espírito Santo não terá a oportunidade de trabalhar através de nós. Quando Pedro se levantou no dia de Pentecostes e deu testemunho de que Cristo morreu pelo pecado do mundo, ressuscitou e subiu ao Céu, o Espírito Santo desceu para dar testemunho da pessoa e da obra de Cristo.

Se não fosse o Espírito Santo testemunhando a pregação dos fatos do evangelho, você acha que a Igreja teria sobrevivido durante estes séculos todos? Você acredita que a morte, ressurreição e ascensão de Cristo não teriam sido esquecidas, se não fosse pelo fato de o Espírito Santo operar nela e através dela? Porque é muito claro que, quando João Batista apareceu no deserto, as pessoas já haviam se esquecido completamente do nascimento de Jesus Cristo. Apenas trinta anos depois. Eles haviam esquecido a história dos pastores sobre os anjos, da cena maravilhosa que aconteceu no templo, quando o profeta e a profetisa estavam lá para testemunhar a chegada do Messias; eles haviam se esquecido dos sábios que vieram a Jerusalém para indagar onde havia nascido Rei dos Judeus. Essas histórias sobre Seu nascimento pareciam ter desaparecido; o povo já as havia esquecido, mas, quando João fez sua aparição no deserto, isso foi trazido de volta à mente deles. E se não fosse o Espírito Santo descendo para dar testemunho de Cristo, para testificar sobre Sua morte e ressurreição, esses fatos teriam sido esquecidos. Bendito seja o Espírito Santo que opera sobre nós, a Igreja do Deus vivo.

D.L. Moody

VESTES BRANCAS

*Um dos anciãos tomou a palavra, dizendo:
Estes, que se vestem de vestiduras brancas, quem são e
donde vieram? Respondi-lhe: meu Senhor, tu o sabes.
Ele, então, me disse: São estes os que vêm da
grande tribulação, lavaram suas vestiduras e as
alvejaram no sangue do Cordeiro, razão por que se
acham diante do trono de Deus e o servem de dia
e de noite no seu santuário; e aquele que se assenta no
trono estenderá sobre eles o seu tabernáculo.*

APOCALIPSE 7:13-15

Como lavar nossas vestes a não ser no sangue do Cordeiro? Como limpar nossa alma das manchas do pecado se não passarmos pelo sangue do Filho de Deus? Eu oro para que todos possamos ter a consciência de que não há outro caminho para isso senão por Jesus. Os que "lavaram suas vestiduras e as alvejaram no sangue do Cordeiro" estão cantando a doce canção da redenção. Que todos possamos ter a felicidade de nos juntarmos a eles. Levará alguns anos, no máximo, antes de estarmos lá para cantar a doce canção de Moisés e do Cordeiro. Mas se você morrer sem Cristo, sem esperança e sem Deus, onde você estará? Seja sábio e não despreze o sangue de Cristo. Um velho pregador do Evangelho, em seu leito de morte, disse: "Traga-me a Bíblia". Seus amigos a levaram e ele a abriu e colocou o dedo sobre 1 João 1:7, que diz: "e o sangue de Jesus, seu Filho, nos purifica de todo pecado". Então, ele olhou para os presentes e disse: "Eu morro na esperança que traz esse versículo". Não foram os cinquenta anos de pregação, mas o sangue de Cristo que lhe deu segurança da vida eterna. Queira Deus permitir que, quando finalmente nos apresentarmos diante do grande trono branco, nossas vestes estejam lavadas no sangue purificador de Cristo!

D. L. Moody

NOSSA MORALIDADE NÃO TEM VALOR DIANTE DE DEUS

A isto, respondeu Jesus: Em verdade, em verdade te digo que, se alguém não nascer de novo, não pode ver o reino de Deus. JOÃO 3:3

Uma pessoa que se considera boa é tão culpada por seus pecados quanto qualquer outro ser humano; sua moralidade não pode salvá-la. Jesus afirma, enfaticamente, em Lucas 13:3: "se, porém, não vos arrependerdes, todos igualmente perecereis". Algumas pessoas boas dizem que a obra do evangelho está indo bem quando está alcançando os bêbados, jogadores e prostitutas, mas elas não percebem que precisavam da graça de Deus tanto quando estas pessoas caídas. Nicodemos provavelmente foi um dos homens mais morais de sua época; ele era um mestre da lei, mas, ainda assim, Cristo disse a ele: "se alguém não nascer de novo, não pode ver o reino de Deus". Só a morte expiatória do Cordeiro de Deus é eficaz para isso. Ele não tinha pecado que necessitasse ser expiado, então Deus aceitou Seu sacrifício. Cristo é o fim da lei, oferecido para justificação de todo aquele que crê. Somos justos aos olhos de Deus porque a justiça que vem pela fé em Jesus Cristo, foi dada a todos os que creem.

Se tivéssemos que viver para sempre com nossos pecados, olhando para o dedo de Deus escrevendo na parede "pesado foste na balança e achado em falta" (DANIEL 5:27), seria o inferno na terra para nós. Mas devemos agradecer a Deus pelo evangelho que pregamos, pois, segundo ele, se nos arrependermos dos nossos pecados, eles serão todos apagados. Como aprendemos em Colossenses 2:13-14: "E a vós outros, que estáveis mortos pelas vossas transgressões e pela incircuncisão da vossa carne, vos deu vida juntamente com ele, perdoando todos os nossos delitos; tendo cancelado o escrito de dívida, que era contra nós e que constava de ordenanças, o qual nos era prejudicial, removeu-o inteiramente, encravando-o na cruz".

D.L. Moody

A ALEGRIA DO CRENTE

*...alegrai-vos, não porque os espíritos se vos submetem,
e sim porque o vosso nome está arrolado nos céus.*
LUCAS 10:20

Um pai enlutado me perguntou outro dia se eu achava que seu bebê, que ele havia perdido, tinha ido para o Céu. Eu só pude dizer a ele o que Davi disse quando perdeu seu filho: "Poderei eu fazê-la voltar? Eu irei a ela, porém ela não voltará para mim" (2 SAMUEL 12:23). Esse é um pensamento muito precioso para mim e deve ser para vocês também, que perderam seus pequeninos. O Rei da glória pode cuidar deles melhor do que nós. Se pudéssemos olhar para a cidade eterna, veríamos nosso pastor conduzindo-os pelos verdes pastos e pelas águas tranquilas. Ele cuidará de cada um desses cordeirinhos, muito melhor do que sua querida mãe; e não é mais precioso para eles estarem para sempre com o Senhor do que nesta triste terra de sofrimento e pecado? Nossos queridos não estão perdidos, apenas se foram. Eles tiveram "o desejo de partir e estar com Cristo, o que é incomparavelmente melhor" (FILIPENSES 1.23). Embora viver signifique viver para Cristo, segundo Paulo, estar com Ele é "muito melhor".

Na passagem de Lucas 10:20, os discípulos de Jesus estavam pregando e tiveram um sucesso maravilhoso. Eles tinham grande poder, expulsaram demônios, fizeram muitos milagres e voltaram muito entusiasmados. Como obreiros em um grande avivamento, eles disseram uns aos outros como tudo aquilo era glorioso. Mas Cristo disse para eles não se alegrem com aquilo, mas porque seus nomes estavam arrolados no Céu. Que pensamento glorioso é esse? Nossos nomes estão escritos no Céu. Podemos ter certeza disso.

O GLORIOSO TRABALHO CRISTÃO

É necessário que façamos as obras daquele que me enviou, enquanto é dia; a noite vem, quando ninguém pode trabalhar. JOÃO 9:4

Ouvi falar de um cristão que não teve tanto sucesso em seu ministério quanto ele desejava; por isso, ele adoeceu e começou desejar morrer. Certa noite, ele sonhou que havia morrido e tinha sido carregado pelos anjos para a cidade eterna. De repente, ele percebeu que todos olhavam na mesma direção e viu alguém se aproximando. Era seu bendito Redentor. A carruagem veio até o local onde o homem estava e o Senhor o chamou para subir ao seu lado, enquanto eles continuaram a passear pelas ruas da gloriosa cidade.

Em um certo momento, o Senhor pediu para ele olhar para baixo e dizer o que via.

—Parece que vejo a terra, de onde vim, disse o homem.

O Senhor acenou com a cabeça positivamente e perguntou o que mais ele podia ver.

—Vejo os homens como se estivessem vendados, caindo de um terrível precipício, em um poço sem fundo.

Novamente o Senhor respondeu que ele estava certo e então disse ao homem:

—Você precisa resolver se você vai permanecer aqui e desfrutará de tudo o que eu preparei, ou se voltará para a terra e avisará as pessoas sobre seu destino, sobre Mim e sobre o descanso que resta para o povo de Deus.

O homem despertou de seu sonho e passou a desejar viver o máximo que pudesse, para falar às pessoas sobre o Céu e sobre Cristo. Nós descansaremos em breve e teremos toda a eternidade para ficar na presença do Mestre. Assim que nosso trabalho for concluído, haverá uma voz nos chamando:

—Suba até aqui.

Então, terá chegado nossa hora.

D. L. Moody

SEJA FORTE E CORAJOSO

Sede fortes e corajosos, não temais, nem vos atemorizeis diante deles, porque o SENHOR, vosso Deus, é quem vai convosco; não vos deixará, nem vos desamparará.
DEUTERONÔMIO 31:6

Quando Deus e o ser humano trabalham juntos, sempre há vitória. Somos parceiros de trabalho do Senhor. É o Seu poder que torna eficazes todos os meios da graça. Conta-se que Frederick Douglas, o grande orador abolicionista, disse certa vez em um discurso triste, quando as coisas estavam muito difíceis para seu povo:

—O homem branco está contra nós, os governos estão contra nós, o espírito dessa época está contra nós. Não vejo esperança para as pessoas negras neste país. Estou cheio de tristeza.

Nesse momento, uma senhora negra muito simples se levantou na plateia e disse:

—Senhor Frederick, por acaso Deus está morto?

Meu amigo, faz diferença quando você conta com Deus. Muitos novos convertidos ficam frustrados e desanimados quando percebem a guerra espiritual na qual se envolveram. Eles começam a pensar que Deus o abandonou, que a fé cristã não é tudo o que eles pensavam ser. Mas eles devem considerar isso como um sinal encorajador. Assim que uma alma escapou de sua armadilha, o grande Adversário toma medidas para enredá-la novamente. Ele usa todo o seu poder para recapturar sua presa perdida. Os ataques mais violentos são destinados aos inimigos mais fortes, e quanto mais violenta a batalha que o novo convertido é chamado a travar, mais segura é a evidência da obra do Espírito Santo em seu coração. Deus não o abandonará em sua hora de necessidade, assim como não abandonou Seu povo outrora, quando era duramente pressionado por seus inimigos.

D.L. Moody

UMA DÁDIVA MARAVILHOSA

*Porque pela graça sois salvos, mediante a fé;
e isto não vem de vós; é dom de Deus; não de obras,
para que ninguém se glorie.*

EFÉSIOS 2:8-9

Algumas pessoas falam sobre tentar fazer as coisas melhor pensando que isso pode fazê-los mais aceitáveis a Deus e que, assim, Ele pode ter misericórdia deles. Elas fazem isso em vez de permitir que Deus as salve à Sua própria maneira. Desta forma, essas pessoas estão tentando se achegar a Deus por seu esforço próprio e esse é o motivo pelo qual elas não conseguem. Acredito que esse esforço é um dos grandes obstáculos no caminho da salvação de alguém, pois isso significa tentar colocar suas boas obras no lugar da fé no Salvador. "Pela graça sois salvos", dizem as Escrituras; e eu tenho certeza de que haveria muito orgulho no Céu se pudéssemos chegar até lá por meio de nossas obras. Porém, não podemos fazer isso, de forma alguma. Se chegarmos no Céu, terá de ser pela graça soberana de Deus.

A salvação é uma dádiva de Deus e devemos recebê-la dessa forma; assim não levaremos conosco a vanglória para o Céu. Em toda a Bíblia, a salvação é chamada de dom ou dádiva, sendo assim, ela não deve ser acompanhada de obras e nem comprada por dinheiro. Ela não seria uma dádiva se pagássemos por ela, mesmo que fosse um centavo. Então, podemos nos perguntar a quem Ele oferece esse presente maravilhoso. Seria apenas para os justos? É claro que não. Na verdade, Ele o oferece para todo o mundo; Ele o oferece aos pecadores; e se alguém pode aceitar que é pecador, posso mostrar que ele tem um Salvador. Se alguém pode provar que nasceu neste mundo, posso provar que Deus providenciou um Salvador para ele.

D L Moody

NOSSA CONFIANÇA EM DEUS

*Deus não é homem, para que minta; nem filho de
homem, para que se arrependa. Porventura,
tendo ele prometido, não o fará?
Ou, tendo falado, não o cumprirá?*

NÚMEROS 23:19

Se uma pessoa me diz que tem um grande respeito por mim, que me admira muito, mas não acredita em uma palavra do que eu digo, eu acho difícil de acreditar no que ela disse primeiro. Mas é assim que muitas pessoas falam sobre Deus. Elas dizem que reverenciam a Deus, que respeitam seu nome, mas não acreditam Nele. Por que elas não são honestas e não dizem logo que não querem crer Nele? A verdade é que não há nenhuma razão pela qual as pessoas não possam crer em Deus. Eu desafio qualquer um na face da terra a colocar o dedo em uma promessa que Deus já fez e dizer que ela não se cumpriu.

Se você disser que não pode acreditar no ser humano, há alguma razão para isso, porque as pessoas muitas vezes dizem o que não é verdade. Mas Deus nunca mente. Portanto, creia em Deus e creia no que diz Pedro: "Não retarda o Senhor a sua promessa, como alguns a julgam demorada; pelo contrário, ele é longânime para convosco, não querendo que nenhum pereça, senão que todos cheguem ao arrependimento" (2 PEDRO 3:9). Precisamos entender que a falta de fé em Deus é a pior coisa que pode nos acontecer no mundo. A incredulidade é a própria raiz de todo pecado; seu fruto é ruim, porque tudo o que vem dela não presta. Que Deus abra nossos olhos para vermos que Ele é verdadeiro e que todos nós sejamos levados a colocar nossa plena confiança em sua santa Palavra.

D. L. Moody

O PAPEL DAS AFLIÇÕES EM NOSSA VIDA

Estas coisas vos tenho dito para que tenhais paz em mim. No mundo, passais por aflições; mas tende bom ânimo; eu venci o mundo.

JOÃO 16:33

Alguém pode se perguntar por que temos que passar por tantas aflições se Deus nos ama. Podemos não entender todos os caminhos de Deus, mas em breve entenderemos. Paulo nos ajuda em relação a isso, quando afirma que nós podemos saber que todas as coisas cooperam para o bem daqueles que amam a Deus (ROMANOS 8:28). Devemos pensar que Deus nos dá aflições de vez em quando para que possamos saber que aqui não é o nosso lugar. Nós não pertencemos a este mundo, somos peregrinos e estrangeiros viajando por este mundo e nossa cidadania é lá de cima. Se estivermos vivendo para Deus, nosso coração estará posto nas coisas do alto, e não desta Terra.

Conheci uma criança com um problema grave de saúde. Procurei o melhor médico que pude encontrar em Chicago e, quando ele prescreveu uma receita, fui ao melhor farmacêutico da cidade. Não fui a nenhum dos balconistas; fui até o farmacêutico, que era um homem muito cuidadoso, e o observei. Ele pegou um frasco e depois outro e, assim, sucessivamente, ele foi derramando aqueles componentes em um único frasco. Ele misturou tudo e aquele composto se tornou exatamente o que a criança precisava. Talvez, qualquer um dos compostos sozinhos poderia ter matado a criança, mas todos eles trabalharam juntos para seu bem. Assim acontece conosco; temos um pouco de aflição aqui, um pouco de prosperidade ali, tudo trabalhando junto para o bem daqueles que amam a Deus.

SOMOS ELEITOS POR DEUS

*Porque: Todo aquele que invocar
o nome do Senhor será salvo.*
ROMANOS 10:13

Tenho encontrado pessoas que me dizem que queriam receber a salvação, mas não sabem se são eleitas. Vejam, essa é uma questão muito séria e eu não quero dar nenhum som incerto sobre isso. Acredito que uma pessoa não convertida nada tem a ver com a doutrina da eleição. Depois de se tornarem filhos de Deus, podemos falar sobre como a eleição é uma doutrina é doce e bela. Mas aqueles que não são filhos de Deus não têm nada a ver com isso. Você não gosta que ninguém leia suas cartas, não é? Bem, a doutrina da eleição foi escrita, em uma carta particular, destinada aos filhos e filhas de Deus. Não é de admirar que o mundo fique intrigado com isso; não é de admirar que eles não possam entender. É porque isso não foi feito para eles.

Suponhamos que haja uma apresentação e eu esteja andando perto do local e pergunte a alguém que está na porta se eu posso entrar. A pessoa me pergunta se eu tenho um ingresso e eu digo que não. Eu não paguei por um e não o tenho. Então o porteiro me diz que, infelizmente, eu não posso assistir e fecha a porta. Eu vejo outro local, onde há uma reunião reservada aos membros de um clube. Eu quero entrar, mas alguém me diz que eu não pertenço à sociedade e não posso participar. Aquilo não é para mim. Agora, pense que eu estou andando e vejo um aviso: "Quem quiser, entre e participe". Ah! Essa mensagem é para mim. Qualquer um, significa que não há discriminação. Então, eu entro e participo alegremente. Veja, é assim que Deus coloca as coisas. Todos são convidados a vir a Cristo. O que você tem a ver com as palavras de Paulo sobre a eleição se você não tem nada a ver com Cristo? Nada, até que ele se torne um cristão.

D.L Moody

CORAÇÕES ENDURECIDOS

*Assim, pois, como diz o Espírito Santo: Hoje,
se ouvirdes a sua voz, não endureçais o vosso coração...*
HEBREUS 3:7-8

Havia um jovem que nunca havia sido contrariado no decorrer de sua vida. Ele estava constantemente em atrito com seu pai e certo dia, o pai ficou muito irritado e o mandou embora; o garoto disse que jamais voltaria, a não ser que seu pai lhe pedisse para voltar. A mãe tentou impedir o conflito e escreveu para seu filho, implorando para que ele voltasse para casa, mas ele disse que jamais voltaria, a menos que o pai lhe pedisse. Ela tentou conversar com o marido para que se reconciliasse com seu filho, mas ele disse que jamais o faria. Por muitos anos aquela mãe tentou aproximá-los, pois o garoto era seu único filho, mas ela nunca conseguiu. Quando ela estava prestes a morrer, fez seu último pedido ao marido, dizendo que desejava ver ambos reconciliados.

Embora resistido muito, o homem mandou chamar seu filho. Quando ele chegou, a mãe os viu, segurou suas mãos juntas, para que a reconciliação ocorresse, mas eles não queriam. Ambos se mantiveram duros, até que ela faleceu diante deles. Quando eles perceberam sua morte, o coração deles foi quebrantado; eles se abraçaram e se perdoaram. Algumas pessoas acham que podem fazer algo para promover a reconciliação, porém Deus já está se reconciliado conosco. Não há nada a fazer a não ser acreditar nessa verdade. Deus não está zangado conosco, pelo contrário, Ele enviou Cristo ao mundo para que morresse a fim de reconciliar o mundo. Se você deseja o amor de Deus em seu coração, tudo o que precisa fazer é abrir a porta e deixá-lo entrar. Sua luz entrará em seu coração como o sol brilha em um quarto escuro. Que Ele tenha plena posse de seu coração.

D. L. Moody

DEVEMOS CRER NAS BOAS-NOVAS

*E disse-lhes: Ide por todo o mundo
e pregai o evangelho a toda criatura.*
MARCOS 16:15

Quando Jesus disse "Ide por todo o mundo", essas não foram as palavras de um profeta, pois Ele era mais do que isso; não foram palavras de um homem comum, e sim as palavras do Deus que se fez humano. Cristo enfrentou o mundo e o venceu; Ele o colocou sob seus pés. Ele triunfou sobre o mundo; encontrou Satanás e o conquistou; enfrentou a cruz e a conquistou; enfrentou a morte e a conquistou. Ele desceu ao túmulo e tomou sua vitória. O sepulcro ficou para trás dele, vazio. Ele é o capitão da nossa salvação, que enviou seus soldados com uma ordem expressa. Em torno dele estava reunido aquele punhado de homens que estiveram com Ele durante seus três anos de ministério.

Podemos imaginar as lágrimas descendo por suas faces, quando Ele disse os deixaria. Por três anos, que passaram rapidamente, eles estiveram em Sua companhia e o seguiram, mas agora, Seu trabalho na Terra estava concluído e Ele devia subir ao alto e continuar a gloriosa obra que havia começado aqui na Terra. Aos olhos do mundo, aqueles homens que Jesus tinha ao Seu redor eram fracos e desprezíveis; eram pescadores iletrados da Galileia, quase todos eles, mas, mesmo assim, Ele os enviou como cordeiros entre lobos. A palavra evangelho significa boas-novas. Deus não está imputando aos homens suas transgressões, mas procura perdoá-los, trazendo boas-novas de grande alegria. Basta-nos acreditarmos Nele hoje e seremos salvos.

SEU NOME NO LIVRO DA VIDA

O vencedor será assim vestido de vestiduras brancas, e de modo nenhum apagarei o seu nome do Livro da Vida; pelo contrário, confessarei o seu nome diante de meu Pai e diante dos seus anjos. Quem tem ouvidos, ouça o que o Espírito diz às igrejas. APOCALIPSE 3:5-6

Um soldado, ferido durante a Guerra Civil americana estava morrendo em sua cama. De repente, o silêncio mortal da sala foi quebrado pelo grito que irrompeu dos lábios do moribundo:

—Aqui! Aqui!

Seus amigos correram para o quarto e perguntaram o que ele queria.

—Ouçam, disse ele, eles estão chamando meu nome no Céu e eu estou respondendo.

Em alguns momentos, mais uma vez, ele sussurrou

—Aqui, e passou à presença do Rei.

Se tivermos certeza de que nossos nomes estão escritos no Livro da Vida, que está no Céu, a próxima coisa mais importante é termos certeza de que os nomes de nossos filhos estão lá. A promessa não é apenas para nós, mas também para nossos filhos.

Mãe, pai, o nome de seu filho está escrito no Livro da Vida do Cordeiro? Não é melhor que os nomes de seus filhos estejam escritos lá, do que você assegurar para eles grandes posses neste mundo tenebroso? Ó, eu tenho pena do filho que nunca teve interesse pela vida após a morte; mas tenho mais pena ainda da mãe e do pai que nunca falaram do descanso que ainda resta para o povo de Deus. Que Deus torne os pais e mães mais fiéis e comprometidos com esse seu encargo solene, para que seus filhos cresçam para ser uma bênção para o mundo e finalmente encontrarem uma vida de paz no Céu!

D L Moody

O PERDÃO DIVINO

*…Também de nenhum modo me lembrarei dos
seus pecados e das suas iniquidades, para sempre.*
HEBREUS 10:17

Paulo diz em 1 Coríntios 15:1-3, que a boa-nova que ele anunciou ao povo de Corinto é que Cristo morreu por nossos pecados, segundo as Escrituras. Cristo morreu, não como um mero mártir, como algumas pessoas nos dizem; Ele não morreu apenas para mostrar o amor que ele tinha pelo mundo; Ele não morreu para convencer o mundo que o amava. Havia um significado mais profundo em sua morte: Ele morreu no lugar do ser humano. Disse Ele: "Eu dou a minha vida para a reassumir" (JOÃO 10:17). Durante dezoito meses, antes de morrer, Ele disse que iria para Jerusalém e lá seria entregue nas mãos dos gentios, seria morto e no terceiro dia Ele ressuscitaria. Para esse propósito Ele veio ao mundo, não apenas para viver, mas para morrer pelo mundo, a fim de que, por meio de Sua morte, pudéssemos entrar na vida eterna.

Assim, os pecados foram lançados fora do tempo e da eternidade, pois, quando Deus perdoa, Seu perdão é completo e eterno. Muitas vezes nós, seres humanos dizemos que perdoamos, mas não nos esquecemos, guardamos lembranças e ressentimentos. Não é assim com o Senhor. Ele diz que não se lembrará mais dos nossos pecados e esse é um dos pensamentos mais preciosos da Bíblia. Se o sangue de Jesus Cristo expiou meus pecados, eles estão cobertos e apagados para toda a eternidade; nenhum deles será mencionado no dia do juízo. Devemos erguer a cabeça e nos regozijarmos em pensar que nosso pecado foi apagado para sempre. Eles se foram, pois Deus os lançou nas profundezas do mar (MIQUEIAS 7.19).

GRANDE E INFINITO AMOR

*Quando chegaram ao lugar chamado Calvário,
ali o crucificaram, bem como aos malfeitores, um à
direita, outro à esquerda. Contudo, Jesus dizia: Pai,
perdoa-lhes, porque não sabem o que fazem.
Então, repartindo as vestes dele, lançaram sortes.*

LUCAS 23:33-34

O amor de Deus é infalível. Posso imaginar alguns dizendo que acreditam que Cristo ama apenas aqueles que o amam e guardam Seus mandamentos; não aos pecadores, pobres, miseráveis e vis, que Ele nunca os reconhecerá, porque esses nunca guardaram Seus mandamentos e por isso Ele os odeia. Não diga que na Bíblia Deus está zangado com o pecador para sempre. A prova mais forte do amor de Deus é que Ele deu Seu Filho para morrer pelos nossos pecados. A cruz dá testemunho do amor de Deus por este mundo; o Calvário é a maior expressão de amor que que este mundo já viu.

Paulo orou entre para que os cristãos de Éfeso conhecessem a altura, a profundidade, o comprimento e a largura do amor de Deus. A altura atinge o próprio Céu; a profundidade chega ao fundo deste mundo perdido; o comprimento e largura chegam até os confins da terra. Havia algo mais forte do que aqueles pregos de ferro que o prendiam àquela cruz: era o amor que Ele tinha por esse mundo que perece. Como saberemos o tamanho desse amor se não formos ao Calvário e não vermos como Ele morreu? Ele morreu para que você e eu pudéssemos viver e ouvir aquele grito terrível emanado da cruz: "Pai, perdoa-lhes, porque não sabem o que fazem". Esse poderoso amor está disponível mim e para você.

D. L. Moody

13 DE MARÇO

NOSSA VITÓRIA SOBRE A MORTE

Onde está, ó morte, a tua vitória?
Onde está, ó morte, o teu aguilhão?
1 CORÍNTIOS 15:55

Se uma vespa pousasse em sua mão, você teria medo de ser picado, mas, caso o ferrão dela tivesse sido removido, você não teria mais medo dela. É exatamente isso que Cristo fez; Ele tirou o ferrão da morte e nós não temos mais que temê-la. Esta vida terrena passará; esta habitação em que moramos será demolida; mas "temos da parte de Deus um edifício, casa não feita por mãos, eterna, nos céus" (2 CORÍNTIOS 5:1). O túmulo receberá nosso corpo, mas temos uma nova vida duradoura, escondida em Deus. Tornamo-nos participantes da natureza divina, como lemos em João 3:36: "Quem crê no Filho tem a vida eterna". Como a morte pode tocar isso? Ela não pode.

A morte colocou sua mão fria sobre Cristo uma vez, mas ela nunca o fará novamente. A morte pode chegar furtivamente e colocar sua mão sobre nós e nos tirar deste corpo, mas seremos vestidos com a imortalidade e o veremos e seremos como Ele. Em vez de recebermos um corpo sujeito ao pecado, receberemos um corpo glorificado, que o pecado não mais poderá tocar. Eu costumava pensar que o túmulo era o lugar mais escuro e sombrio do mundo, mas, com Cristo, essa escuridão se foi para mim, e posso ouvir uma voz que sai da sepultura: "Porque eu vivo, vós também vivereis" (JOÃO 14:19). O túmulo não tem mais a vitória; ele a perdeu, portanto, podemos dizer agora: "Onde está, ó morte, a tua vitória?" O Filho de Deus tirou a vitória do túmulo. É isso é o que o evangelho nos diz.

D. L. Moody

NÃO HÁ DISTINÇÃO

Porque Deus amou ao mundo de tal maneira que deu o seu Filho unigênito, para que todo o que nele crê não pereça, mas tenha a vida eterna.

JOÃO 3:16

Imaginemos o seguinte diálogo entre Pedro e Jesus, após a ressurreição:

—Senhor, não é possível que o Senhor queira que voltemos a Jerusalém para pregar o evangelho àqueles que mataram o Senhor. Eles não vão acreditar!

—Sim, Pedro, é isso mesmo que eu quero, que vocês fiquem em Jerusalém até que o poder venha sobre vocês. Então, vocês pregarão aos pecadores de Jerusalém, mesmo que eles não creiam. Vocês devem pregar pois essa é sua tarefa.

—O que, Senhor? Pregar o evangelho àquele homem que cravou os pregos em suas mãos e pés?

—Sim, vão até ele e digam que eu o perdoo; que Eu o amo com um amor eterno e lhe darei um lugar no Meu reino se ele crer em mim. Vão até o homem que cravou aquela lança em meu lado e digam que há um lugar em meu coração para ele; digam que não há nada além de amor por ele em meu coração e que, se ele crer em mim, terá um lugar em meu reino. Vão até aquele homem que colocou a coroa de espinhos em minha cabeça e digam a ele que, se ele crer em mim, eu colocarei uma coroa em sua cabeça e não haverá nenhum espinho nela. Procurem aquele homem que cuspiu em meu rosto e digam que eu o amo e que ele pode ser salvo se ele crer no evangelho e se arrepender de seus pecados. Preguem o evangelho a todas as criaturas.

Sim, meus irmãos, o evangelho é uma oferta estendida a todos, sem distinção.

15 DE MARÇO

A VIDA NO CÉU

E lhes enxugará dos olhos toda lágrima, e a morte já não existirá, já não haverá luto, nem pranto, nem dor, porque as primeiras coisas passaram.

APOCALIPSE 21:4

Há pessoas que acreditam que não temos como saber como será a nossa vida no Céu e que não devemos nos preocupar com isso. Mas, se o Senhor não quisesse que soubéssemos sobre o nosso futuro no Céu, não haveria nada nas Escrituras sobre esse assunto. O nosso problema é que estamos muito ocupados; temos tanto em que pensar, tantos cuidados, tantos prazeres, tanto do mundo, que não paramos para pensar sobre o lugar para onde estamos indo ou como será nosso futuro na cidade celestial. Muitos têm se associado a pessoas incrédulas e passado a duvidar da existência do Céu; elas deixam de crer que realmente viverão lá com Deus. Mas, meus irmãos, o Céu existe, ele tem localização e lá é a morada de Deus.

Encontramos na oração do Senhor Jesus as palavras: "Pai nosso, que estás nos céus" (MATEUS 6:9). Ele não está na terra, está "nos céus". Não existe uma cidade como a Nova Jerusalém em nenhum lugar deste mundo. Se pudesse ser encontrada uma cidade neste mundo em que não houvesse morte, onde não pudesse entrar o pecado e nada que a contaminasse; onde a tristeza e a morte não existissem e onde as lágrimas nunca brotassem dos olhos, muitos desejariam ir com pressa para lá. Uma cidade sem lágrimas, porque ali não haveria dor, nem luto. Mas apenas no Céu haverá um lugar assim. Ah! Que cidade! Vale a pena viver para esperar pelo dia em que moraremos nela! E, se não vivermos para morar no Céu, para o que então viveremos?

D. L. Moody

A PORTA AINDA ESTÁ ABERTA

Disse o Senhor a Noé: Entra na arca...
GÊNESIS 7:1

É possível que você pense que o mundo está melhorando, crescendo e por isso acredite que não faz sentido que Deus o destrua, já que as pessoas estão se dando tão bem, acumulando riquezas e prosperando. Por que Deus julgaria o mundo? Só por causa do pecado? Para muita gente, a ideia de um juízo divino não tem sentido. É assim que muitos pensam em nossos dias. No entanto, quando olhamos para Noé, antes do dilúvio, vemos que ele colocou tudo o que ele possuía, junto com toda sua família, dentro da arca que Deus ordenou que ele construísse (GÊNESIS 6:18). Noé viveu de forma que seus filhos pudessem ter confiança em sua piedade, mesmo vivendo em um tempo sombrio, em meio a zombadores e incrédulos; e ele foi fiel à tarefa de orientar seus filhos para que o seguissem.

Deus estendeu sua graça ao mundo do tempo de Noé por cento e vinte e sete anos, antes de julgá-lo. Sem dúvida, ele deu esse tempo para que a humanidade pudesse se arrepender e, se eles tivessem se arrependido, teriam sido salvos. Mas eles não se arrependeram e Deus fechou a porta. Lembre-se que não foi Noé quem a fechou; foi o Todo Poderoso. E, quando Deus fechou a porta, o tempo da graça acabou; o dia da misericórdia se foi. Quando o dono da casa se levanta e fecha a porta, não há mais esperança. Portanto, clamemos pela misericórdia de Deus, antes que seja tarde demais. Hoje é o dia da misericórdia, é o dia da graça, é o tempo aceitável do Senhor; este é o dia em que a porta está totalmente aberta e nele Deus diz: "Entre". Deus chama você para se abrigar da tempestade que está por vir. O dia do juízo está próximo.

D. L. Moody

NOSSO LAR CELESTIAL

*Mas Estêvão, cheio do Espírito Santo,
fitou os olhos no céu e viu a glória de Deus e Jesus,
que estava à sua direita, e disse: Eis que vejo os céus
abertos e o Filho do Homem, em pé à destra de Deus.*

ATOS 7:55-56

Estêvão estava disposto a selar seu testemunho com seu sangue, quando o apedrejaram. Ninguém poderia resistir ao seu poderoso testemunho, pois ele tinha o Espírito de Deus repousando sobre ele. Enquanto ele falava sobre o Filho de Deus, ele viu o Céu aberto e Cristo assentado à destra de Deus. O Filho de Deus se levantou para assistir ao conflito e para dar-lhe boas-vindas em Seu reino. Jesus não se esqueceu de seus discípulos naqueles dias e Ele ainda está interessado em Sua igreja que está na terra. Muitos foram estimulados pelo zelo de Estêvão para irem e entregarem suas vidas pelo evangelho. Será que teríamos crentes nestes dias que estariam dispostos a morrer corajosamente por Cristo, se necessário, em vez de desistir da verdade?

O que torna o Céu um lugar tão atraente para nós não são as paredes de jaspe, os portões perolados ou suas ruas pavimentadas com ouro transparente. O que torna a sua e minha morada eterna tão querida são as pessoas queridas que ali moram. Se pensássemos mais no Céu e naqueles que estão lá, não teríamos uma mente tão terrena. Estamos na terra apenas de passagem; ficaremos aqui apenas por um breve tempo e logo estaremos nesse outro mundo. Veremos Deus o Pai, Cristo o Filho, os anjos e os santos, nossos entes queridos que morreram em Cristo. Todos estarão lá. Reconheceremos nossos amigos, vamos amá-los e estaremos para sempre com eles. Nenhuma haverá separação naquela cidade. Essa vida não pode ir para o túmulo, pois é uma vida eterna, que nunca acabará.

D. L. Moody

ENSINE SEU FILHO SOBRE A VIDA ETERNA

*Ensina a criança no caminho em que deve andar,
e, ainda quando for velho, não se desviará dele.*
PROVÉRBIOS 22:6

Sempre que eu penso na responsabilidade dos pais para com seus filhos eu me lembro de um homem muito rico, que, no entanto, teria dado tudo o que tinha se pudesse trazer de volta do túmulo seu filho mais velho. Certo dia, o menino foi levado para casa inconsciente; eles fizeram tudo o que era possível para restaurá-lo, mas em vão. O pai chorou amargamente, pois ele nunca tinha orado por seu filho, nem ensinado nada da Bíblia para ele. Seu filho era um estranho para Deus. E em pouco tempo ele passou para a eternidade sem salvação. Ó, pai, que me escuta! Se o seu filho estivesse morrendo e o chamasse para orar, você poderia elevar o seu coração oprimido ao Céu E antes que este mundo mau tenha tomado seus mais preciosos tesouros como presa, você poderia conduzir seus pequeninos a Cristo?

Mães e pais, os pequenos podem começar a entender o evangelho bem cedo; seja sincero com eles agora. Você não sabe quando ele pode ser tirado de você ou se você pode ser tirado dele, ninguém sabe. Portanto, permita que seu filho saiba que você se importa com sua alma um milhão de vezes mais do que você se importa com as coisas materiais. E, se você mesmo nunca pensou quão pouco lhe valeria ganhar o mundo inteiro e perder sua própria alma, eu imploro que não deixe outro sol se pôr antes de poder dizer que o nome do seu filho está escrito no Livro da Vida do Cordeiro.

D. L. Moody

ESPERANÇA AO INVÉS DE LUTO

Disse-lhe Jesus: Eu sou a ressurreição e a vida.
Quem crê em mim, ainda que morra, viverá.

JOÃO 11:25

Um homem da cidade de Londres escreveu uma carta para seus conhecidos, quando perdeu sua mãe muito querida. Há um costume entre os ingleses de colocar uma tarja preta na borda da carta, em sinal de luto, mas, ao invés disso, ele colocou uma tarja dourada, como referência às ruas de ouro que a Bíblia diz que há no Céu, pois tinha certeza de que sua mãe havia ido para lá. A carta dizia: "Por favor, não chamem isso de morte, pois a vida de minha mãe apenas começou. Ela atravessou o mar da vida e chegou ao seu lar. Seu espírito redimido alcançou seu destino, onde não há choro, sofrimento e pecado. Ela está segura na casa de seu Pai, no lugar preparado pelo amor de seu Salvador. Ela partiu deste mundo pecaminoso para estar com Jesus. Sim, isso é a vida!".

Na mesma carta, havia outro texto, intitulado "A Voz do Céu", como se sua mãe falasse sobre seu novo lar, com estas palavras: "Eu brilho na luz de Deus; sua semelhança está estampa sobre minha face; pelo vale da morte, meus pés caminharam; agora, eu reino na glória eterna. Se você tem amigos que atravessaram o Jordão, não fique de luto; saia e trabalhe para o Mestre. Não existe coração ferido aqui, nenhuma dor aguda e intensa; não há rosto perdido onde a lágrima tenha rolado e deixado sua marca. Eu alcancei as alegrias do céu; eu sou uma das santas que venceram; há uma coroa de ouro em minha cabeça e uma harpa em minhas mãos. Todos a quem Jesus libertou, cantam uma nova canção".

Naquele lindo lar não morreremos e viveremos para sempre com Jesus. Se temos pessoas queridas que atravessaram o rio, não vamos ficar de luto, vamos sair e trabalhar para o Mestre.

D L Moody

NOSSO VERDADEIRO TESOURO

...buscai, pois, em primeiro lugar, o seu reino e a sua justiça, e todas estas coisas vos serão acrescentadas.

MATEUS 6:33

Buscar primeiro a Deus é um mandamento, porém alguns dizem que não o buscam porque tem muitas coisas para fazer, que os tempos têm sido muito difíceis e eles precisam sustentar suas famílias. Mas Deus nunca comete erros e não nos manda fazer algo que não possamos fazer. Se Ele diz para buscarmos primeiro o Seu reino, devemos fazer isso acima de qualquer outra coisa. Alguém pode dizer que já viu uma pessoa perversa ficar muito rica. Eu também. Mas ela pode ser rica e não ser próspera, pois, como se diz, nem tudo o que reluz é ouro. Ter grande riqueza não implica em ter contentamento; a pessoa pode ser rica e não ter paz de espírito.

Se eu quisesse encontrar um morto-vivo, bastaria subir pelas belas avenidas da cidade e olhar dentro das mansões que há nelas. Não é preciso ir a um bordel e a lugares entenebrecidos pelo pecado. Há pessoas assim nesses lugares também, mas outros estão entre as pessoas mais ricas desse mundo. A razão de haver tantas trevas e miséria neste mundo é porque as pessoas vão contra a palavra de Deus. A última coisa que elas pensam é em buscar o reino de Deus e muitos dizem que, quando tiverem uma vida mais cômoda e tiverem tempo, resolverão as questões da sua alma. As riquezas deste mundo não podem ser levadas para eternidade, por isso, mesmo que a pessoa seja milionária, quando morrer, não terá mais nada. A verdadeira riqueza não é deste mundo, então, ajunte tesouros no Céu e não aqui. Enquanto vivermos em desobediência a Deus, não podemos esperar prosperar.

RECEBEREMOS NOSSA COROA

Por isso, não desanimamos; pelo contrário, mesmo que o nosso homem exterior se corrompa, contudo, o nosso homem interior se renova de dia em dia. Porque a nossa leve e momentânea tribulação produz para nós eterno peso de glória, acima de toda comparação, não atentando nós nas coisas que se veem, mas nas que se não veem; porque as que se veem são temporais, e as que se não veem são eternas. 2 CORÍNTIOS 4:16-18

Há algo sobre o Céu que todos os cristãos devem saber e esperar: lá, nós receberemos nossa coroa. Há uma coroa preparada para cada um dos filhos e filhas de Deus. Ele nos prometeu isso. Então, vamos aprender algo sobre isso na vida de Paulo. Pelo que Paulo lutou? Por sua salvação? Dez mil vezes não! Isso ele recebeu na cruz. Isso foi decidido na cruz do Calvário. Paulo lutou por uma coroa. Há muitos que entrarão no Céu, mas não terão uma coroa. Serão cristãos sem coroa. Satanás nunca conseguiu tirar isso de Paulo. Ele mantive seus olhos fixos em Cristo e agora ele usa sua coroa. Se alguém perguntasse por que ele era tão desesperadamente sério, ele responderia que era por causa da sua coroa.

Muitos quiseram matá-lo; os judeus falavam todo tipo de coisas contra ele, mas nada o comoveu; nada pôde demovê-lo do propósito de receber sua coroa. Paulo recebeu trinta e nove açoites; quatro vezes ele foi espancado, ainda seria espancado mais uma vez. Você acha que ele se importava com aquelas cicatrizes? Ele chamava tudo aquilo de "leve e momentânea tribulação" (2CO 4:17). Mas nós, se recebêssemos um pequeno golpe, que choradeira seria! Não sei quantos volumes de livros escreveríamos sobre isso. Seríamos considerados mártires. No entanto, Paulo chama de leve e momentânea tribulação.

D. L. Moody

O PERIGO DE UMA FALSA ESPERANÇA

*E todo aquele que ouve estas minhas palavras
e não as pratica será comparado a um homem insensato
que edificou a sua casa sobre a areia.*
MATEUS 7:26

Às vezes, encontramos pessoas que não têm nenhuma esperança quanto a esta vida e quanto à vida eterna. É de gente assim que vêm os suicídios, pois quando se chega a esse ponto, a pessoa fica totalmente desanimada, abatida, sem nenhuma esperança. Mas, mesmo nesses casos, a pessoa pode se voltar para o Deus da esperança, o Deus da Bíblia. Por outro lado, há aqueles que acham que têm esperança, pois eles frequentam uma igreja; porém mesmo se frequentarem todos os cultos, ainda assim poderiam não ter uma esperança verdadeira, caso os cultos estivessem tomando o lugar de Jesus Cristo. Se fizerem isso, seu descanso estará sobre um alicerce podre, colocado sobre a areia; e, quando as tempestades vierem, sua casa cairá.

Alguém pode colocar as vestes da religião e professar ser o que não é; pode até ganhar prestígio com isso, mas, não há proveito no que se ganha com a hipocrisia. Sua esperança se vai, pois é uma esperança traiçoeira e não serve para nada. Outros podem afirmar que não são injustos ou hipócritas, porém muitos que pensam assim, no final das contas são, em alguma medida. Tentam se passar por mais do que valem, fazendo outros acreditarem que são melhores do que realmente são.

Deus pede de nós honestidade, retidão; Ele deseja que sejamos verdadeiros em tudo. Haverá muitos que acordarão e descobrirão que sua esperança é falsa. O que Deus deseja é que nos tornemos verdadeiros, como Ele é. Precisamos ser honestos conosco mesmos e pedir a Deus para que ele nos mostre se estamos construindo sobre a Rocha ou se nossa casa está sobre a areia.

D. L. Moody

NOSSA BENDITA ESPERANÇA

Porquanto o Senhor mesmo, dada a sua palavra de ordem, ouvida a voz do arcanjo, e ressoada a trombeta de Deus, descerá dos céus, e os mortos em Cristo ressuscitarão primeiro; depois, nós, os vivos, os que ficarmos, seremos arrebatados juntamente com eles, entre nuvens, para o encontro do Senhor nos ares, e, assim, estaremos para sempre com o Senhor.

1 TESSALONICENSES 4:16-17

A palavra "esperança" nas Escrituras quase sempre é usada em relação à ressureição ou à volta de nosso Senhor e Mestre. Essa é nossa bendita esperança; uma firme e segura esperança. Devemos saber que pertencemos a Deus, que passamos da morte para a vida; devemos confiar no fato que aguardamos o tempo em que nossos corpos serão ressuscitados incorruptíveis e aquilo que foi semeado em fraqueza será levantado com poder. Estamos vivendo na gloriosa esperança de que, quando os mortos forem levantados, nossos entes queridos, que estão sepultados, virão com o Senhor do Céu ao nosso encontro.

Sabemos que somos bem-aventurados, pois temos o Deus de Jacó como nosso auxílio, por isso, colocamos nossa esperança nele, como lemos em Salmo 146:5. Não a colocamos em nossa própria força ou em alguma igreja; não é porque lemos a Bíblia, ou porque fazemos orações. Nossa expectativa e esperança estão em Deus. Ninguém se decepciona quando coloca sua esperança em Deus, pois Ele cumpre sua palavra. Uma esperança bem fundamentada é algo precioso, seja na pobreza, na doença, ou na hora da morte; e quando tivermos que sepultar alguém que amamos, teremos esperança de vê-lo novamente. É para isso que serve nossa bendita esperança.

D L Moody

PODER E AUTORIDADE PARA PREGAR

> *Pois também Cristo morreu, uma única vez, pelos pecados, o justo pelos injustos, para conduzir-vos a Deus; morto, sim, na carne, mas vivificado no espírito.*
>
> 1 PEDRO 3:18

Neste texto, vemos que Cristo foi levantado da sepultura por este mesmo Espírito, e o poder exercido para ressuscitar o corpo de Cristo deve ressuscitar nossas almas mortas e vivificá-las. Nenhum outro poder na terra pode vivificar uma alma morta, mas, o mesmo poder que ressuscitou o corpo de Jesus Cristo do sepulcro pode fazê-lo. Se queremos esse poder para vivificar as pessoas que estão mortas no pecado, devemos olhar para Deus e não para o homem. Se olharmos apenas para os pastores, se olharmos apenas para os discípulos de Cristo para fazermos esta obra, ficaremos desapontados; mas, se olharmos para o Espírito de Deus e esperarmos que venha dele e somente dele o poder, então honraremos o Espírito, e o Espírito fará Sua obra através de nós.

Eu acredito que há muitos cristãos que desejam ser mais eficientes no serviço do Senhor, por isso estou abordando esse assunto, para que vocês possam saber de quem devem esperar o poder. Em Mateus 28:19, Cristo convocou seus apóstolos para pregarem o evangelho. Ele ia deixá-los, pois, Sua obra na Terra estava terminada e Ele estava quase pronto para tomar seu lugar à destra de Deus. Ele disse a eles que toda a autoridade lhe havia sido dada no Céu e na terra. Se Cristo fosse um mero homem, como algumas pessoas tentam mostrar, teria sido uma blasfêmia Ele dizer aos discípulos, para batizarem as pessoas em nome do Pai, em Seu próprio nome, e no de o Espírito Santo, pois Ele estava se fazendo igual ao pai. Por isso, vamos olhar para Cristo e pregar o evangelho sob o poder do Espírito Santo.

D L Moody

NÃO PERCA SUA ALMA

Habitou Abrão na terra de Canaã; e Ló, nas cidades da campina e ia armando as suas tendas até Sodoma.
GÊNESIS 13:12

Ló armou sua tenda em direção a Sodoma, olhou para a cidade e viu que ali seria um bom lugar para fazer seus negócios e que poderia ganhar rapidamente muito dinheiro. Em seguida, aquela cidade entra em guerra e Ló foi feito prisioneiro com sua esposa e seus filhos. Quando Abraão soube, ele chamou seus servos e foi atrás do inimigo, os alcançou, pegou Ló e sua família e os levou de volta para as planícies. Ló deveria ter permanecido fora de Sodoma, junto com a tenda e o altar, pois naquela cidade não temos indícios dele ter tido um altar de adoração ao Deus de Abraão. Ele apenas queria ganhar dinheiro e não adorar. Mas Ló escolheu voltar e recuperar as propriedades e recursos que havia perdido.

Quando alguém arma sua tenda em direção a Sodoma e começa a contemplar a cidade, em breve se estabelecerá lá. Muitas pessoas valorizam seus negócios acima de sua família e pensam em enriquecer a qualquer custo; deixam a ruína vir sobre a sua família, pensando apenas em acumular riqueza enquanto podem. Mas, quem vai para Sodoma e aceita o que ela oferece, deve saber que o julgamento virá. Veja onde estão os cristãos que se envolvem demasiadamente com este mundo, se estão ganhando almas para Jesus Cristo e edificando o Seu reino. Existe uma diferença entre aqueles que são Deus e os que são deste mundo; aqueles que servem ao deus deste mundo são os servos do pecado e de Satanás, aqueles que servem ao Senhor Jesus Cristo não pertencem a este mundo.

ONDE ENCONTRAR PAZ

Deixo-vos a paz, a minha paz vos dou; não vo-la dou como a dá o mundo. Não se turbe o vosso coração, nem se atemorize. JOÃO 14:27

O evangelho de Jesus Cristo é um evangelho de paz. Ele vem para trazer paz à terra, isto é, paz para aqueles que o amam. Porém algumas pessoas questionam essa verdade, por causa do que está escrito em Mateus 10:34: "Não penseis que vim trazer paz à terra; não vim trazer paz, mas espada". A paz é para os que a têm, assim como a espada para é para os que a têm. Existe uma guerra entre a natureza e a graça, sempre houve e sempre haverá. O Espírito de Deus e o espírito do homem natural nunca concordaram e nunca concordarão entre si; há tanta diferença entre eles quanto entre óleo e água e o dia e noite. Por isso, não há como uni-los. Quando abaixamos a espada, há paz, mas, se levantamos a espada, a paz se vai.

Deus quer que tenhamos paz e Ele veio exatamente com esse propósito. Quando nós recebemos a Cristo, também recebemos paz, por isso, se não temos paz, a culpa é nossa e não de Deus. Se temos guerra, não é porque Deus não nos dá paz, mas é culpa da própria natureza corrupta do ser humano; seu coração é negro. É impossível plantar paz neste mundo e não termos guerra. O mundo está em guerra contra Deus e não o quer. Quando estamos dispostos a ter paz, podemos entrar nela; Cristo a trouxe do Céu para nós e Ele diz: "tende bom ânimo; eu venci o mundo" (JOÃO 16:33). Um grande erro que as pessoas cometem é que procuram paz no mundo; elas jamais conseguirão encontrá-la lá. Enquanto muitas pessoas levantam sua voz contra Deus, elas não podem ter paz. Nós, porém, recebemos a graça de Deus e podemos descansar nessa gloriosa paz que vem de Deus, por meio de Jesus Cristo.

D. L. Moody

A GARANTIA DA SALVAÇÃO

> *...dando graças ao Pai, que vos fez idôneos à parte que vos cabe da herança dos santos na luz. Ele nos libertou do império das trevas e nos transportou para o reino do Filho do seu amor, no qual temos a redenção, a remissão dos pecados.* COLOSSENSES 1:12-14

Precisamos lembrar os filhos e filhas de Deus que eles são salvos por meio de Jesus Cristo, contudo, é preciso dizer que algumas pessoas que não sabem que são salvas porque realmente não são. Elas desejam ter a certeza da salvação, mas não nasceram do Espírito. Uma pessoa pode se unir a alguma igreja, obedecer a todas as práticas exigidas, tornar-se membro oficialmente e ainda assim não saber nada sobre a graça de Deus e sobre o novo nascimento. Se uma pessoa não foi regenerada pelo poder do Espírito Santo, ela não terá certeza de salvação e nem deveria ter. Outras pessoas estão vivendo em pecado e não pela luz que Deus lhes deu, por isso, não terão segurança de sua salvação. Quando estamos prontos para fazer o que Ele nos diz, não temos problemas com a certeza de nossa salvação.

Paulo nos diz em Colossenses que o Pai nos reuniu para sermos participantes da herança dos santos na luz; que Ele nos livrou do poder das trevas e nos transportou para o reino de Seu querido Filho; e que, no Filho temos a remissão dos pecados. Note que Paulo não diz que Ele nos transportará, mas que Ele já nos transportou. Ele não quer dizer algo que vamos ter no final da vida, mas algo que já temos. "Aquele que crê no Filho tem a vida eterna" (JOÃO 3:36). Quando você encontra nas Escrituras uma verdade repetida várias vezes, de diferentes formas, pode ter certeza de que é algo muito importante, que o Senhor deseja que compreendamos profundamente. Não precisamos ter dúvidas a respeito da vida eterna, porque, olhando para a Bíblia, vemos diversas afirmações que mostram que nós a possuímos.

D L Moody

GRAÇA PARA AMAR NOSSOS INIMIGOS

Eu, porém, vos digo: amai os vossos inimigos e orai pelos que vos perseguem. MATEUS 5:44

Amar alguém que nos calunia; amar alguém que destruiria nossa reputação; amar alguém que arruinaria nossa vida caso tivesse oportunidade, requer algo além do amor natural. Não podemos fazer isso por nós mesmos, pois está além das nossas forças. Se pregarmos ao mundo, dizendo para as pessoas amarem seus inimigos, com certeza as pessoas dirão que entendem bem o que queremos dizer, mas, mesmo assim, não podem fazê-lo e continuarão odiando seus inimigos. Se alguém tivesse vindo até nós antes de nascermos de Deus e dito que deveríamos amar nossos inimigos e orar por aqueles que nos perseguem, seria o mesmo que falar com o vento; não daríamos a mínima atenção, pois não acreditaríamos que isso fosse possível.

Mas quando nascemos de Deus, temos um novo princípio plantado em nós, que é o poder de amar nossos inimigos. O primeiro impulso que alguém que nasce de novo recebe é o de amar incondicionalmente. Quando nos convertemos, passamos a amar todas as pessoas na face da terra, toda a amargura é removida do nosso coração e, assim, podemos amar. Veja, amar quem nos ama ou alguém que é adorável não requer graça nenhuma e qualquer ser humano pode fazê-lo. Mas amar aqueles que não se importam conosco requer o amor de Deus em nosso coração.

Você tem esse amor? Pergunte-se a si mesmo com sinceridade. Se tivermos esse amor, isso será um sinal de que o Espírito Santo derramou o amor de Deus em nosso coração, e de que temos o Espírito do Calvário, porque no exato momento em que Jesus Cristo estava sendo morto na cruz, naquela mesma hora em que zombavam dele, Ele orava: "Pai, perdoa-lhes, porque não sabem o que fazem" (LUCAS 23:34).

D L Moody

DEVEMOS MATAR NOSSO ORGULHO

E dizia: O que sai do homem, isso é o que o contamina. Porque de dentro, do coração dos homens, é que procedem os maus desígnios, a prostituição, os furtos, os homicídios, os adultérios, a avareza, as malícias, o dolo, a lascívia, a inveja, a blasfêmia, a soberba, a loucura. Ora, todos estes males vêm de dentro e contaminam o homem. MARCOS 7:20-23

O orgulho é um daqueles pecados que a Bíblia condena fortemente, mas que o mundo dificilmente considera assim. Provérbios 16:5 nos alerta que "abominável é ao Senhor Todo arrogante de coração; é evidente que não ficará impune". Cristo incluiu o orgulho entre as coisas más que, procedendo do coração do homem, o contaminam (MARCOS 7:22).

As pessoas acham que apenas as pessoas ricas são orgulhosas. Mas desça pelas ruas escuras e sujas dessa cidade e você descobrirá que alguns dos mais miseráveis moradores de lá são tão orgulhosos quanto muitos que vivem em mansões. O orgulho é um problema do coração humano. Por isso, todos temos que esmagá-lo, pois ele é nosso inimigo. Você pode se orgulhar de sua beleza, mas que depois de alguns dias na cova, seu corpo mortal estará sendo comido por vermes. Não há nada do que se orgulhar, não é?

Você não pode cruzar os braços e dizer: "Senhor, tire isso de mim"; vá você mesmo e o enfrente. Mate seu orgulho, cultivando a humildade, como Paulo nos ensina: "Revesti-vos, pois, como eleitos de Deus, santos e amados, de ternos afetos de misericórdia, de bondade, de humildade, de mansidão, de longanimidade" (COLOSSENSES 3:12). E Pedro também nos ensina: "cingi-vos todos de humildade, porque Deus resiste aos soberbos, contudo, aos humildes concede a sua graça" (1 PEDRO 5:5).

VIVA EM PLENA PAZ

Reconcilia-te, pois, com ele e tem paz,
e assim te sobrevirá o bem.
JÓ 22:21

Precisamos estar atentos a alguns inimigos da paz. Um deles é o pecado. Todo pecado é inimigo da paz, por isso, os ímpios não têm paz. Precisamos nos aproximar de Deus, pois Ele é o autor da paz. Devemos nos alimentar da bendita Palavra de Deus e descobrir o que Ele quer de nós. Devemos praticar a justiça; a justiça vem antes da paz. Sem uma vida correta, não poderemos ter paz. Mas devemos saber que Ele quer que cada um de seus filhos a tenha. Isaías 26:3 diz: "Tu, Senhor, conservarás em perfeita paz aquele cujo propósito é firme; porque ele confia em ti". Mas, infelizmente, a maneira que esse texto tem sido lido por muitos crentes é: Tu, Senhor, conservarás em perfeita paz aquele cujo propósito é firme em si mesmo. Muitas pessoas estão o tempo todo tentando entrar na paz de Deus sem levar em conta as condições necessárias para isso.

Perto do fim da Guerra Civil americana um soldado desertor fugiu para a floresta, se escondeu e ficou vivendo ali por algum tempo. Mas chegou um ponto em que ele precisava conseguir comida ou morreria. Ele viu um homem cavalgando e disse que àquele homem que, se ele não o ajudasse, ele o mataria. O homem perguntou qual era o problema dele e ele explicou que era um desertor, que estava fugindo e com muita fome. Então, admirado, o viajante perguntou se ele não sabia que a guerra havia acabado e que a paz havia sido declarada. Vejam só, a paz havia sido declarada, mas ele não havia entrado nela. Tudo o que ele precisava fazer era entrar. Ah, pobre homem! Tudo o que ele precisava fazer era entrar na paz. Graças a Deus, a paz foi declarada para nós. Jesus Cristo trouxe a paz e tudo o que temos que fazer é entrar nela.

D L Moody

SOMOS JUSTIFICADOS DE TODO PECADO

Se confessarmos os nossos pecados, ele é fiel e justo para nos perdoar os pecados e nos purificar de toda injustiça.
1 JOÃO 1:9

Existem dois reinos neste mundo e todos pertencemos a um ou ao outro; ou somos salvos ou não somos salvos. Cristo morreu por nós e não nos condenará; Deus nos justificou, por isso, como lemos em Romanos 8:33: "quem intentará acusação contra os eleitos de Deus"? Satanás pode apresentar suas acusações; deixe-o trazer à tona nossa vida inteira, não tema. Se Deus nos perdoou, então suas acusações não devem nos importar. Não seremos condenados porque Deus nos justificou; todos os nossos pecados foram apagados e não temos nada a temer. Talvez, o fato de pecarmos depois de termos nos convertido esteja nos incomodando; nesse caso, precisamos entender que Deus tomou providências para o pecado do crente. Pois, se ele não o tivesse feito, todos nós estaríamos perdidos. Quem não pecou desde que se converteu?

Nesse caso, o Senhor deseja que façamos algo: que confessemos os nossos pecados. As palavras de 1 João 1:9 é para os crentes. Alguns de nós ficamos desanimados quando pecamos, mas a diferença entre um cristão e um ímpio é que o cristão confessa os seus pecados. O verdadeiro crente irá ao Senhor Jesus e confessará, contará tudo a Ele. Se você fez algo errado, confesse-o e peça a Deus que o perdoe e Ele o perdoará. Ele se deleita no perdão. Porém é muito desonroso para nós ficar carregando os mesmos pecados que já foram postos na cruz. Entristecemos a Deus se continuamente trazemos à tona os mesmos pecados e pedimos que Ele os perdoe novamente. Satanás pode tentar trazer de volta, mas o sangue de Jesus Cristo, Seu Filho, nos purifica de todo pecado.

EXERCITE SUA CONFIANÇA

…não temas, porque eu sou contigo; não te assombres, porque eu sou o teu Deus; eu te fortaleço, e te ajudo, e te sustento com a minha destra fiel.

ISAÍAS 41:10

Se as pessoas se alimentassem mais das promessas de Deus, não teríamos tantos cristãos desanimados. É para isso que servem suas promessas: elas nos ajudam em nossa jornada pelo deserto. Eu não acredito que ninguém neste mundo está isento de cair em desânimo, melancolia ou depressão, mas Deus tem sempre alguma promessa para nos ajudar, por isso, temos que buscá-las. Mas tome cuidado, pois Satanás também tem suas promessas e muitas pessoas não sabem a diferença entre uma e outra. Por isso, elas acabam vivendo de acordo com as promessas do diabo e se perguntando por que não crescem, por que não recebem poder espiritual. Quando Satanás faz uma promessa, ele não tem o poder de cumprir tudo o que promete, pois ele é o pai da mentira.

Há ainda as promessas feitas por pessoas, que podem ser boas ou ruins e pode não valer a pena confiar nelas, diferentemente das promessas de Deus, que sempre são boas e confiáveis. Por isso, não devemos duvidar delas. Há cristãos pensando que Deus não vai cumprir aquilo que Ele tem prometido; outros pensam que nem todas as promessas da Bíblia são confiáveis e ficam aguardando seu cumprimento para confiar nelas. Mas tudo isso é lixo e mentira do diabo e devemos enviar essa sujeira de volta ao buraco de onde elas vieram. Deus vai cumprir todas as suas promessas. Quando você encontrar alguma promessa na Bíblia, lembre-se de quem as fez e que Ele é poderoso para cumprir tudo aquilo que prometeu. Por isso, você pode acreditar nelas.

DEIXE QUE O MUNDO SAIBA QUEM VOCÊ É

Respondeu ele: O homem chamado Jesus fez lodo, untou-me os olhos e disse-me: Vai ao tanque de Siloé e lava-te. Então, fui, lavei-me e estou vendo. JOÃO 9:11

Que cena maravilhosa é a deste homem, em Jerusalém, confessando a Cristo. O Senhor o enviou ao tanque de Siloé para se lavar, ele o fez e voltou limpo. Os religiosos começaram a discutir se esse homem era mesmo o cego que costumava mendigar pela cidade. Agora, curado, ele confirmava sua história diante daqueles homens. Ele não tinha grande prestígio para aqueles homens, apenas contava sua história e falada das coisas que testemunhou quando Jesus falou com ele. Naquele tempo, não era muito seguro confessar Jesus Cristo publicamente, porém ele o fez mesmo assim. Hoje, não temos vigor para confessá-lo quando temos oportunidade. Mas devemos fazer o mesmo que aquele homem fez; devemos ser testemunhas de Cristo, pois ele nos deixou aqui para confessá-lo diante dessa era tenebrosa. Se o fizermos, Ele estará ao nosso lado e nos ajudará.

Algumas pessoas dizem que temos que nos afastar do mundo, porém, se amamos Jesus, não devemos nos afastar do mundo, apenas afastar o mundo de dentro de nós. No versículo 34, encontramos que os fariseus expulsaram o homem que havia sido cego. Quando Jesus ouviu falar do ocorrido, Ele foi encontrá-lo. E lá estava ele, sozinho, esperando pelo Salvador. Ele não poderia estar em nenhum lugar melhor. Ao expulsá-lo, eles o lançaram nos braços do Salvador. É bom quando nosso testemunho de Jesus Cristo é tão claro, que o mundo nos rejeita. Lembre-se que mundo não pode nos separar do Mestre. Por isso, confessemos Jesus Cristo a tempo e fora de tempo, sem dar nenhum som incerto. Deixe que o mundo saiba que você está ao lado do Senhor.

D. L. Moody

O PERIGO DE VIVER NO PECADO

*Pois qualquer que guarda toda a lei,
mas tropeça em um só ponto, se torna culpado de todos.*

TIAGO 2:10

Às vezes ouço pessoas pedindo a Deus para serem preservadas de certos pecados, esquecendo-se do risco que elas correm de cometer outros. Se alguém quebra voluntariamente um dos mandamentos, será fácil quebrar os demais. Cristo veio ao mundo e mostrou que os mandamentos vão além da mera letra, e que ninguém nesse mundo pode dizer que é capaz de cumpri-la por sua própria força. Como uma criança disse quando reprovada por sua mãe, que dizia que ela deveria fazer o que era certo: "Como posso fazer o certo quando não há certo em mim?". Isso nos faz lembrar de Romanos 3:23, onde lemos: "Pois todos pecaram e carecem da glória de Deus". Sabemos pelas Escrituras que não há nenhum justo, nem um sequer (3:10), mas isso não significa que todos sejam igualmente culpados de graves violações dos mandamentos. É necessária uma certa dose de coragem imprudente para violar abertamente uma lei humana ou divina, mas é fácil quebrá-las, como disse a criança.

É possível quebrar um vaso caro com tanta precisão que não pode ser notado pelo observador, mas deixe que isso seja feito repetidamente e em direções diferentes, e algum dia o vaso se despedaçará com um pequeno toque. Quando ouvimos falar de alguém que tem boa reputação e vida consistente, mas que, de repente, cai em algum pecado vergonhoso, ficamos perplexos. Se pudéssemos saber tudo sobre ela, descobriríamos que sua queda não foi repentina, que ele vinha escorregando lentamente há vários anos. Iríamos encontrá-lo quebrando vários mandamentos. Sua exposição é apenas a queda do vaso, que o fez em pedaços.

A UNÇÃO DO ESPÍRITO SANTO

Tendo eles orado, tremeu o lugar onde estavam reunidos; todos ficaram cheios do Espírito Santo e, com intrepidez, anunciavam a palavra de Deus.

ATOS 4:31

Nessa passagem, descobrimos que o Espírito Santo veio uma segunda vez, após Atos 2, de modo que a terra foi sacudida e eles foram cheios com poder do alto. O fato é que somos vasos com rachaduras e temos que nos manter debaixo da fonte o tempo todo para nos mantermos cheios de Cristo, sendo reabastecidos constantemente. Eu acredito que, um erro que muitos de nós estamos cometendo hoje, é de estamos tentando fazer a obra de Deus com a graça que Deus nos deu há dez anos. Dizemos que, se for necessário, prosseguiremos com a mesma graça até o fim. Mas, o que precisamos verdadeiramente é de um novo derramar, uma nova unção e um novo poder. E se o buscarmos de todo o coração, receberemos o que pedimos.

Os primeiros cristãos foram ensinados a buscar esse poder. Filipe foi a Samaria e chegaram notícias em Jerusalém de que uma grande obra estava sendo feita em Samaria e muitos conversos. Pedro e João foram para lá e impuseram as mãos sobre eles e todos receberam o poder do Espírito Santo. É isso que nós, cristãos, devemos buscar: o Espírito de Deus nos habilitando para o serviço, para que Deus possa nos usar poderosamente na edificação de Sua Igreja e, assim, aumentar Sua glória. Eu acredito que a Igreja acabou por deixar isso de lado, perdendo esse tesouro em algum lugar e, por isso, os cristãos estão sem poder. Muitas pessoas acham que, se elas trabalharem muito para Deus, terão mais poder. Mas isso está errado. Se elas fossem ungidas pelo Espírito de Deus, haveria grande poder e muitos salvos seriam acrescentados à Igreja.

NINGUÉM É VERDADEIRAMENTE ATEU

Ele perguntou: Quem és tu, Senhor?
ATOS 9:5

Durante um culto, na campanha evangelística de Edimburgo, na Escócia, um obreiro veio até mim e me disse que gostaria de expulsar um homem da reunião, que era um conhecido ateu e zombador daquela cidade. Eu fui até onde o homem estava, sentei-me ao seu lado e perguntei gentilmente como ele estava. Ele sorriu e me disse:

—Você diz que Deus responde as orações, mas eu não acredito em Deus. Experimente me fazer mudar de ideia.

Eu perguntei se ele se ajoelharia comigo para orar, mas ele não quis. Então, eu me ajoelhei ao seu lado e orei por ele. Na noite seguinte, ele estava lá novamente. Eu e outros irmãos oramos novamente por ele. Alguns meses depois, em outra cidade, no norte da Escócia, eu estava pregando ao ar livre e vi aquele homem em pé no meio da multidão. Quando terminei, fui até ele e perguntei como ele estava. Ele sorriu e me disse:

—Eu lhe disse que sua oração era falsa; Deus não a respondeu; vá e conte para as pessoas que você as ilude com seus sermões.

Vi que ele tinha o mesmo espírito de antes, mas eu tinha fé. Algum tempo depois, recebi uma carta de um amigo cristão, em que ele dizia que o tal homem ateu fora até ele e lhe pediu oração, pois sentia-se perturbado. Ele disse que não sabia qual era seu problema, mas que não tinha paz. No dia seguinte, ele foi ao escritório do meu amigo e disse que havia encontrado a Cristo. Eu ouvi dizer que, dos trinta obreiros de sua igreja, dez ou doze são seus antigos amigos ateus. Portanto, se você conhece pessoas infiéis e céticas, lembre-se de que pode vencer sua incredulidade com fé. Meu amigo, minha amiga, se você tem fé, tudo é possível para você.

D.L. Moody

VOCÊ ESTÁ PRONTO?

Esta é a interpretação daquilo: MENE: Contou Deus o teu reino e deu cabo dele. TEQUEL: Pesado foste na balança e achado em falta. PERES: Dividido foi o teu reino e dado aos medos e aos persas. Naquela mesma noite, foi morto Belsazar, rei dos caldeus.

DANIEL 5:26,27,30

É o cúmulo da loucura virar as costas para o Evangelho e correr o risco de ser chamado por Deus para o julgamento sem a justificação em Cristo. Por isso, hoje é dia de aceitar a salvação, para que Ele esteja conosco desde agora e para sempre. Se acharmos que não estamos prontos para nos entregar a Deus e nos afastarmos dele, dizendo que precisamos de um pouco mais de tempo para nos preparar, para rever algum assunto em nossa consciência, é importante nos lembrarmos de que temos apenas o tempo presente e não sabemos se teremos o amanhã. Belsazar foi cortado da terra de repente; ele não teria acreditado se alguém tivesse dito a ele que aquela seria sua última noite, que ele não veria mais a luz do sol. Aquele banquete pecaminoso não terminou como ele esperava.

Enquanto essa decisão for adiada em sua vida, você estará em perigo. Se não entrarmos no Reino dos Céus pelo caminho definido por Deus, não poderemos entrar de jeito algum. Devemos aceitar a Cristo como o nosso Salvador, ou nunca estaremos aptos a sermos pesados na balança de Deus. Você o tem em sua vida? Você permanecerá como está e será achado em falta, ou receberá a Cristo e estará pronto para o juízo final? Como lemos em 1 João 5:11-12: "E o testemunho é este: que Deus nos deu a vida eterna; e esta vida está no Seu Filho. Aquele que tem o Filho tem a vida; aquele que não tem o Filho de Deus não tem a vida" (1 JOÃO 5:11,12). Que Deus abra seu coração para receber Seu Filho hoje!

D L Moody

MISERICÓRDIA E GRAÇA

*Ora, o Deus de toda a graça, que em Cristo vos chamou
à sua eterna glória, depois de terdes sofrido
por um pouco, ele mesmo vos há de aperfeiçoar,
firmar, fortificar e fundamentar.*

1 PEDRO 5:10

Quando as nações ao redor do Egito foram para lá para comprar alimento, o rei do Egito os enviava a José, pois ele havia colocado tudo nas mãos de José. Da mesma forma, o Rei do Céu colocou tudo nas mãos de Cristo; por isso, se você precisa de misericórdia, você deve ir a Cristo, porque Ele se deleita na misericórdia. E não há homem ou mulher na face da terra que realmente deseje misericórdia e não a possa encontrar. É por isso que Pedro o chama de "Deus de toda graça". Os homens falam sobre graça, mas o fato é que não sabemos muito sobre ela. Se eu fosse a um banco e tivesse e conseguisse alguém para ser meu avalista, poderia conseguir, talvez, uma boa quantia de dinheiro emprestada por algum tempo, mas eu teria que pagar por ele.

O banco lhe "dá" o você estava precisando, mas faz você pagar tudo o que pegou com juros, de acordo com o tempo em que você ficou o recurso. E, se você não tiver o dinheiro para devolver, eles venderão tudo o que você tem para quitar sua dívida. Eles chamam isso de "dar". Eles não sabem absolutamente nada sobre a graça. Se eles soubessem o que a graça significa, não dariam apenas o capital solicitado, mas não cobrariam nada pelo que você precisou deles. Isso é graça. Acho que a razão pela qual as pessoas sabem tão pouco sobre a graça é que elas estão medindo Deus por suas próprias regras. Amamos alguém enquanto essa pessoa for digna de nosso amor. Quando ela não for mais, nós a rejeitamos. Não é assim com o Deus de toda graça. Nada lhe dará mais prazer do que oferecer misericórdia e graça aos que o buscam.

D.L. Moody

NÃO SEJA UMA PESSOA INDECISA

...Até quando coxeareis entre dois pensamentos?
1 REIS 18:21

Se você quer verdadeira paz e descanso para sua alma, precisa se manter longe do mundo. Lembro-me de que, quando eu era garoto e morava na cidade de Northfield, havia uma macieira bem perto da antiga escola em que eu estudava, que dava as primeiras maçãs da época, antes de qualquer outra da cidade. Havia uma lei que dizia que as frutas de uma árvore que estivessem para o lado de fora da cerca, eram públicas, e que as frutas do lado de dentro da cerca pertencia ao dono da casa. Metade daquela macieira estava pendendo para fora da cerca e, por isso, havia mais vassouras e paus batendo naquela árvore, do que em qualquer outra árvore da cidade. Nós, meninos, ficávamos olhando e esperando até que uma maçã estivesse ficando vermelha. Nunca consegui pegar uma maçã madura daquela árvore e não acredito que alguém tenha conseguido, porque não dava tempo. Sempre havia alguém tentando derrubar uma maça quase madura.

Olhe para muitos cristãos que estão na igreja hoje e você verá que eles se parecem com as maçãs daquela árvore, pois querem viver com um pé em cada lado da cerca, um no mundo e outro na igreja. Eles tomam mais pancadas do que as maças da minha cidade. O mundo bate neles o tempo todo, querendo derrubá-los e a igreja bate neles também, chamando-os para a santificação. Eles são desejados pelos dois lados e isso é muito perigoso, pois algum lado vencerá. Por isso, devemos nos manter o mais longe possível do lado de fora da cerca, se quisermos ter força para vencer as tentações.

FAMINTO PELA GRAÇA

Então, lhe disse: Por causa desta palavra, podes ir; o demônio já saiu de tua filha. Voltando ela para casa, achou a menina sobre a cama, pois o demônio a deixara.
MARCOS 7:29-30

Quero chamar sua atenção para este episódio da vida de Cristo. Veja como a graça simplesmente fluiu dele. A coisa mais difícil que Cristo teve que fazer quando esteve aqui nesta Terra foi ensinar a graça ao Seu povo. As pessoas que estavam ao Seu redor, mesmo seus apóstolos, não entendiam a graça. Todo o tempo julgavam por sua própria justiça. "Somos descendência de Abraão", diziam eles (JOÃO 8:33). Os judeus acreditavam que eram melhores do que as nações ao redor deles e chamavam as pessoas de cães gentios. Por isso, Cristo quis ensinar-lhes uma lição sobre a graça.

Ela foi até Jesus porque sua filha estava possessa de um espírito imundo. Talvez alguns de vocês tenham filhos possuídos por espíritos maus, filhos que estão entristecendo seu coração e trazendo ruína para seu lar e amargura em sua vida. Bem, esta mulher tinha uma filha que estava sendo dolorosamente atormentada e ela se voltou para Cristo. Ela não era israelita e Cristo estava buscando as ovelhas perdidas da casa de Israel. Deus o enviou primeiro aos judeus, mas isso não impediu de que a graça fluísse. A mulher teve fé e clamou, pedindo que o Senhor a ajudasse. O Senhor sabia tudo sobre ela, mas queria ensinar uma lição aos judeus que o ouviam. Os discípulos tentaram mandá-la embora, mas ela estava tão terrivelmente decidida que continuou clamando, ali mesmo. Ela estava faminta por algo. Eu espero que alguém hoje também esteja faminto por algo de Deus. Você receberá, se estiver verdadeiramente com fome e sede.

JESUS SE FEZ POBRE PARA NOS TORNAR RICOS

...antes, a si mesmo se esvaziou, assumindo a forma de servo, tornando-se em semelhança de homens; e, reconhecido em figura humana, a si mesmo se humilhou, tornando-se obediente até à morte e morte de cruz.

FILIPENSES 2:7-8

Quando Jesus estava nessa terra, ele andou de aldeia em aldeia, de cidade em cidade, anunciando o evangelho do reino de Deus e, em muitos lugares, ele não foi bem recebido. Até hoje, Seu Evangelho é proclamado por todos os cantos da terra; pessoas atravessaram mares e desertos proclamando o evangelho de Cristo Jesus e ainda há muitos que não O querem receber. No momento em que começamos a pregar sobre o Filho de Deus, muitos ficam carrancudos, como se tivéssemos dado a eles uma sentença de morte. Como o diabo tem enganado esse mundo! Como as pessoas estão cegas sob o poder do deus deste século!

Jesus Cristo não veio para nos derrubar, mas para nos levantar; Ele não veio para tornar a vida difícil, mas para torná-la doce e bela; e quando as pessoas abrirem espaço no coração para o Filho de Deus, Ele as iluminará. O coração que está triste e abatido ficará leve e feliz. Jesus quer abençoar o mundo. Ele era rico, mas se tornou pobre por você e por mim. Ele poderia ter vindo com toda a pompa e glória do Céu; Ele poderia ter nascido em um palácio e comer com talheres de ouro, mas Ele entrou no mundo em uma manjedoura, para que pudesse se identificar com os mais pobres e humildes. Ele deixou toda a honra e glória que tinha; desceu e provou da pobreza por você e por mim. Ainda assim o mundo torce o nariz e diz que não O quer e não O deseja. Mas nós clamamos para que eles sejam salvos pela graça daquele que os amou e morreu por eles.

D L Moody

O TEMPO ESTÁ TERMINANDO

*Vinde a mim, todos os que estais cansados
e sobrecarregados, e eu vos aliviarei.*
MATEUS 11:28

Quando nosso bendito Mestre veio ao mundo, Ele proclamou estas palavras. Quando os apóstolos começaram a trabalhar depois que Cristo subiu ao Céu, eles continuaram pregar: "Venham". Encontramos esse mesmo chamado no último capítulo do Apocalipse, onde lemos: "Aquele que tem sede venha" (v. 17). A primeira vez que este chamado de Deus para vir a ele ocorre na Bíblia é em Gênesis 7, onde o Deus Todo-Poderoso é o próprio pregador e Ele chama Noé para fugir do julgamento que se aproximava da terra. Noé recebeu a notícia mais terrível que já veio do Céu para a terra, mas Deus deu cento e vinte longos anos de graça para que a humanidade se arrependesse. Existem muitos hoje que falam da mesma maneira sobre a arca que Deus providenciou para a nossa salvação. O tempo da zombaria e do ridículo ainda não terminou. Muitos são mantidos fora do reino de Deus porque não suportam o ridículo de algum zombador, que desfaz da Bíblia e de todos os seus preceitos divinos.

Digo-lhes, meus amigos, que aquela tempestade que varreu a terra não havia durado nem vinte e quatro horas antes que as pessoas considerassem que a arca de Noé valia mais do que toda a riqueza do mundo. O tempo está chegando em que Jesus Cristo valerá mais do que dez mil mundos como o nosso. Ele é a arca que Deus providenciou para nós. Então, amigos, vocês entrarão na arca ou morrerão fora dela? Precisamos resolver essa questão. As pessoas podem dizer que não acreditam nessas coisas, mas a verdade é que nossa vida é muito curta. É uma pequena fração de tempo diante das eras eternas. É apenas uma sombra, um vapor e vamos embora. Pois bem, você vai morrer dentro ou fora da arca?

D. L. Moody

AMOR E CUIDADO

...Com amor eterno eu te amei.
JEREMIAS 31:3

Certo dia, enquanto eu caminhava por uma rua de Nova York, vi um jovem que tinha os braços amputados. Um amigo, que estava comigo, contou sua história. Quando a Guerra Civil começou, aquele jovem sentiu que era seu dever se alistar e ir para a frente de batalha. Ele estava noivo e prometeu para sua futura esposa que, enquanto estivesse no exército, escreveria frequentemente para ela. Mas, em determinado momento, ela deixou de receber as apaixonadas cartas do dedicado soldado. Finalmente chegou uma carta com a caligrafia de um estranho. Na carta, seu noivo relata: "Querida, nós travamos uma batalha terrível. Eu fui terrivelmente ferido e não poderei mais trabalhar para sustentá-la. Eu amo você mais do que nunca, mas a libero do nosso compromisso, pois não quero que você seja esposa de um mutilado".

A moça não respondeu a carta. Ela fez a mala e tomou o trem em direção ao hospital de campanha onde seu noivo estava internado. Com certa dificuldade, ela descobriu o número do leito em que ele estava, atravessou o corredor entre as longas filas de homens feridos, e, finalmente, o encontrou. Ela correu até ele, o abraçou e disse:

—Não vou abandoná-lo. Vou cuidar de você.

Ele não pôde resistir seu amor. Depois que ele se recuperou dos ferimentos, eles se casaram e se tornaram uma família muito feliz. Assim também nós, somos dependentes do amor do Senhor. Ele quer cuidar de nós e nos levar a sua presença. Você pode ser salvo se aceitar o amor do salvador. Deus nos ama, meus amigos, e nos ama até o fim!

D. L. Moody

VITÓRIA SOBRE O MUNDO

*Filhinhos, vós sois de Deus e tendes vencido
os falsos profetas, porque maior é aquele que está em
vós do que aquele que está no mundo.*

1 JOÃO 4:4

Jesus é o único ser humano que conquistou este mundo e o venceu completamente. Quando Ele gritou na cruz "está consumado", isso foi o grito de um conquistador. Ele venceu todos os seus inimigos. Ele venceu o pecado e a morte. Ele encarou todos os inimigos que você e eu temos que enfrentar e venceu. Agora, devemos nos lembrar que tudo que pertence ao ser humano tem a marca da falha. Todo ser humano, quando tira os olhos de Deus, fracassa; e todos experimentamos o fracasso em algum período de sua vida. Abraão falhou; Moisés falhou; Elias falhou.

Pense nos homens que se tornaram famosos e que foram tão poderosos na Bíblia; no momento em que tiraram os olhos de Deus, eles ficaram fracos como qualquer outra pessoa. E eu acho uma coisa muito singular que esses homens tenham falhado no ponto mais forte de seu caráter. Acredito que seja porque eles não estavam vigilantes. Abraão era conhecido por sua fé e foi nisso que ele falhou; Moisés era conhecido por sua mansidão e humildade e ele falhou nisso; Elias era conhecido por seu poder na oração e por sua coragem, mas se tornou covarde; Pedro era conhecido por sua ousadia e uma criada o deixou quase louco de medo. João, o discípulo amado, era conhecido por sua mansidão, no entanto, encontramos ele pedindo para fazer descer fogo do Céu em uma pequena cidade por eles não terem sido hospitaleiros. Portanto, devemos entender que precisamos ter o espírito de Cristo, ter sua vida em nós, então teremos um poder que é maior do que qualquer poder deste mundo, e com esse mesmo poder poderemos vencer o mundo.

PRECISAMOS ANDAR POR FÉ

...Alguns ramos foram quebrados, para que eu fosse enxertado. Bem! Pela sua incredulidade, foram quebrados; tu, porém, mediante a fé, estás firme.
ROMANOS 11:19-20

Os judeus foram rejeitados por causa da sua incredulidade e nós enxertados por causa da nossa fé. Portanto, observe que nós vivemos pela fé e permanecemos pela fé. Em segundo lugar, nós "andamos por fé e não pelo que vemos", como lemos em 2 Coríntios 5:7. Os cristãos mais falhos que conheço são aqueles que querem andar pelo que veem. Eles querem ver o fim das coisas, ou seja, como elas vão terminar. O problema é que isso não é andar pela fé; é andar por vista. Ló e Abraão são uma boa ilustração dessas duas formas de andar com Deus. Ló se afastou de Abraão e acampou nas planícies de Sodoma. Ele conseguiu um bom pedaço de terra, mas tinha péssimos vizinhos. Ele era um personagem fraco e, por isso, deveria ter ficado com Abraão para ficar protegido.

Muitas pessoas são assim. Enquanto suas mães estão vivas ou são amparadas por alguma pessoa piedosa, elas se dão muito bem; mas não podem ficar sozinhas. Ló andou por vista, mas Abraão andou pela fé. Ele saiu da sua terra e seguiu as pegadas de Deus, porque "aguardava a cidade que tem fundamentos, da qual Deus é o arquiteto e edificador" (HEBREUS 11:10). Assim, também, nós lutamos pela fé, "embraçando sempre o escudo da fé, com o qual podereis apagar todos os dardos inflamados do Maligno" (EFÉSIOS 6:16). Cada dardo que Satanás atira em nós, pode ser apagado pela fé e podemos vencê-lo. Ter medo é ter mais fé em seu adversário do que em Cristo.

NOSSA GRANDE BATALHA

*Pois qual de vós, pretendendo construir uma torre,
não se assenta primeiro para calcular a despesa
e verificar se tem os meios para a concluir?*
LUCAS 14:28

Quando a Guerra Civil americana estourou, o secretário de Estado do presidente Abraham Lincoln, que era um político perspicaz e obstinado, profetizou que a guerra terminaria em noventa dias. Com isso, jovens se alistaram aos milhares para irem ao campo de batalha e açoitar os estados do sul do país. Eles pensaram que estariam de volta em noventa dias, mas a guerra durou quatro anos e custou cerca de meio milhão de vidas. O que aconteceu? O Sul era muito mais forte do que o Norte supunha.

Jesus Cristo não comete esse tipo de erro. Quando Ele nos chama para nos alistarmos no Seu exército, Ele nos diz que teremos que renunciar a muitas coisas. Se uma pessoa não quer ir para o Céu pelo caminho do calvário, ela não pode ir de jeito nenhum. Devemos negar a nós mesmos, tomar nossa cruz e segui-lo. Não pense que você não terá lutas se seguir o Nazareno, porque muitas delas já estão diante de você. No entanto, se eu tivesse dez mil vidas, eu entregaria a Jesus Cristo cada uma delas. Os homens não se opõem a uma batalha se estão confiantes de que terão a vitória e, graças a Deus, cada um de nós pode ter a vitória se quisermos.

A razão pela qual tantos cristãos fracassam ao longo da vida é esta: eles subestimam a força do inimigo. Meu caro amigo, nós temos um terrível inimigo para enfrentar, por isso, não deixe Satanás enganar você. A menos que esteja espiritualmente morto, saiba que você está em guerra. Quase tudo ao redor quer nos afastar de Deus. Estamos em uma jornada no deserto e existem inimigos que devemos enfrentar, antes de chegarmos ao nosso destino.

D L Moody

VERDADEIRA CONVERSÃO

…prega a palavra, insta,
quer seja oportuno, quer não.
2 TIMÓTEO 4:2

Quando eu e meu amigo Ira Sankey estivemos no norte da Inglaterra, eu preguei numa noite e diante de mim estava sentada uma mulher que era conhecida naquela cidade por ser muito resistente em relação à fé. Quando terminei de pregar, convidei todos os que quisessem saber mais sobre a salvação a ficarem conosco. Quase todos permaneceram, inclusive aquela senhora. Eu perguntei se ela era cristã e ela disse que não e que não pretendia ser. Eu orei por ela ali mesmo e, ao conversarmos, descobri que ela tinha uma boa posição social e era muito materialista. Ela continuou a ir aos cultos e, uma semana depois, eu a vi chorando.

Depois do sermão, fui até ela e perguntei se ela pensava da mesma forma que antes e ela respondeu que Cristo havia tocado seu coração, e que ela estava se sentindo muito feliz. No outono passado, recebi uma carta de seu marido, dizendo que ela havia morrido, mas, nos últimos tempos, seu amor pelo Mestre havia aumentado continuamente. Quando eu li isso, me senti recompensado por ter cruzado o Atlântico para pregar. Ela trabalhou muito depois de sua conversão e foi instrumento de Deus para ganhar muitos de seus amigos ricos para Cristo. Por isso, eu digo a vocês: busquem o Senhor enquanto ele pode ser encontrado; invoquem-no enquanto ele está perto (ISAÍAS 55:6).

VENÇA AS TENTAÇÕES E SEJA UM VERDADEIRO CRISTÃO

…que sejam temperantes, respeitáveis, sensatos, sadios na fé, no amor e na constância.

TITO 2:2

Ninguém deve pensar que tudo o que ele ou ela precisa fazer para se tornar cristão é se unir a uma igreja. Isso não nos torna salvos em Cristo. A verdadeira questão que devemos considerar é se estamos vencendo o mundo ou se o mundo a está submetendo? Você se tornou mais paciente do que era há cinco anos? Você se tornou mais amável e mais constante? Se isso não está ocorrendo, o mundo está vencendo, mesmo que você seja membro de uma igreja. Muitos cristãos são bons em alguns desses pontos destacados por Paulo, mas muito pobres em outros. Apenas alguns parecem ter sido verdadeiramente salvos, pois seu caráter não foi transformado.

Se eu quisesse saber se um homem é cristão, não perguntaria ao seu pastor. Eu iria à sua esposa. Se um homem não trata bem sua esposa, não quero ouvi-lo falar sobre o cristianismo. De que adianta falar sobre a salvação, se não somos salvos? Queremos um cristianismo que entre em nossas casas e em vida cotidiana. A religião de algumas pessoas simplesmente é repulsiva para mim. Elas têm uma espécie de tom reverente na voz e falam tão hipocritamente no domingo que você pensaria que eles são santos maravilhosos. Mas, na segunda-feira, elas são bem diferentes. Colocam sua religião de lado e você não vê mais nada daquilo nelas até o próximo domingo. Meus amigos, temos que ter um tipo mais elevado de cristianismo, ou a Igreja desaparecerá. Se não estamos vencendo as tentações, o mundo está nos vencendo. Se você se sente assim, ajoelhe-se e peça a Deus que Ele o examine e ajude. Que Ele que nos desperte e não pensemos que só porque somos membros da igreja estamos bem diante dele.

D. L. Moody

SEJA UM GANHADOR DE ALMAS

E compadecei-vos de alguns que estão na dúvida;
salvai-os, arrebatando-os do fogo...
JUDAS 1:22-23

Quero contar como eu tive o primeiro impulso de trabalhar exclusivamente na obra de Deus. Durante muito tempo após minha conversão, eu não fiz nada para Deus. Eu ainda não havia encontrado meu lugar na obra do Senhor e, para dizer a verdade, não pensava muito nisso. Foi no ano de 1860 que tudo isso mudou. Na escola dominical, havia um jovem com aparência pálida e frágil, que trabalhava como professor. Eu sabia que ele possuía um testemunho de grande piedade. Certo domingo, ele não compareceu à aula sem avisar, e, no dia seguinte, pela manhã, ele entrou na loja onde eu trabalhava, cambaleando e se jogou sobre algumas caixas que havia em um canto da loja.

Eu perguntei o que ele tinha e ele me respondeu que os médicos disseram que ele morreria, pois seus pulmões estavam sangrando e não havia nada o que fazer. Eu perguntei se ele não tinha medo de morrer e ele me disse que não, mas que se preocupava com o fato de que nenhum de seus alunos da escola bíblica não haviam se rendido a Cristo ainda e ele não tinha mais forças para realizar aquela obra. Ele estava tão deprimido e fraco que eu precisei levá-lo para casa. Depois, ligamos para todos os seus alunos, para que, mesmo com sua voz fraca, ele pudesse falar com eles. Por dez dias, ele trabalhou naquela condição terrível, às vezes caminhando até as casas mais próximas, outras vezes ligando para as pessoas. E, ao fim daqueles 10 dias, todos daquela classe haviam entregado sua vida ao Senhor. Na noite anterior a sua morte, realizamos um culto em seu quarto; nós oramos e cantamos junto com ele. Foi uma noite linda quando ele partiu e eu ao seu lado. Antes de morrer, ele olhou para seus alunos e alunas e sussurrou: "Eu o espero lá".

D. L. Moody

O PERIGO DA DUREZA DE CORAÇÃO

Levantar-me-ei, e irei ter com o meu pai, e lhe direi:
Pai, pequei contra o céu e diante de ti.
LUCAS 15:18

Esse foi o ponto de virada na vida do filho pródigo. Isso era algo glorioso a se fazer, não era? Alguns de nós já resistimos às orações daqueles que vieram até nossas casas para nos explicar as coisas de Deus. Resistiram que eles nos influenciassem. Também resistimos as lágrimas e as orações de nossas mães, que talvez já durmam com o Senhor; e as lágrimas e as orações dos nossos pais, que clamaram por nossa vida. Houve um tempo em que os sermões de ministros fiéis e piedosos enchiam nosso coração, mas agora, isso não nos impacta mais. Vamos a congressos, mas nada lá nos afeta, nada nos toca. Ainda assim, dizemos que estamos muito bem. Devemos nos lembrar, porém, que podemos estar indo a passos rápidos para o inferno e não há uma em dez mil pessoas que possa esperar ser salva depois de seu coração ter se endurecido tanto assim.

Ouvi falar de um jovem que era muito duro de coração. Seu pai o amava como a sua própria vida. Ele havia tentado de tudo para conquistar o coração daquele garoto pródigo de volta. Quando seu pai adoeceu e estava prestes a morrer, eles o chamaram, mas ele se recusou a ir. Após a morte de seu pai, ele voltou para casa para assistir ao funeral, mas nenhuma lágrima caiu de seus olhos. Ele seguiu seu pai até seu local de descanso, mas não derramou uma lágrima sequer sobre o túmulo. Porém, quando chegaram em casa e o testamento do pai foi lido, descobriram que ele não se esqueceu de seu filho. Pelo contrário, ele foi muito generoso com ele, e essa prova de amor finalmente quebrantou o coração de seu filho.

D.L. Moody

O VELHO ADÃO NUNCA MORRE

Porque eu sei que em mim, isto é, na minha carne, não habita bem nenhum, pois o querer o bem está em mim; não, porém, o efetuá-lo. Porque não faço o bem que prefiro, mas o mal que não quero, esse faço.
Mas, se eu faço o que não quero, já não sou eu quem o faz, e sim o pecado que habita em mim.

ROMANOS 7:18-20

Para vencermos o mundo, devemos começar em nosso interior. Deus sempre começa assim a Sua obra em nós. Um inimigo dentro do forte é muito mais perigoso do que fora. Esta passagem bíblica ensina que, em cada crente existem duas naturezas, guerreando uma contra a outra. E, em Gálatas 5:17, Paulo diz: "Porque a carne milita contra o Espírito, e o Espírito, contra a carne, porque são opostos entre si; para que não façais o que, porventura, seja do vosso querer".

Quando nascemos de Deus, recebemos Sua natureza, mas Ele não tira imediatamente toda a velha natureza de nós. Cada espécie de animal é fiel à sua natureza. Você pode facilmente diferenciar a natureza da pomba e do canário; o cavalo é fiel à sua natureza e a vaca à sua. Mas o ser humano tem duas naturezas e não deixe o mundo ou Satanás fazer você pensar que a velha natureza está extinta, porque não está. Por isso, Paulo orienta: "considerai-vos mortos para o pecado" (ROMANOS 6:11).

Se estivéssemos mortos, não precisaríamos nos considerar assim, não é verdade? O "eu" seria excluído da conta. Portanto, se eu não mantiver meu corpo sob controle e não crucificar a carne com suas afeições, essa natureza caída terá vantagem e eu serei cativo dela. Muitos filhos e filhas de Deus vivem a vida inteira como escravos da velha natureza, quando poderiam ter liberdade se apenas assumissem esta vida de superação da carne. O velho Adão nunca morre.

D L Moody

CONTROLE O APETITE DA CARNE

Não vos enganeis: nem impuros, nem idólatras, nem adúlteros, nem efeminados, nem sodomitas, nem ladrões, nem avarentos, nem bêbados, nem maldizentes, nem roubadores herdarão o reino de Deus.

1 CORÍNTIOS 6:9-10

Um dos inimigos internos que precisamos enfrentar é o apetite carnal. Quantos jovens são arruinados pelo apetite por bebida alcoólica. Muitos rapazes estão se tornando uma maldição para seu pai e sua mãe, em vez de bênção. Li um artigo no jornal sobre um jovem que cometeu suicídio, que em seu bolso encontraram um papel escrito: "Eu mesmo fiz isso. Por favor, não contem para ninguém. É tudo culpa da bebida". Após a reportagem ser publicada, 246 cartas de diferentes famílias chegaram ao jornal, cada uma delas relatando a história de um filho pródigo que, temiam eles, ser o jovem suicida.

A bebida alcoólica é inimiga do corpo e da alma. Assim que a pessoa começa a dar os primeiros goles, o desejo gerado nele se torna parte de sua natureza, e essa natureza, atrai maldições terríveis, que são transmitidas às gerações seguintes. Este mal é um dos agentes mais destrutivos do mundo de hoje. Ele mata mais do que as guerras mais sangrentas. É o pai fecundo do crime, da ociosidade, da pobreza e da doença. Ele destrói a vida terrena de uma pessoa e pode levá-la à condenação eterna. A Palavra de Deus declara que pessoas que se entregam aos males descritos em 1 Coríntios 6:9-10 não herdarão o reino de Deus. Como podemos vencer esse inimigo? A única cura para o maldito apetite carnal é a regeneração; uma nova vida cheia do poder do Cristo ressuscitado dentro de nós. Cristo veio para destruir as obras do diabo e Ele tirará de você todo apetite carnal, se você permitir.

D.L Moody

A SALVAÇÃO É UMA PRIORIDADE

Depois, trazendo-os para fora, disse: Senhores, que devo fazer para que seja salvo? Responderam-lhe: Crê no Senhor Jesus e serás salvo, tu e tua casa.

ATOS 16:30-31

Lembro-me de que, quando eu era menino e fui morar em Boston, ia ao correio duas ou três vezes por dia para ver se havia alguma carta para mim da minha família, que vivia em Northfield, nos EUA. Eu estava desempregado e com muita saudade de casa, por isso, mesmo sabendo que não haveria nenhuma carta, eu ia constantemente aos correios, pensando que talvez pudesse haver uma carta perdida ou esquecida para mim. Finalmente, um dia, recebi minha carta. Era da minha irmã mais nova; a primeira carta que ela me escreveu desde que tinha saído de casa. Eu a abri com o coração palpitante, pensando que leria boas notícias sobre minha família, mas ela havia escrito porque estava preocupada comigo, pois soube que em Boston havia muitos batedores de carteira. Como eu não tinha nenhum dinheiro, pensei que primeiro eu deveria me preocupar com isso e só depois com os batedores de carteira.

Isso também vale para a nossa salvação. Faça primeiro o que deve fazer para consegui-la, mas não tente consegui-la por seus próprios esforços. Você não trabalha para ganhar sua salvação, mas trabalha dia e noite depois de recebê-la. Em Efésios 2:8-9, Paulo nos ensina que somos salvos pela graça, mediante a fé em Cristo; e isto não vem de nós, mas é dom de Deus; não vem de obras, para que ninguém se glorie diante dele. Existe algo que nós devemos ter claro em nossa mente: todos temos que entrar no Céu da mesma maneira. Não podemos trabalhar para entrar lá; temos que receber nossa salvação pela graça de Deus. Esse é o único caminho.

SOMOS HABITAÇÃO DO ESPÍRITO SANTO

*Tendo Salomão acabado de orar, desceu fogo do céu
e consumiu o holocausto e os sacrifícios;
e a glória do S*ENHOR *encheu a casa.*

2 CRÔNICAS 7:1

Lemos nesta passagem que, no exato momento em que Salomão completou o templo, quando tudo estava pronto e eles estavam louvando a Deus com um só coração, a glória de Deus veio e simplesmente encheu o lugar. Os músicos, cantores e sacerdotes eram todos um; não havia discórdia entre eles; todos estavam louvando a Deus, quando sua glória veio do Céu. E, conforme você lê o Novo Testamento, descobre que, em vez de irem a tabernáculos e templos, os crentes agora são o templo do Espírito Santo. E, da mesma forma, no dia de Pentecostes, antes de Pedro pregar aquele sermão memorável, enquanto eles oravam, o Espírito Santo veio sobre eles com grande poder. Por isso nós oramos para que o Espírito de Deus venha e cantamos: "Venha, Espírito Santo, pomba celestial, com Teu poder vivificador; acenda uma chama de amor celestial em nosso coração frio".

Acredito que precisamos entender isso adequadamente. Se estamos orando para que o Espírito Santo desça do Céu à Terra novamente, estamos fazendo errado, porque Ele já está aqui. Ele não saiu daqui desde o dia de Pentecostes e esteve na igreja e com todos os crentes por todos esses séculos. Os crentes são aqueles que foram chamados para fora do mundo e todo verdadeiro crente é um templo para o Espírito Santo habitar. Em João 14:17, lemos as palavras de Jesus: "o Espírito da verdade, que o mundo não pode receber, porque não o vê, nem o conhece; vós o conheceis, porque ele habita convosco e estará em vós".

FIQUE LONGE DA IMORALIDADE

Fugi da impureza. Qualquer outro pecado que uma pessoa cometer é fora do corpo; mas aquele que pratica a imoralidade peca contra o próprio corpo.
1 CORÍNTIOS 6:18

Os pecados sexuais arrastam as pessoas ao lugar mais baixo que pode existir. Ficam arraigado na memória e creio que a memória é o verme que nunca morre, pois essas lembranças de atos obscenos e impuros não podem ser apagados da mente. Mesmo que a pessoa se arrependa e se refaça, muitas vezes ela tem que lutar contra essas lembranças. A luxúria entregou Sansão ao poder de Dalila, que tirou dele suas forças; ela levou Davi a cometer assassinato e isso trouxe sobre ele a ira de Deus, e se ele não tivesse se arrependido, teria perdido até mesmo o Céu. Acredito que se José tivesse cedido à sedução da esposa de Potifar, sua luz teria se apagado para sempre. As pessoas que se entregam à luxúria terminam cheias de remorso e vergonha por causa da percepção da perda da pureza, ou ficam duros de coração, que é uma condição ainda mais terrível.

Hoje em dia, vemos muita falta de domínio próprio nessa área e, com isso, esse pecado se anuncia; mostra suas marcas no rosto e na conduta das pessoas. Porém, o pecado sexual é um mal sorrateiro e aquele que mexe com ele vai passo a passo até que seu caráter seja destruído, sua reputação arruinada, sua saúde abalada e sua vida se torna tão sombria como o inferno. Há pessoas cujo caráter foi totalmente arruinado por causa desse maldito pecado. Há cônjuges que preferem afundar neles do que viver em paz no casamento. Muitos foram puros ao altar e prometeram se amarem e se tratarem com carinho; agora entregaram seus afetos a alguém vil, que trouxe a ruína para seu lar. Que o Senhor nos livre de cairmos nessa cilada do maligno.

D. L. Moody

CRUCIFIQUE SUA VELHA NATUREZA

*Desde a planta do pé até à cabeça não há nele coisa sã,
senão feridas, contusões e chagas inflamadas,
umas e outras não espremidas, nem atadas,
nem amolecidas com óleo.*

ISAÍAS 1:6

Este versículo descreve a situação da nossa velha natureza adâmica; ela permanece corrompida. Conta-se que um senhor na Índia pegou um filhote de tigre e o domesticou para que fosse seu animal de estimação. Certo dia, quando cresceu, sua a velha natureza de tigre explodiu e ele teve que ser morto. O mesmo ocorre com a velha natureza do crente; ela nunca morre, embora esteja subjugada. E, a menos que estejamos vigilantes e orando, essa natureza maligna ganhará vantagem e nos empurrará para o pecado. Alguém apontou que no "eu" é está o cerne do pecado e esse é o meio pelo qual Satanás atua em nós.

Por isso, o pior inimigo que você tem de vencer, afinal, é a si mesmo. Conta-se a história de um grande militar da sociedade inglesa que se converteu ao cristianismo. Depois de alguns meses, foi questionado sobre quem ele achava ser seu maior inimigo que já havia enfrentado. Após alguns minutos de reflexão profunda, ele disse que era ele mesmo. Amigos, eu tive mais problemas com Dwight Moody na minha vida, do que com qualquer outra pessoa que cruzou meu caminho. Se eu puder mantê-lo bem, não teria problemas importantes com as outras pessoas para me preocupar. Muitos dizem que têm problemas com seus empregados, mas você já parou para pensar que o problema está em você, e não neles? Se um membro da nossa família constantemente trata os demais com rispidez, logo, toda a família fará o mesmo. Isso é verdade, quer acredite ou não. Se você for grosseiro com as pessoas elas também serão com você.

D. L. Moody

TEMPERAMENTO DESCONTROLADO É PECADO

Como cidade derribada, que não tem muros,
assim é o homem que não tem domínio próprio.
PROVÉRBIOS 25:28

Não se pode dizer muito de uma pessoa que não domina seu temperamento. É como o aço, que não serve para nada se não for temperado. O temperamento pode ser um grande poder para o bem e me ajudar, ou pode se tornar meu maior inimigo interior durante toda a minha vida. É como a correnteza em alguns rios, que, de tão forte, os torna inúteis para a navegação. Acho surpreendente como até mesmo muitos cristãos têm tão pouco domínio sobre ele. Muitos cristãos, que suportaram a perda de um filho ou de todos os seus bens com a mais heroica força cristã, são inteiramente vencidos por quebrar um prato ou por não suportarem os erros de um empregado. Algumas pessoas me perguntam como elas poderiam controlar meu temperamento. Bem, se você realmente quer fazer isso, eu posso lhe dizer, mas pode ser que você não goste muito do remédio. Trate isso como um pecado e o confesse.

As pessoas consideram esse problema como uma espécie de infortúnio; como uma senhora me disse que o havia herdado de seus pais. Mas não devemos dar esse tipo de desculpa. Quando você ficar com raiva e falar mal de alguém, peça a essa pessoa que o perdoe. Você não ficará bravo com essa pessoa tão cedo, se estiver comprometido em pedir perdão todas as vezes que o fizer. Uma senhora me disse que ela mentia tanto, que seus amigos já não podiam saber quando ela dizia a verdade. Ao me pedir ajuda, eu disse para ela que, da próxima vez que se pegasse mentindo, fosse diretamente à pessoa e dissesse que havia mentido e que sentia muito. Faça isso e você verá que logo deixará seus maus hábitos, porque a confissão faz a velha carne queimar.

D L Moody

A BÊNÇÃO DA CONFISSÃO

*Mas o fruto do Espírito é: amor, alegria, paz,
longanimidade, benignidade, bondade,
fidelidade, mansidão, domínio próprio.
Contra estas coisas não há lei.*

GÁLATAS 5:22-23

O cristianismo não vale nada para você se não endireitar o seu caráter. Entregue-se logo nas mãos de Deus e seja transformado. Você sabe que tem alguém que ficou ofendido por algo que você fez? Vá direto a ele e diga que sente muito. Eu já tive que fazer isso muitas vezes. Uma pessoa impulsiva como eu tem que fazer isso com frequência, mas eu durmo em paz à noite quando eu conserto as coisas que fiz durante o dia. A confissão nunca deixa de lhe abençoar. Algumas vezes tive que descer do púlpito e pedir perdão a alguém antes de continuar a pregar. Um cristão deve ser um cavalheiro o tempo todo; se ele descobre que feriu ou machucou alguém, deve ir e corrigir isso de uma vez. Há muitas pessoas que desejam do cristianismo apenas o suficiente para torná-las respeitáveis, mas não pensam na superação de sua velha natureza. Elas têm seus dias bons e seus dias ruins, e, quando estão em seus dias ruins, você tem que ter muito cuidado com elas.

Mas, como verdadeiros cristãos, não devemos admitir esses dias ruins, nem viver nesses altos e baixos. Se somos vencedores em Cristo, esse é o efeito que nossa vida deve ter sobre os outros, e, assim, eles terão confiança em nosso cristianismo. A razão pela qual muitos não têm poder espiritual é que há algum pecado encoberto em sua vida. Não haverá uma gota de orvalho divino em sua vida até que esse pecado seja trazido à luz. Portanto, vá direto para seu coração e sonde-o. Então poderá sair como um gigante e conquistar o mundo se tudo estiver certo em sua vida interior.

D. L. Moody

VENÇA A AVAREZA

Ora, os que querem ficar ricos caem em tentação, e cilada, e em muitas concupiscências insensatas e perniciosas, as quais afogam os homens na ruína e perdição. Porque o amor do dinheiro é raiz de todos os males; e alguns, nessa cobiça, se desviaram da fé e a si mesmos se atormentaram com muitas dores.

1 TIMÓTEO 6:9-10

Você sabia que a Bíblia fala mais contra a cobiça do que contra a embriaguez? Devemos tirá-la de nós, destruí-la, da raiz aos ramos, e não o deixar que ela tenha domínio sobre nós. Achamos que um bêbado é uma pessoa degradada, mas um avarento, que frequentemente é recebido na igreja e colocado em um cargo, é tão vil e pecaminoso aos olhos de Deus quanto qualquer bêbado.

A coisa mais perigosa sobre esse pecado é que geralmente não é considerado abominável. Mas, vejamos o que a Bíblia diz sobre ela. "Fazei, pois, morrer a vossa natureza terrena... a avareza, que é idolatria" (COLOSSENSES 3:5). "Sabei, pois, isto: nenhum... avarento, que é idólatra, tem herança no reino de Cristo e de Deus" (EFÉSIOS 5:5).

A cobiça atraiu Ló a Sodoma; causou a destruição de Acã e de toda a sua casa; foi a raiz da iniquidade de Balaão; o pecado dos filhos de Samuel. Ela deixou Geazi leproso; afastou o jovem rico de Jesus; ela levou Judas a vender seu Mestre e Senhor e ocasionou a morte de Ananias e Safira. Quantas vítimas ela tem feito desde o início dos tempos. Você me pergunta como pode controlar a cobiça? Bem, eu não acho que haja qualquer dificuldade nisso. Se você for muito cobiçoso, ou muito mesquinho, querendo ter tudo o que puder para si, comece a espalhar. Apenas diga à cobiça que vai estrangulá-la e abandoná-la. Se você acha que é egoísta, dê algo e abençoe alguém. Decida vencer esse espírito egoísta, custe o que custar.

D. L. Moody

LIVRE-SE DA INVEJA E DO CIÚME

*Pois, onde há inveja e sentimento faccioso,
aí há confusão e toda espécie de coisas ruins.*
TIAGO 3:16

Você está com ciúmes ou sente inveja de alguém? Vá e abençoe essa pessoa de alguma maneira. Essa é a maneira de se livrar desses sentimentos malignos. A inveja é um demônio, um inimigo terrível. Os poetas a imaginavam como um monstro pálido e magro, que vivia em uma caverna escura e nunca se alegrava com nada, a não ser o infortúnio dos outros. Conta-se a fábula de uma águia que voou sobre outra, que não gostou nada da atitude da sua companheira. Ela olhou para baixo, viu um arqueiro e pediu para que ele atingisse sua rival. O arqueiro respondeu que faria aquilo se ela lhe desse algumas de suas penas para ele colocar em sua flecha. A águia arrancou uma pena de sua asa e lhe deu. O arqueiro atirou a flecha, mas não conseguiu atingir a águia rival, pois ela estava muito alto. A águia invejosa arrancou mais penas e continuou arrancando até que não conseguia mais voar. Então, o arqueiro a matou. Esta fábula ensina que, se está com inveja de alguém, a única pessoa que poderá ferir é a si mesmo.

Havia dois mercadores que tinham uma grande rivalidade entre eles e uma boa dose de amargura no coração. Um deles se converteu e, então, foi ao seu pastor e confessou que ainda tinha muito ciúmes do seu rival e não sabia como se livrar daquilo. Seu pastor o aconselhou a sempre que não tivesse a mercadoria que seu cliente precisava, mandá-lo ao seu antigo inimigo. Mas o homem disse que não se sentia confortável em fazer aquilo, mas seu pastor insistiu e ele começou a indicar a loja do seu antigo inimigo para seus clientes. Aos poucos, aquele sentimento ruim foi mudando e ele deixou de odiar seu concorrente.

D. L. Moody

A HONRA DEVIDA AOS PAIS

*Filhos, obedecei a vossos pais no Senhor,
pois isto é justo. Honra a teu pai e a tua mãe (que é o
primeiro mandamento com promessa), para que
te vá bem, e sejas de longa vida sobre a terra.*
EFÉSIOS 6:1-3

A palavra "honra" significa mais do que mera obediência, pois, uma criança pode obedecer a seus pais apenas por medo. Honra significa amor, carinho, gratidão e respeito. Alguém me disse que no oriente as palavras "pai" e "mãe" incluem aqueles que são superiores em idade, sabedoria e posição civil ou religiosa, de modo que, quando os judeus foram ensinados a honrar seu pai e sua mãe, isso incluía todos que foram colocados sobre eles nessas relações. Foi apontado como digno de nota que este mandamento prescreve honra para a mãe, mas em muitos países orientais até os dias de hoje a mulher é tratada com pouca importância. Quando estive na Palestina, soube que a menina mais bonita de Jericó havia sido vendida por seu pai em troca de um burro. Em muitas nações antigas, assim como em certas partes do mundo de hoje, os pais são mortos assim que ficam velhos e fracos.

Mas nós podemos ver a mão de Deus agindo por meio desta passagem bíblica, elevando a mulher à sua legítima posição de honra, tirando-a da degradação para a qual ela foi arrastada no mundo. Acredito que devemos voltar a essas antigas verdades. O jovem pode fazer pouco caso de seus pais, mas deve se lembrar de que Deus deu esse mandamento e isso não pode ser deixado esquecido. Se voltarmos a esta lei bendita, teremos poder e bênção sobre nossa vida. Como você trata seus pais? Saiba que isso tem o poder de mostrar como você se sairá na vida.

PARA QUEM É A GRAÇA DE DEUS

*Aquele que não poupou o seu próprio Filho,
antes, por todos nós o entregou, porventura, não nos
dará graciosamente com ele todas as coisas?
Quem intentará acusação contra os eleitos de Deus?
É Deus quem os justifica.*

ROMANOS 8.32-33

Deus, o Pai, entregou Jesus na cruz do Calvário por todos nós. Como é bom ler esses versículos que contêm verdades que dizem respeito a todos nós. Cristo não morreu por Paulo mais do que morreu por cada um de nós, Ele provou a morte por todos os seres humanos. Todo aquele que se apoderar da verdade sobre a cruz de Cristo será salvo, porém se morrerem em seus pecados, não podem ir para onde Jesus está. Se alguém vive pecando, viola a lei de Deus e não entrará no reino de Deus. As Escrituras dizem: "Porquanto a graça de Deus se manifestou salvadora a todos os homens" (TITO 2:11). Essa maravilhosa palavra é a verdade. E isso significa que a salvação está disponível para todos, sejam bêbados, prostitutas, viciados em jogos ou assassinos. Se muitos continuam perdidos é porque rejeitam o presente de Deus, rejeitam Sua oferta de misericórdia. E não é que Deus não a tenha oferecido, pois é tão abrangente quanto o ar que respiramos.

Deus conhece todos os corações e, se você deseja receber a graça hoje, o Deus de toda graça o encontrará. Ele o encontrará como Deus de misericórdia e compaixão, Ele o abençoará hoje, porque é a Sua vontade abençoá-lo. O pecado o destrói e derruba, mas a graça de Deus o eleva. Que a graça de Deus lhe tire hoje do lamaçal do pecado e coloque o seus pés sobre a Rocha eterna.

D L Moody

NOSSO GRANDE INIMIGO É O MUNDO

Não ameis o mundo nem as coisas que há no mundo.
Se alguém amar o mundo, o amor do Pai não está nele.
1 JOÃO 2:15

O mundo é o nosso grande inimigo. Tiago afirma que "a amizade do mundo é inimiga de Deus" (4:4). Mas, quando dizemos isso, muitos perguntam o que a palavra "mundo" quer dizer nesses textos. "Mundo" não significa a natureza ao nosso redor. Deus, em parte alguma das Escrituras nos diz que o mundo físico é um inimigo a ser vencido. Pelo contrário, lemos no Salmo 24:1 que: "Ao Senhor pertence a terra e tudo o que nela se contém, o mundo e os que nele habitam"; e no Salmo 19:1, "Os céus proclamam a glória de Deus, e o firmamento anuncia as obras das suas mãos".

Portanto, quando lemos essa palavra nas passagens citadas, devemos entender a vida humana e a sociedade, tão alienadas de Deus, por estarem centradas em objetos e objetivos materiais e, por isso, são opostas ao Espírito e reino de Deus. Cristo disse: "Se o mundo vos odeia, sabei que, primeiro do que a vós outros, me odiou a mim"; e também: "Se vós fôsseis do mundo, o mundo amaria o que era seu; como, todavia, não sois do mundo, pelo contrário, dele vos escolhi, por isso, o mundo vos odeia" (JOÃO 15:18-19). Sempre devemos nos lembrar que o amor ao mundo significa esquecimento do nosso futuro eterno, em razão do amor às coisas passageiras.

Então, como o mundo pode ser superado? Não é por meio da educação, nem pelo conhecimento humano, mas, apenas pela fé. Novamente, devemos nos lembrar das palavras do apóstolo João: "...porque todo o que é nascido de Deus vence o mundo; e esta é a vitória que vence o mundo: a nossa fé. Quem é o que vence o mundo, senão aquele que crê ser Jesus o Filho de Deus?" (1 JOÃO 5:4-5).

D L Moody

TEMOS UMA VISÃO CURTA OU LONGA?

…Nem olhos viram, nem ouvidos ouviram, nem jamais penetrou em coração humano o que Deus tem preparado para aqueles que o amam. 1 CORÍNTIOS 2:9

Abraão não foi tentado pelas campinas bem regadas de Sodoma, porque ele era o que podemos chamar de um homem de visão longa; ele tinha os olhos postos na cidade que tem fundamentos, da qual Deus é o arquiteto e edificador (HEBREUS 11:10). Mas Ló era um homem míope, como muitas pessoas nas igrejas de hoje, que só veem o que está diante dos seus olhos. Moisés também tinha visão de longo alcance e deixou os palácios do Egito para se identificar com o povo de Deus; gente pobre e escrava. Moisés podia ver aquilo que Deus tinha reservado para esse povo, algo que as pessoas com visão curta não podem. Tenho um amigo que tem um olho míope e o outro bom, e isso atrapalha muito sua visão. Acho que a Igreja está cheia de gente que tem um olho para o mundo e outro para o Reino de Deus, por isso, não enxergam nada direito. Tudo fica embaçado e confuso para elas, como o cego que via os homens como árvores, andando, em Marcos 8:24.

Lembremos da visão de Estêvão: seus acusadores não conseguiram convencê-lo, mesmo diante da morte, que Cristo não havia subido ao Céu. Ele olhou fixamente para o Céu e o mundo foi colocado sob seus pés (ATOS 7:55-56). Quando o Espírito de Deus está sobre nós, o mundo perde sua glória e não tem domínio sobre nós. Quando o Espírito de Deus está sobre nós, simplesmente abandonamos as coisas temporais e nos apoderaremos das coisas eternas. É disso que a Igreja hoje precisa; que o Espírito Santo venha com grande poder e consuma todas as impurezas que há em nós. Que o Espírito Santo desça como fogo e queime tudo em nós que é contrário à bendita palavra e vontade de Deus em nós.

D. L. Moody

RESPEITE O DIA DE DESCANSO

E acrescentou: O sábado foi estabelecido por causa do homem, e não o homem por causa do sábado.
MARCOS 2:27

Ninguém deve trabalhar sete dias na semana, pois necessitamos de um dia de descanso. É importante para a restauração do corpo, após seis dias de trabalho. Está comprovado que uma pessoa pode fazer mais em seis dias do que em sete. O segredo de uma vida longa vem de nunca nos esquecermos do dia de descanso, mesmo em meio a toda a pressão dos cuidados da vida diária. Esse dia restaura nosso corpo e nossa alma. Ninguém pode quebrar continuamente o dia de descanso e manter sua saúde física e mental. Mas descanso não significa ociosidade. Quando alguém sai de férias, não fica deitado sem fazer nada o tempo todo; uma mente sadia deve encontrar algo para fazer, portanto, o descanso sabático não significa inatividade.

A melhor maneira de afastar os maus pensamentos e evitar as tentações é engajando-se em atividades religiosas. Porém, devemos evitar os extremos. Há muitas pessoas que têm um rigor extremo na observância do dia de descanso, que lembra mais o formalismo dos fariseus do que o espírito do evangelho. Essa rigidez faz mais mal do que bem, afasta as pessoas de Deus e torna o dia de descanso um fardo. Por outro lado, devemos nos precaver zelosamente contra uma maneira solta de guardar o sábado. Faça do dia do Senhor um dia de atividade religiosa; em primeiro lugar, é claro, comparecendo ao culto e à escola bíblica dominical, mas também separando tempo para orações com sua família e para ajudar as crianças a aprenderem algum versículo ou história da Bíblia.

D. L. Moody

CUIDE BEM DO SEU SANTUÁRIO

*Não sabeis que sois santuário de Deus e que
o Espírito de Deus habita em vós? Se alguém destruir
o santuário de Deus, Deus o destruirá;
porque o santuário de Deus, que sois vós, é sagrado.*
1 CORÍNTIOS 3:16-17

Alguns homens estavam ajudando a enterrar um santo homem de Deus há algum tempo. Ele era muito pobre, como muitos do povo de Deus também são. Mas devemos nos lembrar que eles são pobres apenas para este mundo, mas são ricos do outro lado da vida, porque acumularam riquezas lá onde os ladrões não podem roubar, onde os trapaceiros não podem tirá-las deles e onde a traça e a ferrugem não podem corrompê-las. Portanto, esse homem idoso era muito rico no mundo vindouro e aqueles senhores estavam apenas o entregando para a sepultura. Quando eles estavam levando o caixão, um velho pastor, que estava oficiando o enterro, disse: "Caminhem com cuidado, pois vocês estão carregando o templo do Espírito Santo. Sempre que você vê um crente, você vê um templo do Espírito Santo".

Em 1 Coríntios 6:19-20 lemos: "Acaso, não sabeis que o vosso corpo é santuário do Espírito Santo, que está em vós, o qual tendes da parte de Deus, e que não sois de vós mesmos? Porque fostes comprados por preço. Agora, pois, glorificai a Deus no vosso corpo". Acho que é claramente ensinado nas Escrituras que todo crente tem o Espírito Santo habitando nele. Esse crente pode extinguir o Espírito de Deus e não glorificar a Deus como deveria, mas se ele é verdadeiramente crente no Senhor Jesus Cristo, o Espírito Santo habita nele. Eu creio que, hoje, embora os homens e mulheres cristãos tenham o Espírito Santo habitando neles, Ele não está habitando neles com poder; em outras palavras, Deus tem muitos filhos e filhas que não possuem poder em sua própria vida.

D L Moody

DEVEMOS HONRAR NOSSOS PAIS

Honra teu pai e tua mãe, para que tenhas vida longa
na terra que o SENHOR teu Deus te dá.
ÊXODO 20:12

Quero contar a história de dois filhos. Um deles tinha um pai que bebia muito e sua mãe trabalhava lavando roupas para educar os quatro filhos. Este jovem era o filho mais velho do casal e também era um excelente estudante. Certo dia, enquanto ele estava com sua mãe na porta de sua pobre casa, um amigo do colégio os viu juntos. No dia seguinte, o amigo perguntou quem era a mulher e ele respondeu que era sua lavadeira, porque sentiu vergonha dela. Alguns anos depois disso eu soube que esse rapaz se tornou um completo fracassado. Também ouvi falar de uma mulher pobre que pagou os estudos de seu filho, incluindo a faculdade. Quando seu filho estava se formando, escreveu para sua mãe pedindo que ela fosse vê-lo na formatura, mas ela respondeu que não iria, porque sua única roupa já estava muito velha. Ele escreveu de volta, dizendo que não se importava com a forma como ela estaria vestida e pediu com muita insistência que ela fosse. Chegou o grande dia e ele caminhou pelo corredor com sua mãe vestida de forma tão simples e a acomodou em um dos melhores assentos da plateia. Como orador da turma, ele a honrou diante de todos, a beijou e entregou-lhe um presente, reconhecendo que ele não teria chegado ali sem sua ajuda. A honra aos pais é um mandamento poderoso e não devemos subjugá-lo nem o descumprir. Lemos na Bíblia que Jesus era submisso a seus pais (LUCAS 2:51). Seu amor como filho, fez com que ele cuidasse de sua mãe mesmo quando estava na agonia da cruz (JOÃO 19:26-27). Quem busca a honra e estima do mundo, mas não trata bem seus pais, certamente fracassará na vida.

D. L. Moody

A VIDA É SAGRADA

Não matarás.
ÊXODO 20:13

Existem muitos assassinatos que não matam ninguém com suas mãos; aliás, não é preciso matar uma pessoa para ser um assassino. Se ficarmos com raiva de alguém a ponto de desejar sua morte, seremos assassinos aos olhos de Deus, pois Ele olha primeiro para o nosso coração. O ser humano é criado à imagem de Deus; ele é mais do que um mero animal, pois foi feito para a eternidade. Sua vida, portanto, deve ser considerada sagrada. Uma vez tirada, ela nunca pode ser restaurada. Existe outro tipo de assassinato que está aumentando entre nós: o suicida. Há pessoas que têm defendido que o suicídio é um meio justificável de libertação das provações e dificuldades. No entanto, desde Aristóteles, pensadores têm condenado essa prática como injustificável sob quaisquer condições. Ninguém tem o direito de tirar sua própria vida mais do que a vida de outra pessoa. A Bíblia não menciona um único caso de suicídio de um uma pessoa correta diante de Deus. Há o registro de cinco suicídios na Bíblia: De Saul, de seu escudeiro, de Aitofel, Zinri e Judas Iscariotes. Agora, perceba que tipo de pessoa cada um deles era.

Há também outra classe de assassinos, que não são classificados dessa forma pela sociedade: aqueles que vendem carne estragada, donos de bares, cuja bebida está destruindo muitas vidas; aqueles que adulteram alimentos; o empregador que põe em risco a vida dos seus funcionários; todos são culpados pela perda de muitas vidas. Pense ainda, se todos os jovens deste país que estão matando seus pais e suas esposas aos poucos fossem condenados como assassinos? Devemos nos lembrar que esse mandamento não se refere apenas a matar diretamente uma pessoa, mas também a toda ação que tira a vida de outra pessoa, mesmo que aos poucos.

D L Moody

PRECISAMOS SER CHEIOS DO ESPÍRITO

Tomai também o capacete da salvação e a espada do Espírito, que é a palavra de Deus.
EFÉSIOS 6:17

Muitas pessoas pensam que precisamos de novas igrejas, novos órgãos e novos corais para que a igreja desperte. Mas não é disso que a Igreja de Deus precisa hoje. Ela precisa daquele antigo poder que os apóstolos tinham; isso é o que queremos, e se tivermos esse poder em nossas igrejas, haverá uma nova vida nela. Então, teremos pastores renovados, cheios do Espírito Santo.

Lembro-me de quando em Chicago muitos estavam labutando na obra de Deus e parecia que ela não avançava, quando um ministro começou a clamar do fundo de seu coração: "Ó, Deus, coloque novos ministros em cada púlpito desta cidade". Na semana seguinte, ouvi dois ou três homens se levantarem e dizerem que viram seus pastores pregarem com um novo poder e acredito firmemente que é isso que precisamos hoje.

Somos informados de que a Bíblia é espada do Espírito; e de que serve um exército que não sabe usar suas armas? Imagine que uma batalha estivesse acontecendo e eu fosse um general que tem cem mil homens grandes, vigorosos, cheios de vida, mas nenhum deles poderia manejar uma espada, ou um rifle; para que serviria esse exército? Ora, mil homens bem treinados, com boas armas, derrotariam todos eles. A razão pela qual a Igreja não pode vencer o inimigo é porque ela não sabe como usar a espada do Espírito. As pessoas vão se levantar e tentar lutar contra o diabo com suas experiências, suas teorias e suas ideias, mas ele não liga para isso e as vencerá todas as vezes. O que precisamos é desembainhar a espada do Espírito, que corta mais profundamente do que qualquer outra coisa.

D L Moody

A NECESSIDADE DE CONFISSÃO E RESTITUIÇÃO

*Como a perdiz que choca ovos que não pôs,
assim é aquele que ajunta riquezas, mas não retamente;
no meio de seus dias, as deixará e no seu fim
será insensato.* JEREMIAS 17:11

Se um funcionário tirar uma pequena quantia da gaveta de seu patrão na intenção de colocá-la de volta no dia seguinte e que ninguém jamais souber disso, não importa a quantia, ainda que seja pouco, isso faz dele um ladrão. Pequenos roubos podem levar uma pessoa à ruína. Caso o patrão descubra, se ele não o levar ao tribunal, poderá ao menos despedi-lo; seus planos podem ser destruídos e será difícil se levantar dessa situação. Seja qual for a condição em que você se encontre, não pegue o que não lhe pertence. É melhor ser pobre e honesto em vez de se exibir por aí em um carro de luxo, comprado com dinheiro roubado.

Conheci um jovem queria se tornar cristão, porém, estava contrabandeando drogas. Eu disse a ele que não havia qualquer chance de ele ser cristão até que deixasse o crime e confessasse seu pecado. Ele respondeu que, se fizesse isso, cairia nas garras da lei e iria para a cadeia. Porém, eu o encorajei dizendo que o Senhor seria muito misericordioso se ele se empenhasse em fazer o que é certo. Ele foi embora triste, mas depois aceitou o desafio. Ele foi a melhor testemunha de Jesus Cristo que já conheci em minha vida. Ele havia sido desonesto, mas quando teve convicção de que deveria consertar o que fez antes de que Deus o ajudasse, ele o fez e Deus o usou poderosamente. Não adianta lamentar o pecado cometido e dizer que sente muito. Isso não vai ajudar, a menos que esteja disposto a confessar e fazer a restituição.

REFREIE SUA LÍNGUA

*Se alguém supõe ser religioso, deixando de refrear
a língua, antes, enganando o próprio coração,
a sua religião é vã.*

TIAGO 1:26

Para o apóstolo Tiago, o governo da língua é o teste da verdadeira religião. A língua pode ser um instrumento poderosos para o bem ou para o mal. Alguém disse que a língua é a única ferramenta que fica ainda mais afiada quanto mais você a usa. As línguas dos intrometidos são como as caudas das raposas de Sansão; elas carregam tições e são suficientes para incendiar todo o mundo. Esperanças e reputações destruídas são testemunhas de seu terrível poder; em muitos casos, a língua assassinou suas vítimas. Podemos nos lembrar de casos em que homens e mulheres morreram sob as feridas da calúnia e da difamação; a história está repleta desses casos. Esses pecados são diabólicos e a Bíblia é severa em suas denúncias contra eles; ela contém muitos avisos solenes.

Quem ama e pratica a mentira, de maneira nenhuma entrará na nova Jerusalém. A maneira de superar ou controlar o hábito de mentir ou fofocar é simples, mas não muito agradável. Trate isso como um pecado e confesse-o a Deus e a pessoa que foi injustiçada; então se você estiver mentindo, vá até a pessoa e confesse que mentiu. Que sua confissão seja tão ampla quanto sua transgressão; se você caluniou ou mentiu sobre alguém em público, faça sua confissão publicamente. Muitas pessoas dizem alguma coisa maldosa e falsa sobre outra na presença de terceiros e então tentam consertar somente com a pessoa ferida, mas isso não é restituição. Deus não ouvirá sua confissão até que tenha sido acertada a situação com quem de direito, se estiver ao seu alcance fazê-lo.

A PREVENÇÃO É MELHOR QUE A CURA

*Não cobiçarás a casa do teu próximo. Não cobiçarás a
mulher do teu próximo, nem o seu servo, nem
a sua serva, nem o seu boi, nem o seu jumento,
nem coisa alguma que pertença ao teu próximo.*

ÊXODO 20:17

Na sociedade, a conduta pode ser regulada, mas os pensamentos e intenções de alguém estão fora do alcance da lei. Mas Deus pode ver por trás das ações; Ele conhece os pensamentos do coração. Nossa vida mais íntima, invisível aos olhos humanos, está exposta diante dele. Deus pode ver a menor fraqueza ou transgressão, de modo que ninguém pode se esquivar dos Seus olhos. Este mandamento, então, não se limita a ações visíveis como são os mandamentos anteriores do Decálogo. Mesmo antes de Cristo vir e mostrar Seu alcance espiritual, tínhamos um mandamento que ia além da conduta pública e tocava as próprias fontes da ação humana. Proibia, não apenas o ato errado, mas o desejo perverso que o motivou; o pensamento mau, o desejo ilícito. Ele procurou prevenir, não apenas o pecado, mas o desejo de pecar.

Aos olhos de Deus, é tão perverso colocar olhos cobiçosos em algo ou em alguém quanto colocar as mãos em qualquer coisa que não seja nossa. Porque, se o desejo maligno puder ser controlado, não haverá pecado consumado. O desejo no coração é o primeiro passo para a ação; mate o desejo maligno e você evitará com sucesso os maus resultados que se seguiriam após sua manifestação e desenvolvimento. Prevenção é melhor do que a cura. Não devemos limitar a cobiça à questão de dinheiro, pois esse mandamento não é limitado a isso; diz para não cobiçarmos "coisa alguma". É nessa expressão que devemos colocar nossa atenção.

NÃO SE ENTREGUE À GANÂNCIA

*Seja a vossa vida sem avareza. Contentai-vos c
om as coisas que tendes; porque ele tem dito: De maneira
alguma te deixarei, nunca jamais te abandonarei.*

HEBREUS 13:5

A Bíblia fala de dois tipos de engano: o engano do pecado e o engano das riquezas. As riquezas são como uma miragem no deserto, que parece boa e atrai o viajante com a promessa de sombra e água fresca, mas ele apenas desperdiça suas energias no esforço de alcançá-la. As riquezas nunca satisfazem e a busca por elas sempre resulta em uma armadilha. Ninguém, a não ser Deus, pode nos livrar desse mal. A ganância por dinheiro leva as pessoas a cometerem violência e assassinato, a trapacear, enganar e roubar; transforma o coração em pedra, tornando-o desprovido de qualquer afeição natural; torna-o cruel e rude. O ganancioso se esquece da própria saúde.

A febre incontrolável por dinheiro faz as pessoas renunciarem a todas as perspectivas para se arriscarem em aventuras perigosas. Isso destrói a fé e a espiritualidade, desviando as mentes e os corações de Deus; isso perturba a paz da comunidade, levando-a a erros. A cobiça, mais de uma vez, levou uma nação à guerra contra outra nação com o objetivo de ganhar território ou outros recursos materiais. O modo de resolver isso está, em primeiro lugar, em decidir que, pela graça de Deus, você vencerá o espírito ganancioso. Você deve superá-lo ou ele o tomará conta do seu ser. Se você estiver se tornando muito avarento, comece a fazer doações; em seguida, cultive o espírito de contentamento. O contentamento é oposto à cobiça e faz com que viva longe desse grande perigo que é o engano das riquezas.

D. L. Moody

TENHA SEGURANÇA DA SUA SALVAÇÃO

Respondeu Jesus: Em verdade, em verdade te digo: quem não nascer da água e do Espírito não pode entrar no reino de Deus. JOÃO 3:5

Olhe para algum desses bares frequentados diariamente por homens que se entregam a embriaguez e os veja voltando para suas casas. Veja seus filhos fugindo e se escondendo de medo, quando seu pai se aproxima de casa cambaleando. Veja sua esposa, com rosto abatido e mãos trêmulas, pois ela carrega cicatrizes de feridas da agressão do marido violento e descontrolado por causa da bebida. Mas, quando esse tipo de homem se arrepende e recebe o Senhor Jesus, acontece uma grande mudança em sua vida. Seus filhos o recebem com alegria e o abraçam calorosamente; sua esposa tem outra expressão, um sorriso feliz e uma canção de louvor a Deus em seus lábios. Isso é verdadeira regeneração; isso é o que acontece quando alguém nasce do alto.

Você pode conquistar muitas coisas em sua vida, mas, se não nascer de novo, nunca verá o reino de Deus. Você pode viajar pelo seu país e ficar pasmo diante das grandes belezas que há nele, mas, a menos que nasça de novo, jamais poderá ver a árvore da vida, que está na nova Jerusalém. Você pode estar às margens de muitos rios poderosos, mas jamais verá o rio que irrompe do trono de Deus e atravessa Seu reino, se não nascer de novo. Você pode desejar as coroas dos reis desse mundo, mas, a menos que nasça de novo, não poderá receber a coroa da vida. Você pode se encontrar com príncipes deste mundo, mas, se não nascer de novo, não poderá estar diante do Príncipe da Paz. Compete à cada um de nós ter a certeza de que nascemos da água e do Espírito, se queremos entrar no Reino de Deus.

D. L. Moody

APROVEITE BEM O DIA DO SENHOR

Jesus, porém, disse: Deixai os pequeninos, não os embaraceis de vir a mim, porque dos tais é o reino dos céus. MATEUS 19:14

Poucas coisas neste mundo são mais belas do que ver pais e filhos sentados juntos para ouvir a Palavra de Deus. Mesmo que os pequenos não consigam entender o sermão agora, quando forem mais velhos, continuarão a frequentar a casa de Deus. Porém não devemos pensar que, no dia do Senhor, é necessário passar o dia inteiro em cultos e atividades na igreja, pois, no fim do dia, só restará cansaço. O número de cultos frequentados deve ser medido pela capacidade da pessoa de apreciá-los e tirar proveito deles, sem se cansar. O lar, centro de tão grande influência sobre a vida e o caráter das pessoas, deve ser o lugar da verdadeira observância do dia do Senhor.

Tenho algumas dicas para as atividades com nossos filhos nesse dia santo. Torne as orações familiares atraentes, pedindo às crianças que aprendam algum versículo ou história bíblica; dê mais tempo de atenção aos seus filhos do que pode dar nos dias de semana, lendo a Bíblia ou algum outro livro com eles e levando-os para passear; mostre, por sua conduta, que o dia do Senhor é bom, e eles logo se encantarão; reserve algum tempo para a estudar as Escrituras, sem fazer disso uma tarefa enfadonha. Além disso, você deve dedicar uma parte do tempo à sua própria edificação em oração, meditação e leitura da Bíblia. Se suas circunstâncias permitirem, empenhe-se em algum trabalho cristão, como ensinar na escola bíblica dominical ou visitar doentes. Faça todo o bem que puder.

D. L. Moody

CONSOLE OS AFLITOS E CAÍDOS

*É ele que nos conforta em toda a nossa tribulação,
para podermos consolar os que estiverem
em qualquer angústia, com a consolação com que nós
mesmos somos contemplados por Deus.*

2 CORÍNTIOS 1:4

As pessoas que ainda não se converteram podem ser impactadas por um bom sermão ou tocadas por uma oração fervorosa, mas, muitas vezes, há dificuldades específicas que elas precisam superar, antes de alcançarem sua salvação. Por isso, é importante que as pessoas possam ser apresentadas para algum cristão maduro, principalmente se ele passou pelas mesmas provações que essa pessoa e a possa aconselhar. Até pessoas maduras podem ficar desanimadas. Nós, cristãos, devemos estar junto dessas pessoas e responder às perguntas que as confundem, se quisermos ajudá-las a se aproximarem de Cristo. Jesus sempre encorajou Seus seguidores e sempre estava pronto para responder suas perguntas.

Há quem diga que não se deve falar com alguém depois dela ouvir um bom sermão, pois isso pode perturbar a semente que foi plantada em seu coração. Porém, eu creio que é o diabo quem pode prejudicar a semente, não nós.

Muitos que ouvem a mensagem do evangelho não se convencem de seu pecado e a única maneira de ajudá-los é ensinando-lhes a palavra de Deus, para que ela atinja sua consciência. Então, quando a pessoa estiver plenamente convicta de sua própria indignidade, deve ser ensinada a elevar o coração em oração a Deus, pois só alguém convencido de que nada, jamais, poderia purificar seus pecados, está pronto para o Salvador. Como diz Isaías: "…ainda que os vossos pecados sejam como a escarlata, eles se tornarão brancos como a neve; ainda que sejam vermelhos como o carmesim, se tornarão como a lã" (1:18). Não existe maior conforto do que este para alguém que está verdadeiramente arrependido.

D. L. Moody

PREGUE PARA AS CRIANÇAS

Então, lhe trouxeram algumas crianças para que as tocasse, mas os discípulos os repreendiam. Jesus, porém, vendo isto, indignou-se e disse-lhes: Deixai vir a mim os pequeninos, não os embaraceis, porque dos tais é o reino de Deus. MARCOS 10:13-14

Os professores de escola bíblica bem-sucedidos que eu conheci sempre estiveram dispostos a trabalhar pessoalmente e individualmente com as crianças, apresentando a elas o evangelho. Eles as instruíam e ensinavam sobre como viver e andar na fé. Se quisermos ter sucesso em conduzir os nossos filhos a Cristo, devemos fazer isso de forma pessoal. Quando vocês conduzem suas crianças a Cristo, não imaginam o que Deus pode fazer com elas; não sabem como elas podem ser preparadas para serem uma grande bênção para a honra do nome do Senhor, ou como podem levar a Cristo centenas e milhares de pessoas. Se não entrarmos neste trabalho pessoal de lidar com as almas, não acho que teremos muito sucesso.

Quão poucos pais conversam e oram com seus filhos sobre a salvação; e eu sei que, se isso fosse feito, teríamos menos jovens entregues aos vícios, mas o fato é que muitos pais não acreditam que seus filhos precisam de Cristo enquanto são pequenos, e o resultado é que, quando crescem, saem atrás de divertimento e pecado. Só depois que estão afundados no pecado é que seus pais despertam para clamar a Deus por eles. É necessário começar mais cedo, meus irmãos. Quantos deles poderiam ser levados a Cristo hoje mesmo, se seus pais e professores trabalhassem por sua salvação. Deus nos ajude a ser sábios enquanto temos nossos filhos conosco na igreja.

D. L. Moody

O QUE VOCÊ GUARDA EM SEU CORAÇÃO?

Eu, porém, vos digo que todo aquele que [sem motivo] se irar contra seu irmão estará sujeito a julgamento; e quem proferir um insulto a seu irmão estará sujeito a julgamento do tribunal; e quem lhe chamar: Tolo, estará sujeito ao inferno de fogo.

MATEUS 5:22

Há três maneiras de se "matar" uma pessoa sem que nenhum golpe seja desferido: raiva, zombaria, palavras violentas e abusivas. O apóstolo João disse: "Todo aquele que odeia a seu irmão é assassino; ora, vós sabeis que todo assassino não tem a vida eterna permanente em si" (1 JOÃO 3:15). Se alguma vez, no seu coração, você desejou a morte de um ser humano, isso foi assassinato; se já ficou com tanta raiva que desejou o mal de alguém, também é culpado. Você pode estar cultivando dentro de si um espírito impiedoso, que é o espírito do assassino, que precisa ser arrancado do seu coração.

Nós, seres humanos, só podemos ver o que as pessoas fazem, mas Deus vê o que elas têm em seu coração. Ele é a fonte onde nascem os desejos e intenções malignos, que levam à transgressão de todas as leis de Deus. Ouça mais uma vez as palavras de Jesus: "Porque de dentro do coração, dos homens é que procedem os maus desígnios, a prostituição, os furtos, os homicídios, os adultérios, a avareza, as malícias, o dolo, a lascívia, a inveja, a blasfêmia, a soberba, a loucura" (MARCOS 7:21-22). Que Deus purifique nosso coração dessas coisas más, se nós a estamos abrigando em nosso interior. Se muitos de nós fôssemos pesados na balança de Deus agora, seríamos condenados por causa daquilo que abrigamos em nosso coração.

D. L. Moody

O CAMINHO PARA O AVIVAMENTO

*Tenho ouvido, ó Senhor, as tuas declarações,
e me sinto alarmado; aviva a tua obra, ó Senhor,
no decorrer dos anos, e, no decurso dos anos, faze-a
conhecida; na tua ira, lembra-te da misericórdia.*

HABACUQUE 3:2

Para termos verdadeiro avivamento, deve acontecer primeiro um profundo quebrantamento no povo de Deus. Caso contrário, o avivamento não virá, e, se vier, será falso. Quando o Senhor nos restaurar à condição da nossa vocação, seremos capazes de ensinar aos pecadores o caminho do reino de Deus. Se você deseja apresentar duas pessoas uma a outra, você deve estar perto delas; assim também, se deseja apresentar algum pecador a Deus, deve estar perto dele e perto do pecador. Quando alguém está perto do Senhor, tem amor pelo pecador e, por isso, seu coração o leva para perto dele. Enquanto estivermos longe de Deus, não podemos apresentar as pessoas a Ele.

Precisamos estar na posição de dar toda a glória a Deus, pois, hoje, há muita adoração ao homem. Devemos nos dobrar diante de Deus e colocar o "eu" no pó, deixarmos de lado nossa dignidade e nos dispormos a ser usados por Ele. Precisamos conter essa adoração ao homem e, para isso, devemos nos colocar atrás da cruz e ter plena visão de Cristo. Só assim poderemos ver as pessoas entrando no Reino de Deus por nosso intermédio. São as coisas fracas desse mundo que Deus deseja usar. No momento exato em que estivermos prontos para ocupar nosso lugar no pó e deixarmos que Deus receba a glória, então Ele começará sua obra em nós. Deixe-me enfatizar isso: é fraqueza que Deus deseja, não força.

D L Moody

UMA PALAVRA PARA QUEM ENSINA AS CRIANÇAS

Amarás, pois, o Senhor, teu Deus, de todo o teu coração, de toda a tua alma e de toda a tua força. Estas palavras que, hoje, te ordeno estarão no teu coração; tu as inculcarás a teus filhos, e delas falarás assentado em tua casa, e andando pelo caminho, e ao deitar-te, e ao levantar-te.

Deuteronômio 6:5-7

As promessas que Deus faz, não são apenas para nós, mas também para nossos filhos; e o que Ele deseja é que nós tenhamos fé para acreditar que Ele está pronto e disposto a fazer tudo o que Ele falou, e que honrará nossa fé. Por isso, devemos primeiro ter fé para crer que Deus fará o que Ele disse; então, trabalhar pela salvação das almas e usar todos os meios ao nosso alcance para levá-las ao conhecimento de Jesus Cristo. Não vamos apenas orar pelas pessoas em nossas casas, junto com nossas famílias, mas, também, nas reuniões públicas; vamos conversar com elas e tentar, de todas as maneiras que pudermos conduzi-las à presença do Filho de Deus. Precisamos crer que elas podem vir rapidamente para a presença de Cristo.

Então, deixe-me dizer a vocês, professores de escola dominical, que este é um ótimo momento para vocês trabalharem. Temos a grande oportunidade de trazer as crianças a Cristo em nossas aulas. Talvez você diga que elas são muito jovens para serem convertidas. Elas são inocentes, mas não são incapazes de entender sua mensagem. Elas são distraídas e às vezes indiferentes, é verdade. Mas, não vamos olhar para isso, mas para o Céu e nos lembrar que o poder está em Cristo para salvar. Nenhum professor pode dizer que sua classe da escola dominical não pode ser levada ao Senhor Jesus Cristo.

D L Moody

OS DEMÔNIOS ESTREMECEM

*Porque Jesus lhe dissera: Espírito imundo,
sai desse homem!*

MARCOS 5:8

Tudo o que nós fazemos é limitado e passageiro, mas o que Deus faz é perfeito. Ele deu ordem àquele demônio para nunca mais voltar e ele teve que obedecer. Se houve uma coisa que os demônios tiveram que fazer quando Cristo estava aqui neste mundo, foi obedecê-lo; e Ele ainda está entre nós em Espírito. Nesse capítulo de Marcos, vemos que o Filho de Deus tinha poder sobre os demônios, sobre as doenças e sobre a morte. O texto bíblico relata três casos de doenças incuráveis. Se encontrássemos pessoas com aquelas mesmas dificuldades hoje, nós as levaríamos a algum hospital para casos difíceis. Mas não havia casos impossíveis quando Cristo estava neste mundo. Ele era páreo para cada caso que levavam até Ele.

Lemos sobre um homem que estava possesso de demônios; ele tinha legiões deles e ninguém podia prender ou acalmá-lo, e muitas vezes o amarraram com grilhões e correntes, mas as correntes eram arrancadas por ele e os grilhões quebrados em pedaços. Alguns homens o haviam vestido, mas ele arrancava as próprias roupas; não podiam manter um trapo em suas costas; lá ele era um maníaco. Mas quando Cristo o encontrou, Ele expulsou aqueles espíritos imundos; com uma palavra, Ele o restaurou de volta à sua família. Depois, lemos que Jesus não permitiu que o homem o seguisse, mas ordenou que voltasse para sua casa e desse testemunho do que havia acontecido em sua vida (V.19). Então o homem foi e começou a pregar sobre as grandes coisas que o Senhor tinha feito por ele, e todos ficaram maravilhados. É isso que faz as pessoas se maravilharem, meus irmãos. Por isso, vamos orar para que o Deus Todo-Poderoso venha e trabalhe em nossa cidade com poder.

D.L. Moody

PODER PARA CURAR E SALVAR

Então, a mulher, atemorizada e tremendo, cônscia do que nela se operara, veio, prostrou-se diante dele e declarou-lhe toda a verdade.

MARCOS 5:33

Esta mulher estava sofrendo há muito tempo e os médicos não podiam ajudá-la. Ela continuava piorando. Talvez ela tivesse ido a Damasco e tentado se tratar com os principais médicos de lá, ou ido a Jerusalém e procurado os melhores especialistas, mas nada adiantava. Se eles tivessem medicamentos novos, ela experimentaria todos, tal era seu desespero; mas não havia nada que pudesse melhorar seu estado. Mas, certo dia, Jesus passou por sua cidade e eu posso imaginá-la se preparando para ir encontrá-lo, colocando seu xale e seu chapéu. Logo, ela se encontrou no meio da multidão, abrindo caminho a cotoveladas, em direção ao grande profeta de Nazaré. Ela não se importou com o que as pessoas diziam, pois ela estava decidida a tocar em Jesus.

Alguém lhe disse que ela encontraria mais cura em Suas vestes do que em todas as "farmácias" da Palestina. No momento em que ela tocou Suas vestes, ela foi curada. Isso é fé. Quando Jesus perguntou aos discípulos quem havia tocado nele, certamente as pessoas ficaram olhando umas para as outras, sem saber quem havia feito aquilo. Ninguém podia dizer a diferença entre um esbarrão e um toque de fé que produziu cura instantânea. Ó, meus irmãos, que nós possamos tocar o Senhor hoje com essa mesma fé, pois eu digo a vocês que Ele está aqui. Ele sabia que alguém com fé havia tocado nele e Ele agora mesmo quem pode tocá-lo com aquela mesma fé. E ela caiu aos pés dele e lhe contou tudo; ela havia tentado outros médicos, mas quando tentou o verdadeiro médico, ela foi curada. Que nós possamos tocar em nosso Mestre com essa mesma fé!

D L Moody

O QUE O ARREPENDIMENTO NÃO É

O que encobre as suas transgressões jamais prosperará;
mas o que as confessa e deixa alcançará misericórdia.
PROVÉRBIOS 28:13

O arrependimento é algo interessante, pois uma pessoa ficar medo das consequências do que fez, ficar alarmada, porém não se arrepender. Muitos, quando a morte se aproxima, ficam assustados, mas, se elas melhoram, esquecem tudo o que sentiram. Outros, depois de pecar, ficam esperando por algum tipo de sentimento que as leve ao arrependimento; acham que precisam se sentir mal, ficar triste e chorar, para que tenham condição de se apresentar diante de Deus. Mas você precisa entender que a pessoa pode se sentir assim e não estar realmente arrependida. Devemos despertar para o fato de que arrependimento não é sentimento, é algo mais elevado, mais profundo, mais amplo.

Arrependimento não é remorso: Judas estava cheio de remorso e desespero, então foi e se enforcou. Arrependimento também não tem nada a ver com penitência. Mesmo se eu fosse até um lago e ficasse a noite toda sofrendo, com água até o pescoço, esperando o amanhecer, não seria mais aceitável a Deus no dia seguinte. Convicção também não é arrependimento. Alguém pode ser convencido de que está errado e não se arrepender. Arrependimento não é orar. Muitos acham que vão resolver suas culpas orando e pedindo perdão a Deus e continuam vivendo da mesma maneira que antes. Romper com algum pecado também não é evidência de arrependimento. Se um navio tem três perfurações no casco e você cobre duas e deixa uma aberta, quando o navio for colocado no mar, afundará. Assim também, se você romper com parte dos seus pecados, mas continuar cometendo um, será condenado. Você precisa abandonar todos. O ser humano nasce de costas para Deus, mas, quando realmente se arrepende, ele se vira e encara a Deus. O arrependimento é uma mudança de mente, é uma reflexão que nos leva a ação.

D. L. Moody

UM VERDADEIRO AVIVAMENTO

Produzi, pois, frutos dignos de arrependimento...
LUCAS 3:8

Nos dias de John e Charles Wesley, eles lidaram com o caso de um homem que foi muito difícil. Ele era um dos homens mais violentos do País de Gales, era bêbado há anos e tinha grande prazer em defraudar as pessoas. Ele bebia e não pagava; jogava e não pagava o que havia perdido; devia para quase todo mundo. Mas, depois de ter se convertido, comprou um cavalo e uma sela e foi de cidade em cidade atrás de seus antigos credores e pagou-lhes cada centavo. Ele pregava naquelas cidades e lhes contava as grandes coisas que Deus havia feito por ele. Quando seu dinheiro acabou e já não era possível continuar pagando seus antigos débitos, ele vendeu o cavalo e a sela e pagou o que restava, até o último centavo.

Pagar o último centavo é sinal de arrependimento. Por isso, desejamos que haja um avivamento de justiça aqui em nossos dias; queremos um povo que tenha uma vida correta; queremos um avivamento de honestidade. Quando a Bíblia diz: "Produzi, pois, frutos dignos de arrependimento" (MATEUS 3:8), isso significa restituir a cada um aquilo que devemos. Se você arruinou alguém, faça o que puder para ajudar; se você ajudou a derrubar alguém, faça tudo o que puder para ajudá-lo a se levantar; e, se isso custar o último centavo que você tem, pague! Deus ama o pecador e as Escrituras dizem que "Deus amou ao mundo de tal maneira que deu o seu Filho unigênito, para que todo o que nele crê não pereça, mas tenha a vida eterna" (JOÃO 3:16). Cristo morreu pelos ímpios, não pelos piedosos; pelo pecador, não pelo justo. Deus ama você com um amor eterno, embora você possa tê-lo odiado e pisoteado Suas leis. Ele ainda o ama. Que o amor de Deus leve você ao profundo arrependimento dos seus pecados.

D. L. Moody

24 DE MAIO

ELE CONHECE SEU CORAÇÃO

Então, disse o rei ao etíope: Vai bem o jovem Absalão? Respondeu o etíope: Sejam como aquele os inimigos do rei, meu senhor, e todos os que se levantam contra ti para o mal. Então, o rei, profundamente comovido, subiu à sala que estava por cima da porta e chorou; e, andando, dizia: Meu filho Absalão, meu filho, meu filho Absalão! Quem me dera que eu morrera por ti, Absalão, meu filho, meu filho! 2 SAMUEL 18:32-33

Conta-se a história de um rei inglês, cujo filho se levantou contra ele para tirar-lhe o trono. O rei foi obrigado a pegar seu exército e perseguir seu filho rebelde. Ele o levou para uma cidade murada na França e, enquanto o pobre sujeito estava naquela cidade, o pai o sitiou por meses. Seu filho adoeceu e, enquanto estava doente, começou a pensar na bondade de seu pai; por fim, isso quebrantou seu coração e ele enviou um mensageiro a seu pai para dizer-lhe que se arrependia de sua vida de rebelião e pediu a seu pai que o perdoasse. Mas o velho pai se recusou, pois não acreditava na sinceridade do filho.

Quando o mensageiro trouxe a resposta de que seu pai não o perdoaria, ele pediu para que lhe tirassem de sua cama e o vestissem com um pano de saco e jogassem cinzas sobre ele, para que ele pudesse morrer naquela condição. Quando contaram isso a seu pai, o velho rei foi ver seu filho e o encontrou daquela forma. Ele caiu com o rosto em terra e gritou como Davi: "Quem me dera que eu morrera por ti". Esse pai cometeu um erro: ele não conhecia o coração de seu próprio filho e não percebeu que o rapaz estava verdadeiramente arrependido. Mas Deus nunca comete esse tipo de erro. Se você pedir perdão, Ele o perdoará e não virará as costas para você.

D. L. Moody

SEMPRE HÁ UMA ALMA SEDENTA

Reparando, porém, na força do vento,
teve medo; e, começando a submergir, gritou:
Salva-me, Senhor! MATEUS 14:30

Certa vez, preguei em uma igreja de Chicago, e, no encerramento, eu disse que, se houvesse alguém que desejava ser salvo, eu teria o maior prazer em conversar depois do culto. Era uma das noites mais frias do inverno daquele ano e todos se levantaram e saíram com pressa, e meu coração derreteu dentro de mim. Olhei em volta e não vi ninguém esperando, então, peguei meu sobretudo e fui o último a sair do prédio. Quando eu cheguei à porta, vi um homem que estava chorando como se seu coração fosse se sair pela boca. Sentei-me ao seu lado e perguntei a ele qual era o seu problema. Ele me disse que eu havia dito que a graça de Deus era para gente como ele, mas, ele não acreditava que poderia ser salvo.

Disse que nos últimos seis meses havia gastado todo o dinheiro que tinha com a bebida. E agora, sua esposa o havia deixado, seus filhos, seu pai e sua mãe o haviam rejeitado e para ele só restava morrer na sarjeta em alguma daquelas noites frias de inverno. Mas, como ele estava com muito frio, resolveu entrar na reunião para se aquecer e ouviu a mensagem. Por fim, ele me perguntou se eu achava que Deus poderia salvar alguém como ele. E eu respondi que sim. Ah, meus irmãos, como foi revigorante pregar o Evangelho do Filho de Deus para aquele pobre homem. Eu orei com ele, e, depois, eu o levei para um lugar onde ficaria naquela noite, e na manhã seguinte, um amigo foi a uma loja e conseguiu um casaco, colocou sobre ele. Em pouco tempo ele se tornou um cristão fervoroso.

D. L. Moody

VERDADEIRO AMIGO

Então, Jesus lhes disse claramente: Lázaro morreu;
e por vossa causa me alegro de que lá não estivesse,
para que possais crer; mas vamos ter com ele.
JOÃO 11:14-15

A coisa mais nobre que Marta fez foi abrir espaço para Jesus Cristo em sua casa. Mal sabia ela quem Ele era quando convidou o Filho de Deus para ser seu hóspede; assim também nós, quando recebemos Jesus Cristo em nosso coração, pouco sabemos sobre Ele. O Senhor se revela a nós o tempo todo e levará toda a eternidade para descobrirmos quem Ele realmente é. Aquelas duas irmãs esperavam por seu amigo, para que ele as confortasse, mas, três dias se passaram e Ele não chegou. O quarto dia chegou e um mensageiro avisou que Jesus e Seus apóstolos estavam fora dos muros da cidade. Marta não tinha ideia do que seu convidado poderia fazer por ela. O mundo duvidava de Marta naquele momento, mas esse foi o ato mais grandioso, sublime e nobre de sua vida.

Marta e Maria choravam enquanto caminhavam em direção ao túmulo e o Filho de Deus chorou com elas. Ele tem um coração para chorar com os que choram; Ele se comove pelas nossas enfermidades; Ele pode nos confortar nas horas tristes da nossa vida. Ele disse aos seus discípulos: "Tirai a pedra" (JOÃO 11:39). E novamente, a fé daquelas irmãs vacilou. Elas não imaginavam o que ele faria e, quando rolaram a pedra, Cristo bradou em alta voz para seu velho amigo: "Lázaro, vem para fora" (JOÃO 11:43)! Então Lázaro saiu daquele sepulcro. Queridos amigos, tenham Cristo como seu amigo também, pois Ele tem poder para ressuscitar os mortos. Abra espaço para o Filho de Deus entrar em sua casa.

D. L. Moody

AFASTE-SE DE TODA IDOLATRIA

Se a nossa esperança em Cristo se limita apenas a esta vida, somos os mais infelizes de todos os homens.
1 CORÍNTIOS 15:19

Nós, que vivemos em nossas igrejas e cidades cristãs, podemos pensar que idolatria é um problema de países distantes, onde as pessoas se dobram aos ídolos. Mas, não se gabem, temos ídolos aqui mesmo. Podemos encontrar mil idólatras, para cada cristão verdadeiro, que adora o Deus da Bíblia. Qualquer coisa em que alguém pense mais do que em Deus, constitui-se seu ídolo. Uma pessoa pode fazer de sua riqueza, de seu cônjuge, de seus filhos ou a si mesmo, um ídolo. Muitos fazem isso, pensam mais em si mesmos do que em qualquer outra coisa no mundo; eles se adoram, se reverenciam, se honram. O "eu" está na base e no topo de tudo o que fazem. Há muitos que adoram o deus do prazer, outros que se curvam ante o deus ouro, aquele bezerro sobre o qual lemos nos dias de Aarão. Dê-me dinheiro, é o clamor do mundo de hoje.

Qual é o seu deus? Que o Espírito de Deus possa despertá-lo para essa pergunta. Se estivermos confiando em algum ídolo, ou tivermos algum ídolo em nosso coração, que Deus o arranque do nosso peito. Nas Escrituras há mais alertas contra a idolatria do que a qualquer outro pecado. Deus deve ter o primeiro lugar em nosso coração ou não terá lugar algum. Mesmo assim, há muitos tentando dar a Deus o segundo lugar na vida deles, dizendo que seus negócios precisam ser atendidos. Em vez de dar às coisas do Espírito o primeiro lugar, eles dão ao corpo. Muitas pessoas pensam muito mais nesta vida do que na vida vindoura; pensam muito mais nos deuses ao seu redor do que no Deus da Bíblia, no Deus do Céu. Que Deus nos livre de toda idolatria.

D L Moody

ELE QUER ENTRAR EM SUA CASA

...depois, erguendo os olhos ao céu, suspirou....
MARCOS 7:34

Acredito que o coração do Filho de Deus doía quando Ele esteve aqui neste mundo, por encontrar tão poucas pessoas que O queriam. Lemos que Ele ergueu os olhos para o céu e suspirou, que sabe, pensando naquele lugar eterno onde todos O honram e amam; quem sabe ele suspirava pelo seu lar, onde a dor, o sofrimento e a morte não podem chegar. Mas, ao olhar ao redor, Ele pôde ver o que a morte e o pecado estavam fazendo na vida das pessoas. Havia morte por todos os lados e, ao mesmo tempo, eram tão poucos que o queriam, tão poucos que se voltavam para Ele. Parece que Jesus olhava para aquele mundo e suspirava, desejando apenas o tempo em que a vontade de Deus seria feita na terra como já acontece lá no Céu.

Você já teve a sensação de que alguém não o quer? Eu tive uma vez. Lembro-me de quando deixei minha mãe e fui morar na cidade de Boston. Fui para aquela cidade em busca de trabalho e não consegui. Parecia que havia espaço para todo o resto do mundo, mas não para mim. Por cerca de dois dias eu tive esse sentimento, de que ninguém me queria ali. É uma sensação horrível. Acredito que deve ter sido o sentimento do Filho de Deus quando esteve na Terra; a maioria das pessoas não o queriam. Ele veio para salvar as pessoas, mas elas não queriam nada com isso. Não havia lugar para Ele neste mundo, e ainda não há. E você, meu amigo, minha amiga, você o quer? Há lugar para o Filho de Deus no seu coração? Ele suspira por você hoje e espera que você o receba. Ele diz: "Eis que estou à porta e bato; se alguém ouvir a minha voz e abrir a porta, entrarei em sua casa e cearei com ele, e ele, comigo" (APOCALIPSE 3:20).

CREIA NA PALAVRA DE DEUS

Ora, o homem natural não aceita as coisas do Espírito de Deus, porque lhe são loucura; e não pode entendê-las, porque elas se discernem espiritualmente.

1 CORÍNTIOS 2:14

Desde seu nascimento até que subiu para a glória, Jesus agiu como um homem sobrenatural, e o trabalho que Ele está fazendo agora também é sobrenatural. Coisas sobrenaturais estão acontecendo todos os dias na igreja. Todo aquele que é nascido do Espírito Santo, que é nascido de Deus, é sobrenatural. Mesmo assim, um incrédulo poderá dizer que não acredita nas Escrituras pois, muito do que há nela não corresponda à razão. Para estas pessoas, a Bíblia não é um livro fiel. Mas eu pergunto, por que Jesus Cristo poderia ter vindo aqui e vivido como Ele viveu? Por que os primeiros cristãos teriam escrito esse grande e sagrado Livro? Ele não teria motivos para isso se não fosse algo verdadeiro, caso Ele fosse um impostor, um hipócrita e nos ensinasse uma mentira.

Se Jesus Cristo não era Deus manifesto em carne, então Ele foi o maior impostor que já existiu neste mundo, e todo cristão hoje é culpado de idolatria, de quebrar o primeiro mandamento: "Não terás outros deuses diante de mim" (ÊXODO 20:3). Ele vem e diz ao mundo para socorrer e aliviar aqueles que estão cansados e sobrecarregados (MATEUS 11:28). Elias nunca disse isso; Moisés não disse isso; ninguém que já pisou nesta Terra se atreveu a dizer isso; e se Jesus Cristo não fosse divino, assim como humano, o que Ele disse teria sido uma blasfêmia. E ainda assim as pessoas dirão que tudo o que a Bíblia diz sobre Ele é uma ficção. Irmãos, não deixemos que nosso coração se corrompa para não crermos nas palavras da Bíblia Sagrada, que nos revela a obra maravilhosa de Jesus Cristo para nós.

D.L. Moody

UM CORAÇÃO CHEIO DE AMOR

Pois o amor de Cristo nos constrange, julgando nós isto: um morreu por todos; logo, todos morreram.

2 CORÍNTIOS 5:14

Lembro-me da manhã em que saí do meu quarto, depois de ter entregue minha vida a Cristo. Para mim, o velho sol brilhava muito mais forte e lindo naquele dia e parecia que ele estava sorrindo para mim. Caminhei até uma praça onde fiquei ouvindo os pássaros cantarem nas árvores e pensei que todos eles estavam cantando uma canção para me alegrar. Naquele dia, eu me apaixonei pelos pássaros. Nunca havia me importado com eles antes, mas, naquele momento, me sentia apaixonado por toda a natureza. Não sentia nada de negativo por ninguém e estava pronto para levar acolher a todos em meu coração. Se alguém diz que é cristão, mas não tem o amor de Deus derramado em seu coração, jamais foi regenerado.

Se você vir alguém se levantar em uma reunião de oração e começar a criticar outras pessoas, pode saber que sua conversão não é genuína, porque o impulso de uma alma convertida é amar e não se levantar para reclamar dos outros e criticar. Mas é difícil para nós vivermos na atmosfera certa o tempo todo, não é verdade? Se alguém nos trata mal, podemos guardar rancor dela e não permitimos que a graça de Deus limpe nosso coração. Com isso, uma raiz de amargura brota em nosso coração, sem que, muitas vezes, tenhamos consciência disso. Ela surge, toma espaço dentro de nós e nos desabilita pra o trabalho cristão. Mas, quando estamos tão cheios do amor de Deus, somos compelidos a trabalhar para Deus e Ele nos abençoa.

VIVER E MORRER OLHANDO PARA ELE

*Elevo os olhos para os montes: de onde
me virá o socorro? O meu socorro vem do S*ENHOR*,
que fez o céu e a terra.*
SALMO 121:1-2

Durante a Guerra Civil Americana, um soldado que tinha acabado de sair da batalha se levantou para falar em uma de nossas reuniões em Chicago. Ele relatou que seu irmão chegou em casa um dia e disse que tinha se alistado, então, ele desceu até o oficial de recrutamento e se alistou também. Eles nunca haviam se separado na vida e, por isso, ele não pretendia que seu irmão fosse para o exército sem ele; por isso, eles foram para o exército e travaram muitos combates juntos. Eles estavam na terrível batalha de Perryville, na qual, em uma manhã, seu irmão foi mortalmente ferido, caindo ao seu lado. Ele colocou sua mochila sob a cabeça de seu irmão moribundo, deixando-o o mais confortável possível; curvou-se, beijou-o e começou a se afastar.

Seu irmão pediu que voltasse para beijá-lo mais uma vez; ele voltou e seu irmão o beijou novamente e pediu que levasse aquele beijo para sua mãe e dissesse que ele havia morrido orando por ela. Enquanto ele se afastava, seu irmão se afogava em seu sangue e a batalha continuava feroz ao redor dele. Ele ouviu dizer: "Isso é glorioso!". Ele perguntou: "Meu irmão, o que é glorioso?", e ele disse: "É glorioso morrer vendo Cristo no Céu. É glorioso morrer olhando para o Céu". Queridos irmãos, se vivermos olhando para o Céu, morreremos olhando para o céu. Temos que viver confiando no Senhor Jesus Cristo e, quando a infidelidade estiver surgindo por toda parte, vamos nos apegar à velha e gloriosa Bíblia e aos benditos ensinos do Senhor Jesus Cristo.

D L Moody

NÃO PERCA SUA HERANÇA

...eu vo-lo afirmo; se, porém, não vos arrependerdes, todos igualmente perecereis.

LUCAS 13:3

Deus não é um mestre duro e distante de nós. Ele nos diz que o seu jugo é suave, e o seu fardo é leve (MATEUS 11:30). Quando nós estamos dispostos a abandonar todo pecado e nos voltarmos para Deus de todo o coração, Deus as ajuda e não temos problemas para permanecer firmes. Li há algum tempo o relato de um homem rico que tinha um filho único, que, embora fosse um menino desobediente e imprudente, seu pai o amava. Quando o pai estava morrendo, ele fez seu testamento e deixou para seu filho todas as suas propriedades com uma condição: que se arrependesse de seus pecados, que se afastasse de seus amigos perversos e de sua vida passada e se tornasse um homem sóbrio e justo. Se ele fizesse isso, poderia receber todos os seus bens, porém, o jovem amou seus pecados e não o fez, morrendo pobre e culpado pelos seus pecados.

Queridos irmãos, quando estivermos dispostos a abandonar nossos pecados, estaremos aptos para receber essa herança. Deus a guarda para todos os que a desejam, mas, não pense, nem por um momento, que você pode receber essa herança vivendo no pecado. Isso é impossível. Não podemos entrar no reino de Deus sem nos apegarmos à Sua justiça e renunciar à nossa. Não temos que esperar sentir algum impulso ou algum sentimento; só precisamos obedecer. Deus não nos ordenaria que fizéssemos algo que não seríamos capazes de fazer e, depois, nos puniria eternamente por não conseguirmos. Ele não ordenaria a todos que se arrependessem sem lhes dar poder para isso. Todos temos poder para entrar nessa herança, através do verdadeiro arrependimento.

D L Moody

VERDADEIRO TEMOR

*Não furtareis, nem mentireis, nem usareis de falsidade
cada um com o seu próximo; nem jurareis falso
pelo meu nome, pois profanaríeis o nome do vosso Deus.
Eu sou o Senhor.* LEVÍTICO 19:11-12

É surpreendente ouvir as pessoas blasfemarem e amaldiçoarem a Deus, e quando são abordadas, dizem que não era isso que elas quiseram dizer. Profanação é o ato humano que revela sua inimizade com Deus, seu desprezo por Deus e por Sua graça. Ele amaldiçoa a Deus e o desafia, blasfemando. No entanto, estas mesmas pessoas dizem que não podem evitar fazê-lo, mas isso não é verdade. O ser humano não pode se desviar desse pecado por sua própria força, mas Deus pode lhe dar graça para isso. Se a pessoa tem um coração regenerado, ela não terá desejo de blasfemar contra Deus.

Se a pessoa é nascida de Deus, ela não toma o nome de Deus em vão. Devo lembrar aos blasfemadores de que Deus "não terá por inocente o que tomar o seu nome em vão." Se a pessoa que blasfema fosse tocada com maldições, o que seria do seu coração e da sua alma? Como ficaria sua mente? Certamente seria algo muito terrível. Muitos consideram o ladrão como um monstro horrível e pensam que ele é uma maldição para a comunidade, mas é tão ruim violar as Leis de Deus quanto violar as leis do estado. As leis dos homens não devem ser reverenciadas e honradas mais do que as leis do alto Céu. A pessoa que mostra desprezo por Deus e Suas Leis e continua não se preocupar em blasfemar contra Seu santo nome, porém, nós, que somos da luz, andamos na luz e reverenciamos o nome do nosso Deus.

UMA PODEROSA EXPERIÊNCIA

*E eu rogarei ao Pai, e ele vos dará outro Consolador,
a fim de que esteja para sempre convosco, o Espírito
da verdade, que o mundo não pode receber, porque não
o vê, nem o conhece; vós o conheceis, porque ele
habita convosco e estará em vós.*

JOÃO 14:16-17

A primeira obra do Espírito Santo é dar vida espiritual a nós. Ele a dá e a sustenta. Se não há vida em um crente, não pode haver poder. Salomão diz que "mais vale um cão vivo do que um leão morto" (ECLESIASTES 9:4). Quando o Espírito de Deus concede esta vida, nossa chama permanece sempre acesa, pois Ele não a deixa apagar. Ele está sempre conosco, por isso, não devemos ignorar Seu poder e sua obra em nossa vida. Em 1 João 5:7 lemos que "há três que dão testemunho no Céu: o Pai, a Palavra e o Espírito Santo; e estes três são um". Vemos o Pai, Cristo, a Palavra, e o Espírito Santo, cumprindo perfeitamente Seu próprio ofício e trabalhando em união com o Pai e o Filho.

Alguém já disse que, o Pai planeja, o Filho executa e o Espírito Santo executa, mas eu também acredito que eles planejam e trabalham juntos. Desta e de outras Escrituras também aprendemos a identidade e a existência real do Espírito Santo. Além de nos ensinar da Palavra de Deus, o Espírito Santo opera em nós por meio de Sua obra graciosa. Por meio dele, nascemos de novo e, por meio de Sua habitação, recebemos poder sobrenatural. Para o cristão, a pessoa do Espírito Santo é mais real do que qualquer teoria que a ciência possa oferecer, pois a assim chamada ciência se baseia na observação humana e está constantemente mudando suas inferências. Mas a existência do Espírito Santo é para o filho e a filha de Deus uma questão de revelação das Escrituras e de experiência.

D. L. Moody

NOSSO FIM SERÁ GLORIOSO

...Quando somos injuriados, bendizemos; quando perseguidos, suportamos; quando caluniados, procuramos conciliação; até agora, temos chegado a ser considerados lixo do mundo, escória de todos.

1 CORÍNTIOS 4:12-13

Paulo desistiu de muita coisa por causa do Evangelho; ele abandonou sua reputação e posição social e o que ele recebeu em troca foi fome, perseguição, prisão e açoites. Além disso, ele foi morto em Roma, como um criminoso. Morreu pobre e miserável aos olhos do mundo. Paulo não era uma pessoa ardilosa ou interesseira, portanto, eu pergunto qual teria sido o motivo para ele fazer isso, se não fosse a verdade do Evangelho? Algum tempo atrás, eu estava traçando um contraste entre o fim da vida de um talentoso Lord Byron e Paulo. Byron morreu com 36 anos; uma vida rápida de devassidão o levou cedo desse mundo. Estas são as últimas palavras que ele escreveu: "Meus dias estão em uma folha amarela; a flor e o fruto da vida se foram; o verme, o cancro e a sepultura são só meus." Isso é tudo o que ele tinha no final de sua vida. Já Paulo, em sua despedida, escreve a Timóteo: "Combati o bom combate, completei a carreira, guardei a fé" (2TIMÓTEO 4:7-8).

Há uma grande diferença entre a morte de um cético infiel e a morte de um justo. Vamos nos apegar à Palavra de Deus e, quando alguém falar contra as Escrituras, vamos amá-los ainda mais, levá-los à Palavra, dizer que desistiremos desse Livro, custe o que custar. O mundo pode nos chamar de fanáticos e tolos, mas eles não podem nos dar um nome pior do que deram para nosso Mestre. Eles o chamaram de Belzebu, o Príncipe dos Demônios, por isso, não podemos nos importar de sermos chamados de tolos por amor de Cristo. Logo, seremos chamados para o nosso verdadeiro lar e, se persistirmos, nosso fim será glorioso.

D.L. Moody

OBRAS MAIORES NOS ESPERAM

Em verdade, em verdade vos digo que aquele que crê em mim fará também as obras que eu faço e outras maiores fará, porque eu vou para junto do Pai.
JOÃO 14:12

Se retivermos o evangelho de Cristo e não apresentarmos Cristo ao povo, o Espírito Santo não terá a oportunidade de trabalhar na vida deles. No momento em que Pedro se levantou no dia de Pentecostes e deu testemunho de que Cristo morreu pelo pecado, que Ele havia ressuscitado e subido ao Céu, o Espírito Santo deu testemunho da pessoa e da Obra de Cristo. Se não fosse o Espírito Santo testemunhando a pregação dos fatos do evangelho, você acha que a Igreja teria sobrevivido durante todos estes séculos?

O testemunho do Espírito é o testemunho de poder. Jesus disse que faríamos "obras maiores" e eu costumava ficar muito confuso com isso. Que obras maiores que as de Cristo qualquer pessoa poderia fazer? Como alguém poderia ressuscitar um morto que havia ficado no sepulcro por dias e que já havia estava se decompondo? Porém, quanto mais eu vivo, mais me convenço de que, mais importante que isso é influenciar a vontade de uma pessoa cuja vontade está posta contra Deus; levar sua vontade a se colocar em sujeição à vontade de Deus, ou, em outras palavras, é uma obra muito maior ter poder sobre um homem vivo, pecador, que odeia a Deus, do que ressuscitar os mortos.

Acho que o maior milagre que este mundo já viu foi o milagre do dia de Pentecostes. Pode ter sido nessa ocasião que Estêvão, o primeiro mártir, se converteu, e alguns dos homens que logo depois entregaram suas vidas por Cristo. Este me parece o maior milagre que este mundo já viu. Mas Pedro não trabalhou sozinho; o Espírito de Deus estava com ele; daí os resultados maravilhosos que lemos nas Escrituras.

D. L. Moody

BUSQUE O ENCHIMENTO DE PODER DO ALTO

*Quanto ao mais, sede fortalecidos
no Senhor e na força do seu poder.*
EFÉSIOS 6:10

Lembro-me de um velho pastor que me disse ter uma doença cardíaca, que impedia que ele pregasse mais do que uma vez por semana. Por isso, ele tinha um colega que o ajudava com as pregações e visitas. Ele veio até mim e disse que gostaria de ser ungido com poder, para que, antes de morrer, pudesse ter o privilégio de pregar o evangelho com poder, pelo menos mais uma vez. Ele orou para que Deus o enchesse com o Espírito Santo e eu o encontrei não muito depois disso, e ele me disse que estava pregando em média oito vezes por semana e estava vendo conversões o tempo todo. O Espírito Santo veio sobre ele com poder. Não é o trabalho árduo que destrói os ministros, mas é o trabalho árduo sem poder. Ó, que Deus possa ungir Seu povo para o serviço cristão! Não apenas o pastor, mas cada discípulo. Não pense que os pastores sejam os únicos obreiros que precisam desse poder. As mães precisam dele para cuidar de suas famílias, tanto quanto o pastor precisa no púlpito ou o professor da escola dominical precisa em sua classe. Todos precisamos dele e não vamos descansar dia e noite até que o possuamos. Eu garanto que, se esse for o propósito mais importante em nosso coração, Deus nos dará; é só termos fome e sede e pedirmos: "Deus, ajuda-me, pois não descansarei até ser ungido com poder do alto".

PRONTOS PARA O SERVIÇO

Ora, a esperança não confunde, porque o
amor de Deus é derramado em nosso coração pelo
Espírito Santo, que nos foi outorgado.
ROMANOS 5:5

Deus é amor, Cristo é amor, e não devemos nos surpreender ao ler sobre o amor do Espírito Santo. Que atributo abençoado é este. Posso chamá-lo de cúpula do templo da graça. Melhor ainda, é a coroa das coroas usadas pelo Deus Trino. O amor humano é uma emoção natural que flui em direção ao objeto de nossas afeições, mas, o amor divino está tão acima do amor humano quanto o Céu está acima da terra. O homem natural é terreno e, por mais puro que seu amor possa ser, ele é fraco e imperfeito na melhor das hipóteses. Mas o amor de Deus é perfeito e completo. É como um oceano poderoso em sua grandeza, habitando e fluindo do Espírito Eterno.

Agora, se somos cooperadores de Deus, há uma coisa que devemos ter, que é amor. Uma pessoa pode ser advogada, mas não ter amor por seus clientes e, ainda assim, ser muito bem-sucedida; pode ser médica e não ter amor pelos pacientes e, ainda assim, ser um médico muito bom; pode ser um comerciante e não ter amor pelos clientes e, ainda assim, ter sucesso; mas ninguém pode ser um cooperador de Deus sem amor. Se nosso ministério é mera profissão, quanto mais rápido o renunciarmos, melhor será. Se alguém assume a obra de Deus como faria com qualquer profissão, quanto mais cedo ela sair dela, melhor para o reino de Deus. Não podemos trabalhar para Deus sem amor. Se não temos amor a Deus e ao próximo, seremos como o bronze que soa ou como o címbalo que retine. Se realmente o amor de Deus estiver derramado em nosso coração pelo Espírito Santo, estaremos prontos ao serviço do Senhor.

D. L. Moody

VERDADEIRA LIBERDADE

*Se, pois, o Filho vos libertar,
verdadeiramente sereis livres.*
JOÃO 8:36

Que Deus possa romper grilhões e libertar Seus filhos, para que sejam verdadeiramente livres. Eu acredito que Ele quer fazer isso em nós, para que possamos trabalhar para Ele, falando do Seu amor. Quantas pessoas gostariam de se levantar em uma reunião de oração para dizer algumas palavras sobre Cristo, mas há um espírito tão terrível de crítica sobre a igreja que elas não ousam fazer isso. Elas não sentem liberdade para se levantar e falar e, quando se levantam, ficam tão assustadas com as críticas que começam a tremer e voltam a se sentar. Isso está errado. O Espírito de Deus vem para nos dar liberdade e onde quer que a obra do Senhor esteja acontecendo, veremos esse espírito de liberdade presente. As pessoas não terão medo de falar umas com as outras e, quando a reunião terminar, elas não vão sair rápido da igreja, mas começarão a apertar as mãos uns dos outros e se abraçar.

Será que não queremos essa liberdade? Ela é obra do Espírito de Deus e devemos orar a Deus diariamente para que Ele nos conceda amor, esperança e liberdade. Devemos ir ao santuário e clamar por esse amor, liberdade e esperança e não descansar até que Deus nos dê poder para trabalhar por Ele. Já que conhecemos nosso próprio coração, devemos ansiar não viver como vivíamos antes, como meros cristãos nominais, que não são usados por Deus para a edificação de Seu reino. Essa é uma vida pobre e vazia. Que o nosso desejo seja o de sermos úteis, como vasos adequados para o uso do Mestre, para que o Espírito Santo, possa brilhar através de nós.

D. L. Moody

VOCÊ PRECISA SER CHEIO DE PODER

*Todos ficaram cheios do Espírito Santo
e passaram a falar em outras línguas, segundo o
Espírito lhes concedia que falassem.*
ATOS 2:4

Se não temos o Espírito de Deus, devemos clamar: "Deus tenha misericórdia de nós!". Se os pastores não têm o Espírito de Deus, seria melhor não pregar e o povo ficar em casa. Espero estar sendo claro quando digo que uma igreja sem o Espírito de Deus é mais uma maldição do que uma bênção. Se você não tem o Espírito de Deus, obreiro cristão, lembre-se de que está obstruindo o caminho de outra pessoa; você é como uma árvore que não dá fruto, onde outra árvore frutífera poderia estar plantada. A obra de Deus é um trabalho solene, que só pode ser realizada com o Espírito Santo e mais nada.

Uma igreja que não anseia pelo Espírito Santo, que não clama e geme até que Ele tenha operado poderosamente em seu meio está morta. O Espírito Santo veio ao mundo e nunca mais voltou desde Pentecostes. Ele muitas vezes se entristece, pois é peculiarmente ciumento e sensível, e o único pecado que não pode ser perdoado tem a ver com Sua pessoa abençoada. Portanto, sejamos muito ternos com Ele, andemos humildemente diante dele, esperemos nele muito seriamente e decidamos que não faremos nada conscientemente feito que o impeça de habitar em nós, e estar conosco agora e para sempre. Se você olhar para o segundo capítulo de Atos, verá que quando Pedro se levantou no dia de Pentecostes e testificou do que Cristo havia ocorrido, o Espírito Santo desceu e deu testemunho do que ele disse e todos foram convencidos. Portanto, ninguém pode pregar eficazmente de si mesmo, mas, deve ter o Espírito de Deus para lhe dar habilidade com a Palavra de Deus, para testificar de acordo com a mente do Espírito.

D. L. Moody

NÃO TOME DECISÕES POR SI MESMO

Ora, disse o Senhor a Abrão: Sai da tua terra, da tua parentela e da casa de teu pai e vai para a terra que te mostrarei.
GÊNESIS 12:1

Deus chamou Abraão para longe da sua parentela e vemos que ele percorreu a metade do caminho e parou em Harã, ficando ali por cinco anos, até que seu pai morreu. Foi a aflição que o fez partir de Harã. Muitos de nós chegamos a Harã e paramos; Deus nos chamou para a Terra Prometida e Ele deseja que sigamos para lá, mas achamos que é melhor viver com um pé na Terra Prometida e outro fora dela. Cristãos que vivem assim são os que tanto prejudicam, não só à causa de Cristo, mas a eles próprios e suas famílias. Precisamos deixar Harã e entrar na Terra Prometida aonde Deus quer que cheguemos. Ele desceu para a Terra Prometida e encontrou fome lá. Deus experimenta os que são seus. Além dessa grande provação, eles encontraram a terra ocupada por outros povos.

Ló, seu sobrinho, desceu ao Egito, e lá ele enriqueceu. Esse foi o começo do problema entre Ló e Abraão. Eles saíram do país ricos e houve uma contenda entre seus pastores. Muitas vezes, as riquezas trazem conflitos e problemas. Esse foi o começo dos problemas de Ló e ele cometeu um sério erro. Se ele tivesse permitido que Deus escolhesse por ele, nunca teria ido para Sodoma. O Senhor do Céu nunca pegaria Ló pela mão e o levaria às planícies bem irrigadas de Sodoma. A lição mais preciosa que aprendi desde que entrei na escola de Cristo foi deixar o Senhor Deus escolher por mim, no que diz respeito às coisas dessa vida. Temos a tendência de pensar que podemos escolher melhor do que o Senhor, mas, quando começamos a tomar decisões por nós mesmos, sempre cometemos erros.

D. L. Moody

SEJA SEMPRE CHEIO DE AMOR, FÉ E PACIÊNCIA

*Ora, nós que somos fortes devemos suportar as
debilidades dos fracos e não agradar-nos a nós mesmos.*
ROMANOS 15:1

A igreja tem sido muito intolerante com pessoas fracas na fé, mas, quando alguém tem deficiência de amor ou paciência, parece que ninguém se importa. Mas a Bíblia nos ensina que não devemos apenas ser sãos na fé, mas também no amor e na paciência. Acredito que Deus não pode usar muitos de Seus servos porque estão cheios de irritabilidade e impaciência; eles estão preocupados o tempo todo, de manhã à noite. Eles não falam do amor de Jesus Cristo; suas bocas estão seladas. E, se eles não têm amor, não podem trabalhar para Deus. Não estou falando de amor por aqueles que nos amam, pois não é preciso de graça para fazer isso; o mais rude dos seres humanos do mundo pode fazer isso; o mais vil pecador que já andou nesta terra pode fazer isso. Eu amava os que me amavam muito antes de me tornar um cristão.

Amor gera amor, todos sabemos disso; mas é preciso a graça de Deus para amar a pessoa que mente sobre mim, que me calunia, que está tentando destruir minha reputação. Precisamos de a graça de Deus para amar alguém assim. Você pode odiar o pecado que ele cometeu, pois há uma diferença entre o pecado e o pecador; você pode odiar o pecado com um ódio perfeito, mas deve amar quem cometeu tal erro. De outra forma, não poderá fazer nenhum bem a ele. Você se lembra de quando você era um novo convertido? Seu coração não estava cheio da doce paz e do amor de Deus? Não podemos perder essa graça bendita, pois Deus espera que sejamos plenos em amor, na fé e na paciência. Caso contrário, Ele não nos usará em Sua bendita obra.

D L Moody

NÃO VIVA NAS TREVAS DESSE MUNDO

*...quando vier, porém, o Espírito da verdade,
ele vos guiará a toda a verdade; porque não falará por
si mesmo, mas dirá tudo o que tiver ouvido
e vos anunciará as coisas que hão de vir.*

JOÃO 16:13

Nossa falha como pregadores do Evangelho é que ignoramos a cruz de Cristo em nossos sermões. Creio que esse é o motivo pelo qual o Espírito de Deus não age com poder em nossas igrejas. O que precisamos é pregar Cristo e apresentá-lo a um mundo que perece sem Ele. O mundo pode viver muito bem sem você e eu, mas não pode continuar sem Cristo e, por isso, devemos testificar mais e mais a respeito dele. Eu creio que o mundo de hoje está faminto e sedento por Cristo; milhares e milhares estão em trevas, sem saber desta grande Luz. Mas, quando começamos a pregar a Cristo com honestidade, fidelidade, sinceridade e verdade; quando exaltamos a Cristo e não nossas teorias; apresentar Sua vida e não nossas opiniões; defendemos a Cristo e não alguma falsa doutrina; então o Espírito Santo vem e testifica de Cristo.

Se você vai pregar o evangelho, precisa confiar que o Espírito Santo o guiará em toda a verdade. Ora, o Espírito de Deus nos guiará nela se permitirmos, se nos rendermos para sermos dirigidos por Ele. Creio que não passaríamos por muitas horas tenebrosas se estivéssemos dispostos a deixar o Espírito de Deus ser nosso conselheiro e guia. Ló nunca teria ido para Sodoma se tivesse sido guiado pelo Espírito de Deus. Davi nunca teria caído em pecado e não teria todos aqueles problemas com sua família se tivesse sido guiado pelo Espírito de Deus. Hoje em dia existem muitos Lós e Davis; as igrejas estão cheias deles. Homens e mulheres estão em trevas, porque não são guiados pelo Espírito de Deus.

D. L. Moody

COLOQUE SEUS PÉS SOBRE A ROCHA

*Em verdade, em verdade vos digo: quem ouve
a minha palavra e crê naquele que me enviou tem a vida
eterna, não entra em juízo, mas passou da morte
para a vida.* JOÃO 5:24

Você não tem ideia da quantidade de desculpas que as pessoas dão quando você fala com elas sobre sua salvação. Ouço isso o tempo todo. Elas falam muito sobre o que sentem e deixam de sentir. Se você quer vir a Cristo, apenas venha e não fique colocando seus sentimentos na frente. Você acha que Lázaro teve algum sentimento quando Cristo o chamou para fora do sepulcro? Meus amigos, Deus está acima dos nossos sentimentos. Você acha que pode controlar o que você sente? Tenho certeza de que se você pudesse fazer isso, nunca permitiria que nenhum sentimento ruim entrasse no seu coração, mas você não pode. Tenha em mente que seus sentimentos podem mudar cinquenta vezes no dia, mas a Palavra de Deus não muda jamais.

Quando um pecador está saindo do buraco e está pronto para colocar os seus pés sobre a Rocha Eterna, o diabo vem para tentar convencê-lo a olhar para os seus sentimentos. Eu preferiria mil vezes permanecer sobre a verdade contida nesse versículo a me estribar sobre qualquer sentimento que já tive. Eu subi sobre essa Rocha e desde então, as ondas negras do inferno vêm se lançando contra mim; as ondas da perseguição quebraram ao meu redor; dúvidas, temores e descrença, por sua vez, me assaltaram; mas tenho sido capaz de permanecer firme nesta pequena palavra de Deus. É uma base segura para se chegar à eternidade. Era verdade há mais de 2000 anos e é verdade hoje. Essa Rocha é mais alta do que os meus sentimentos. E o que precisamos é colocar nossos pés sobre a rocha e o Senhor colocará um novo cântico em nossas bocas.

NOSSA VERDADEIRA ESPERANÇA

*O Senhor edifica Jerusalém e congrega
os dispersos de Israel; sara os de coração quebrantado
e lhes pensa as feridas.* SALMO 147:2-3

Certa vez, eu estava pregando sobre o tema "Cristo veio para curar os corações quebrantados" e contei que havia recebido uma carta de uma esposa, que estava com seu coração quebrantado, pois, para sua surpresa, seu marido disse a ela que tinha uma dívida muito grande e que ele fugiria. Ele se foi, abandonou sua família e a mulher não tinha ideia de onde seu marido estava. Sua carta era muito triste e o lamento daquela pobre mulher ainda parece ressoar em meus ouvidos. Naquela noite, enquanto eu pregava, estava sentado na galeria um homem cujo coração começou a bater mais forte quando contei essa história. Ele ficou ouvindo e imaginando se seria ele a pessoa a quem eu me referia, até que comecei a falar das duas crianças. Quando terminei, descobri que aquele homem que me ouvia era o mesmo da carta.

Ele veio até mim e contou sua história. Disse-me que sentia que não podia mais carregar aquele fardo e me pediu para clamar por misericórdia em seu favor. Nós caímos de joelhos ali mesmo e começamos a orar. Não sei se alguma vez me senti tão mal por alguém em toda a minha vida. Ele me perguntou se eu achava que ele devia voltar para sua cidade, pois certamente seria preso e seus bens seriam confiscados. Eu respondi que ele devia pedir orientação ao Senhor e oramos sobre aquilo. Quando me encontrou novamente, ele me pediu para orar por sua esposa e filhos; então, ele foi embora e se entregou nas mãos da justiça, confiando na misericórdia de Deus. É difícil lutar contra o pecado, mas é mil vezes mais difícil morrer sem esperança. Tome Cristo como sua esperança, sua vida, sua verdade.

NUNCA DESANIME

Em tudo somos atribulados, porém não angustiados;
perplexos, porém não desanimados.
2 CORÍNTIOS 4:8

Lembro-me de uma época em que eu fiquei muito desanimado por não ver muito fruto em meu ministério e, em uma manhã, enquanto eu estava em meu escritório, abatido, um dos professores da escola dominical entrou e quis saber por que eu estava desanimado. Eu disse a ele o motivo e ele começou a me falar sobre Noé. Ele me disse que eu precisava estudar mais a história daquele grande homem, pois isso me ajudaria a lidar com aqueles sentimentos ruins. Quando ele saiu, peguei minha Bíblia e comecei a ler sobre Noé. Aquilo fez com que as nuvens tenebrosas que estavam sobre mim se dissipassem; me levantei e disse para mim mesmo que, se o Senhor quisesse que eu trabalhasse sem nenhum fruto, eu trabalharia até o fim da minha vida.

Desci para a reunião de oração do meio-dia e, quando vi as pessoas vindo para orar, disse a mim mesmo: Noé trabalhou cem anos e nunca esteve em uma reunião de oração fora de sua própria família. Eu sou privilegiado! Logo um homem se levantou do outro lado do corredor onde eu estava sentado e disse que tinha vindo de uma pequena cidade onde cem pessoas haviam se convertido. E pensei comigo mesmo: E se Noé tivesse ouvido isso? Ele pregou por tantos anos, não conseguiu converter ninguém, mas ele não desanimou. Então um homem se levantou atrás de mim e disse que queria que orássemos por ele, pois estava perdido e queria ser salvo. Então decidi que, com a ajuda de Deus, eu nunca mais ficaria desanimado. Eu faria o melhor pudesse e deixaria os resultados com Deus, e isso tem sido uma ajuda maravilhosa para mim desde então.

D L Moody

O VALOR E A ATUALIDADE DA BÍBLIA

*Porque a palavra de Deus é viva, e eficaz,
e mais cortante do que qualquer espada de dois gumes,
e penetra até ao ponto de dividir alma e espírito,
juntas e medulas, e é apta para discernir os pensamentos
e propósitos do coração.* HEBREUS 4:12

Muitas pessoas acreditam que a Bíblia está desatualizada, que é um livro antigo e ultrapassado. Eles dizem que foi muito bom durante a Idade Média, mas que ele não foi planejado para o nosso tempo, pois vivemos em uma época muito iluminada e que as pessoas podem se dar muito bem sem esse livro. Estas pessoas acreditam que nós superamos a necessidade da Bíblia, que seu uso não é necessário. Bem, você também pode acreditar que o sol, que brilha há tanto tempo no Céu, está tão velho que já não presta mais, e, por isso, a pessoa que vai construir uma casa não precisa colocar nenhuma janela, porque a luz do Sol não é importante.

A Bíblia nos diz que o Espírito Santo nos ensinará todas as coisas; não apenas nos guiará em toda a verdade, mas nos ensinará todas as coisas. Ele nos ensina a orar, e acredito que nunca houve uma oração genuína nesta Terra amaldiçoada pelo pecado que não tenha sido inspirada pelo Espírito Santo e que não foi respondida. Mas há muita oração que não é inspirada pelo Espírito Santo. Quando eu era jovem, tinha muita ambição de ficar rico. Eu costumava orar para conseguir ganhar cem mil dólares; esse era o meu objetivo. Eu costumava dizer: "Deus não responde à minha oração; Ele não me torna rico". Mas eu sabia direito o que eu estava pedindo, no entanto, assim como eu, muitas pessoas estão orando dessa maneira. Elas pensam que estão orando, mas não percebem que não oram de acordo com as Escrituras. O Espírito de Deus não tem nada a ver com esse tipo de oração, pois elas não são um produto do Seu ensino.

D. L. Moody

NOSSA VERDADEIRA PROTEÇÃO

De boas palavras transborda o meu coração.
SALMO 45:1

O Espírito Santo nos ensina a responder aos nossos inimigos. Se um homem me agride, não devo sacar uma arma e atirar nele, pois o Espírito do Senhor não me ensina a vingança. Ele também não me ensina que é preciso agredir alguém para defender meus direitos. Algumas pessoas dirão que você é um covarde se não revidar, mas Cristo diz para você oferecer a outra face àquele que te fere. Eu prefiro seguir o ensino de Cristo do que qualquer outro do mundo. Não creio que alguém possa ganhar muito carregando armas para se defender. Já houve muitas vidas sacrificadas neste país para ensinar às pessoas uma boa lição a esse respeito. A Palavra de Deus é uma proteção muito melhor do que o revólver. É melhor considerarmos a Bíblia para nos proteger, aceitando seu ensino. É um grande conforto para nós lembrarmos que é um importante ofício do Espírito Santo trazer a instrução de Jesus à nossa lembrança (JOÃO 14:26).

E como isso é impressionante. Acredito que muitos de nós, cristãos, já tivemos essa doce experiência de o Espírito Santo trazer a nossa mente algumas das palavras do Senhor Jesus Cristo, enquanto pregávamos o Evangelho. Quando temos o Espírito de Deus repousando sobre nós, podemos falar com autoridade e poder, e o Senhor abençoa nosso testemunho e o nosso trabalho. Eu acredito que a razão pela qual Deus usa tão poucas pessoas na Igreja é porque não há poder que Deus sobre elas. Ele não vai usar nossas ideias, mas a Palavra de Deus que está escondida em nosso coração. Por isso, precisamos estar cheios da Palavra, para que o Espírito as traga à nossa mente. Com o Espírito Santo nos inflamando, nosso testemunho será rico, doce, fresco e abençoado.

D L Moody

O ERRO DE SAUL

Assim, morreu Saul por causa da sua transgressão cometida contra o SENHOR, por causa da palavra do SENHOR, que ele não guardara; e também porque interrogara e consultara uma necromante e não ao SENHOR, que, por isso, o matou e transferiu o reino a Davi, filho de Jessé. 1 CRÔNICAS 10:13-14

Muitos filhos de Deus estão cometendo um grande pecado nesses dias. Não sei se eles acham que é um pecado, mas, se examinarmos as Escrituras, tenho certeza de que descobriremos o que é. Sabemos que o Consolador foi enviado ao mundo para nos guiar a toda a verdade, e, se Ele foi enviado com esse propósito, será que precisamos de algum outro guia? Precisamos consultar médiuns, que invocam espíritos dos mortos? Você sabe o que a Palavra de Deus fala sobre esse terrível pecado? É uma desonra para o Espírito Santo pensarmos em invocar os mortos e conversar com eles.

Lemos que Saul morreu pela transgressão que cometeu contra o Senhor e porque consultou uma necromante e não ao Senhor. Deus o matou por causa desses pecados. Esse foi o tropeço de Saul e há muitos dos filhos de Deus que pensam que não há mal nenhum em consultar um médium, que finge invocar alguns falecidos para conversar com eles.

Mas quão desonroso isso é para Deus, que enviou o Espírito Santo a este mundo exatamente para nos guiar "em toda a verdade". Não há coisa que eu precise saber, não há nada que seja importante, nada que eu deva saber, que o Espírito de Deus não me revelará por meio da Palavra de Deus. Mas, se eu virar as costas ao Espírito Santo, desonrarei sua obra e cometendo um pecado grave. Muitas pessoas querem algo além da Palavra de Deus e estão se voltando para essas falsas luzes. Que essa não seja a nossa decisão.

D. L. Moody

COMO TER MAIS AMOR

Mas, seguindo a verdade em amor, cresçamos em tudo naquele que é a cabeça, Cristo, de quem todo o corpo, bem-ajustado e consolidado pelo auxílio de toda junta, segundo a justa cooperação de cada parte, efetua o seu próprio aumento para a edificação de si mesmo em amor. EFÉSIOS 4:15-16

Temos o amor de Deus derramado em nosso coração e estamos seguindo a verdade em amor? Algumas pessoas defendem a verdade, mas de uma forma tão fria e severa que não adianta nada; outras pessoas querem amar tudo e, por isso, renunciam a grande parte da verdade. Devemos seguir a verdade em amor; devemos seguir a verdade mesmo se perdermos tudo, mas devemos segui-la em amor, pois, se fizermos isso, o Senhor nos abençoará. Há muitas pessoas tentando ter mais desse amor, mas elas estão tentando produzi-lo por si mesmas. Isso certamente não dará certo. O amor de Deus que é implantado profundamente em nossa nova natureza é sempre espontâneo. Eu não preciso aprender a amar meus filhos e não posso deixar de amá-los.

Uma jovem senhorita, em uma reunião, disse-me que não podia amar a Deus, que isso era algo impossível para ela. Então, eu perguntei se era difícil para ela amar sua mãe e se ela teve que aprender a amá-la. E ela olhou para cima e, em meio a lágrimas, disse-me que não, que ela não podia evitar esse amor. Diante disso, eu expliquei que, quando o Espírito Santo desperta o amor em nosso coração, nós não podemos deixar de amar a Deus, pois se torna espontâneo. Assim também, querido amigo, quando o Espírito de Deus entra no seu coração e no meu, é fácil para nós amarmos e servirmos a Deus.

D. L. Moody

CONVENCIMENTO DO PECADO

Quando ele vier, convencerá o mundo do pecado, da justiça e do juízo.
JOÃO 16:8

O Espírito Santo fala conosco sobre nossos erros, a fim de nos conduzir a uma vida santa. Mas, há uma classe de pessoas que não gosta dessa parte da obra do Espírito, e você sabe por quê? Porque Ele tenta convencê-las de coisas que gostam, mas que são pecados. O que elas querem é que alguém fale palavras de conforto e torne as coisas mais agradáveis, mais tranquilas; querem alguém que lhes diga que há paz quando há guerra; que há luz, quando, na verdade, está há trevas. Querem que lhes diga que tudo está melhorando; que o mundo está se desenvolvendo surpreendentemente bem. É esse tipo de pregação que essa gente procura. Elas pensam que são melhores do que seus pais e isso é bem típico da natureza humana, cheia de orgulho. Os homens se jactam, dizendo: "Sim, eu acredito que o mundo está melhorando; sou uma pessoa muito melhor do que meu pai; meu pai era muito rígido; ele era um daqueles velhos puritanos tão rígidos". E outros dizem: "Estamos progredindo, tornando-nos mais liberais; vamos, esmaguemos as leis de Deus sob nossos pés, nós somos melhores do que nossos pais".

Esse é o tipo de pregação que alguns amam profundamente e há pregadores cuja voz faz cócegas em seus ouvidos. Mas, quando um pregador apresenta a Palavra de Deus a eles e o Espírito age, eles dizem que não gostam desse tipo de pregação, que nunca irão ouvir tal pregador novamente. Quando o Espírito de Deus está agindo, Ele convence as pessoas do pecado, da justiça e do juízo, como Jesus explicou: "do pecado, porque não creem em mim; da justiça, porque vou para o Pai, e não me vereis mais; do juízo, porque o príncipe deste mundo já está julgado (JOÃO 16:9-11).

D. L. Moody

AFASTE-SE DE TODA FORMA DE ADULTÉRIO

O que adultera com uma mulher está fora de si; só mesmo quem quer arruinar-se é que pratica tal coisa.
PROVÉRBIOS 6:32

Deus trará toda a humanidade a juízo. Precisamos ter em mente, que há um Deus de equidade sentado em seu trono nos céus e isso vai se tornar notório aos poucos. O adultério é um pecado terrível e devemos clamar por nossa vida. Nenhum adúltero ou adúltera pode pensar que entrará no reino de Deus. Esse pecado é um dos maiores males da atualidade, pois ele tem arruinado a vida de muitas pessoas; muitas famílias têm sido desfeitas e muitas mães desceram ao túmulo com o coração partido, porque um de seus filhos foi devastado por esse pecado. Estamos vivendo em uma época de consciências decadentes, em que as pessoas estão tão mergulhadas no pecado, que suas consciências estão sufocadas. Elas tentam enganar a si mesmas, considerando no coração delas que Deus não existe. Mas, tenha em mente que Deus trará julgamento em breve. O fato desse dia parecer demorar, não significa que nunca chegará.

Deus julgará o mundo, e as pessoas podem protestar ou rir o quanto quiserem, mas o dia e a hora estão marcados e todos deverão comparecer diante de Seu trono. Nesse dia, os pecados cometidos em segredo, que pareciam estar encobertos, virão à luz e serão tornados públicos. Então, a menos que sejam cobertos pelo sangue de Cristo, a menos que tenha havido arrependimento e se desviado deles, suplicando a Deus por sua misericórdia; eles serão revelados para todo o universo reunido. "Se, porém, andarmos na luz, como ele está na luz, mantemos comunhão uns com os outros, e o sangue de Jesus, seu Filho, nos purifica de todo pecado" (1 JOÃO 1:7).

FIQUE LONGE DO PECADO DO ROUBO

Aquele que furtava não furte mais; antes, trabalhe, fazendo com as próprias mãos o que é bom, para que tenha com que acudir ao necessitado. EFÉSIOS 4:28

Os olhos de Deus estão sobre a face da terra. Se você está em posse de algum dinheiro que pertence a outra pessoa, devolva-o antes de ir para a cama esta noite. Se quiser que a luz do Céu brilhe em seu caminho; se quiser que o sorriso de aprovação de Deus repouse sobre você, pague o que deve. Você não vai prosperar enquanto ficar com o que pertence a outra pessoa. Se você enganou alguém, não pagou sua passagem em algum momento em que havia uma grande multidão e o cobrador não estava ali para cobrá-la, isso é roubar tanto quanto se você fosse um ladrão ou um estelionatário. Não brinque nem ridicularize essa situação.

As pessoas se tornam más pagadoras desapercebidamente; iniciam pegando algo que não é seu para si e sua consciência as acusa; mas, no dia seguinte, elas pegam um pouco mais e a consciência já não os incomoda tanto. Aos poucos, elas ficam com sua consciência cauterizada e podem prosseguir fazendo qualquer coisa sem se sentirem culpadas. Foi assim que falsários, ladrões e até mesmo criminosos famosos começaram. Parecia ser uma coisa pequena à princípio, mas se tornou um pecado profundo. Mas, eu digo a vocês, que nós precisamos tratar com esses pecados, pois não existe pecado pequeno. Se há alguém que entrou nesse caminho, decida-se a resolver isso o quanto antes. Deus ajudará aquele que decidir consertar qualquer desonestidade da qual tenha sido culpado. Restitua quem você lesou, custe o que custar. Precisamos de uma nação mais justa e queremos na igreja, acima de tudo, absoluta honestidade. Que Deus faça isso conosco!

D. L. Moody

LIMPE SEU CORAÇÃO DE TODA IRA

Aquele, porém, que odeia a seu irmão está nas trevas, e anda nas trevas, e não sabe para onde vai, porque as trevas lhe cegaram os olhos.
1 JOÃO 2:11

Quando alguém vai passo a passo, de um erro a outro, não demorará muito para que seja culpado de cometer qualquer crime. Eu não preciso matar alguém para ser assassino; se desejo a morte de qualquer pessoa, cometo assassinato em meu coração; sim, isso me torna um assassino. Se fico com tanta raiva de uma pessoa que chego a desejar sua morte, torno-me culpado aos olhos de Deus. Deus olha para o coração, não o ser exterior. Nós apenas olhamos para o que as pessoas fazem, mas Deus olha para o coração delas. Se tenho um instinto assassino em meu coração, se desejo a morte de um homem ou de uma mulher, sou culpado.

Por isso a Escritura diz: "Não matarás" (ÊXODO 20:13). Existem muitas pessoas que não são vistas como assassinas, mas elas realmente mataram seus pais, seus filhos, seus cônjuges. Quantos bêbados assassinaram pouco a pouco os seus cônjuges; maridos têm ido para o altar e jurado perante o Deus do Céu, que amariam, protegeriam, apoiariam sua mulher, e dentro de poucos anos eles se tornaram monstros horríveis, agressores de mulheres indefesas, até que, finalmente, elas morrem de desgosto e tristeza. Você pode ter certeza de que esse marido cruel assassinou sua mulher. "Não matarás"! Com certeza o Deus justo, de misericórdia trará essas pessoas a julgamento, a Seu tempo.

O QUE O IMPEDE?

...Saulo, Saulo, por que me persegues? ATOS 9:4

Lembro-me de ouvir a história de uma garota que estava a caminho da escola, quando viu o pai de um de seus amiguinhos, que era um homem pecador e blasfemo. Ela foi até ele e perguntou por que ele não amava a Jesus. Se um adulto tivesse feito isso, ele provavelmente teria sido grosseiro ou até mesmo violento, mas, como se tratava de uma garotinha, ele apenas olhou para ela e continuou andando. Então, ela perguntou novamente e ele estendeu a mão em sua direção para afastá-la, mas, quando ela olhou em seus olhos, viu que ele estava chorando. Ele a empurrou para o lado e foi embora. Quando chegou ao trabalho, não conseguia tirar aquela pergunta de sua cabeça. Parecia que todos que olhavam para ele estavam perguntando por que ele não amava a Jesus.

Ele pensou que, quando a noite chegasse e estivesse em casa com sua família, ele esqueceria aquilo, mas não foi assim. Ele disse para sua esposa que não estava bem e foi para a cama, mas quando deitou a cabeça no travesseiro, aquela voz continuava sussurrando em sua mente e ele não conseguia dormir. Por volta da meia-noite, ele se levantou e decidiu pegar a Bíblia e descobrir onde Cristo se contradiz, assim ele teria um motivo para não o amar. Ele abriu no livro de João, leu o livro todo e não encontrou nenhuma razão para rejeitar a Jesus; pelo contrário, muitas passagens mostraram o quanto ele deveria amar o Salvador e, antes que o sol da manhã raiasse, ele estava de joelhos, respondendo aquela pergunta feita por uma pequena criança. A atitude daquela pequena levou esse homem à conversão.

Não há nada neste vasto mundo que possa dar alguma razão para que você não ame a Cristo. Nem na terra, nem no inferno, pode ser encontrada qualquer razão para não amá-lo. Façam esta pergunta a si mesmos: O que o impede de ir a Cristo? Hoje mesmo Ele pergunta: "Por que me persegues?".

D. L. Moody

É MAIS DIFÍCIL SERVIR AO DIABO

...porque o salário do pecado é a morte, mas o dom gratuito de Deus é a vida eterna em Cristo Jesus, nosso Senhor. ROMANOS 6:23

Uma senhora me disse há algum tempo: "É fácil pecar, mas é difícil fazer o que é certo". Em outras palavras, ela quis dizer que é difícil servir a Deus e é fácil servir ao diabo. Acho que você encontrará centenas de pessoas que pensam assim; porém não existe mentira maior e mais enganosa que essa. Deus não é um senhor duro; Ele é tolerante e amoroso. Há um momento na vida de todo pecador em que ele pode perceber essa verdade. Não é difícil servir a Deus se você é nascido de Deus, mas, pode ter certeza de que é difícil servir a Satanás. O caminho do pecado fica mais escuro e difícil para quem permanece nele por mais tempo.

Temos muitos exemplos disso, como, por exemplo, a vida de quem se prostitui, que acaba sendo muito curta. Às vezes, sua mente volta ao lar onde sua mãe orava por ela, onde costumava deitar sua cabeça no colo de sua doce mãe. A pessoa se lembra de quando sua mãe tentava ensiná-la a servir a Deus, e, agora, ela está sozinha, exilada de sua família, e não quer voltar para casa porque tem vergonha. Ela olha para o futuro e vê a escuridão diante de si. Em poucos anos, essa pessoa morre como alguém que se prostituiu e é enterrada em um túmulo desconhecido. Todas as lisonjas de seus amantes são vazias e falsas; sua vida foi completamente infeliz. Pergunte a alguém assim se o caminho da transgressão não é difícil. Portanto, não vá contra o seu criador, não acredite nas mentiras do diabo e não pense que Deus é um senhor duro.

PLANTE AS SEMENTES CERTAS NESTA VIDA

Não vos enganeis: de Deus não se zomba; pois aquilo que o homem semear, isso também ceifará.

GÁLATAS 6:7

O vendedor de bebidas alcoólicas ri de nós quando falamos com ele. Diz que não há inferno, nem futuro após a morte, nem retribuição daquilo que fizemos nesta vida. Conheci um desses homens, que arruinou a vida dos filhos de quase todas as famílias de sua vizinhança. Mães e pais foram até ele e imploraram que não vendesse bebidas aos seus filhos, porém ele lhes disse que aquele era seu negócio e ele não poderia fazer nada. Mas ele era pai de um filho que ele amava muito. Ele não adorava a Deus, mas adorava aquele menino. Amigos, a retribuição pode demorar, mas ela sempre vem. Se você arruinar os filhos de outros homens, alguém arruinará a vida dos seus. Tenha em mente que Deus é um Deus de equidade; é um Deus de justiça. Ele não vai permitir que você escape das consequências do que fez. Se formos contra Suas leis, sofreremos.

O tempo passou e aquele jovem se tornou um escravo da bebida e sua vida se tornou um fardo tão pesado para ele que colocou um revólver na própria cabeça e atirou. O pai viveu alguns anos depois da sua morte, mas sua vida se tornou tão amarga quanto o fel, e ele morreu amargurado. A retribuição é tão verdadeira quanto o fato de que Deus está no Céu e chegará o dia em que se colherá tudo o que foi semeado. Pode até ser que a colheita não ocorra neste mundo, mas ocorrerá na vida eterna, e lá a colheita de cada um será vista por todo o universo. Muitos pensam que estão seguros, mas estão enganando a si mesmos. Aos poucos, o Deus do Céu nos convocará para prestar contas, um a um. As pessoas dizem então que Deus não os punirá, mas o decreto do Céu afirma que "aquilo que o homem semear, isso também ceifará".

D. L. Moody

NÃO SE AFASTE DO SEU GUIA

Ora, o Espírito afirma expressamente que, nos últimos tempos, alguns apostatarão da fé, por obedecerem a espíritos enganadores e a ensinos de demônios, pela hipocrisia dos que falam mentiras e que têm cauterizada a própria consciência.

1 TIMÓTEO 4:1-2

Essa é uma linguagem bastante simples, não é? Ela nos alerta sobre "ensinos de demônios". Existem outras passagens das Escrituras que nos alertam contra as ilusões de Satanás. Devemos sempre lembrar que o Espírito Santo foi enviado ao mundo para nos guiar em toda a verdade e nós não queremos nenhum outro guia. Ele é suficiente para nós. Algumas pessoas dizem que a consciência é um guia mais seguro do que a Palavra e o Espírito Santo, mas não são. Algumas pessoas parecem não ter consciência e não saber o problema que há por trás dessa afirmação. Há pessoas que dizem que sua consciência não lhes disse que haviam feito algum mal até o tenham cometido, mas, nós precisamos de um guia que nos diga que algo está errado antes de o fazermos. Com frequência, uma pessoa cometerá algum crime terrível e, depois, sua consciência o açoitará violentamente, mas será tarde demais, o ato está feito.

Pessoas que escalam montanhas dizem que, muitas vezes, o guia os prende a eles, para que não se afastem e não caiam em algum lugar perigoso. Da mesma forma, cristão deve estar unido ao Seu infalível guia e ser protegido. É tolice um homem ou mulher pensar que pode passar por este mundo mau sem a luz da Palavra de Deus e a orientação do Espírito Divino. Deus O enviou para nos guiar nesta grande jornada e, se vivermos independentemente dele, cairemos nas trevas profundas da eternidade.

D L Moody

TOME SUA CRUZ

*…Se alguém quer vir após mim, a si mesmo se negue,
dia a dia tome a sua cruz e siga-me.*

LUCAS 9:23

Muitas pessoas se perguntam por que Deus não as abençoa e eu afirmo que a razão é porque elas estão dormindo espiritualmente e precisam urgentemente despertar. Há muitas pessoas que querem se tornar cristãs, mas não querem tomar sua cruz; elas querem ir para o Céu, mas não querem aceitar que há uma cruz entre elas e o Céu. Se houver algum atalho onde a cruz não esteja, elas pretendem encontrá-lo. Mas não há outro caminho para o Reino de Deus a não ser pelo caminho da cruz, e será mais fácil aceitá-lo agora do que depois. O diabo tem enganado as pessoas a respeito da cruz e tem colocado muitos obstáculos diante delas, mas são miragens, que não podem detê-las. No momento em que você toma a cruz, seus olhos são abertos e você pode ver como o diabo está tentando enganá-lo.

Quando você recebe a Jesus, deve estar disposto a confessá-lo e não deve ter vergonha de reconhecer que Ele perdoou seus pecados. Se você tem vergonha de confessar a Cristo, está praticamente negando-O, e o mundo está envolvendo você. Não conheço nada capaz de despertar mais um cristão do que começar a falar sobre Jesus para seus amigos. Muitos têm vergonha de confessar a Cristo como seu salvador; eles desejam se tornar cristãos, mas não desejam vestir o uniforme e ir para a batalha; Se você está lutando pela causa de Cristo, tem que vestir Seu uniforme e mostrar de que lado você está. Se os cristãos fizessem isso, centenas de milhares de pessoas seriam salvas. Mesmo que você acredite que não possa fazer muito pelo evangelho, mostre a qual lado você pertence. No dia do juízo, teremos que prestar contas da nossa mordomia.

D.L Moody

NÃO TENHA VERGONHA DE CONFESSAR SUA FÉ

Portanto, todo aquele que me confessar diante dos outros, também eu o confessarei diante de meu Pai, que está nos céus. MATEUS 10:32

Todos os que amam a Jesus, precisam confessá-lo, e, se nós começarmos a fazer isso, vamos ver resultados poderosos. Se nossas crianças começarem a confessá-lo, muitos pais serão conduzidos a Cristo por seus próprios filhos. Lembro-me de uma família que, por várias vezes eu conversar, mas não consegui. Certa noite, no culto, notei a presença de um dos meninos dessa família. Ele não demonstrava interesse no que estava acontecendo e apenas ficava cutucando os outros meninos; então, achei que seria bom falar com ele. Quando cheguei à porta, eu apertei sua mão e disse que eu estava feliz em vê-lo e esperava que ele voltasse. Na reunião seguinte ele voltou e se comportou melhor; depois, ele voltou mais duas ou três vezes e então pediu que orássemos por ele, pois queria se tornar cristão. Uma noite eu o vi chorando e fui até ele. Ao me ver, ele pediu para que eu orasse por sua mãe; eu orei e pedi para que ele falasse sobre o amor de Jesus para ela.

Quando chegou em casa, o menino correu até ela e enterrou o rosto em seu peito. Entre soluços, ele contou que havia decidido ser cristão e que ficaria muito feliz se ela também o fizesse. Logo depois, ela foi até a porta do quarto dele e o ouviu chorando e orando para que Deus a convertesse. No dia seguinte, sua mãe pediu que ele fosse me buscar pois queria falar comigo. Encontrei-a sentada em uma cadeira de balanço, chorando dizendo que queria se tornar cristã. E ela me contou o que seu filho havia feito e que ela não tinha dormido a noite, pois seus pecados se ergueram diante dela como uma montanha escura. Que ninguém que ama o Senhor Jesus Cristo tenha vergonha de confessá-lo diante dos homens.

D L Moody

NUNCA SE AFASTE DO CAMINHO SANTO

*Não cesses de falar deste Livro da Lei; antes,
medita nele dia e noite, para que tenhas cuidado de fazer
segundo tudo quanto nele está escrito; então,
farás prosperar o teu caminho e serás bem-sucedido.*

JOSUÉ 1:8

Durante toda a vida de Josué ninguém foi capaz de resisti-lo, porque ele se apegou à Palavra de Deus e, como resultado, prosperou. Ele ordenou aos que ele deixou em seu lugar: "...que ameis o Senhor, vosso Deus, andeis em todos os seus caminhos, guardeis os seus mandamentos, e vos achegueis a ele, e o sirvais de todo o vosso coração e de toda a vossa alma" (JOSUÉ 22:5). O povo de Israel não se desviou desses preceitos durante todos os dias de Josué, pois ele exercia uma grande influência sobre eles. Mas, após sua morte, pouco a pouco eles começaram a se afastar do Senhor. Por isso, encontramos no livro de Jeremias o seguinte alerta: "Assim diz o Senhor: Ponde-vos à margem no caminho e vede, perguntai pelas veredas antigas, qual é o bom caminho; andai por ele e achareis descanso para a vossa alma; mas eles dizem: Não andaremos" (6:16).

Depois de tantos anos, desde a época de Josué, o povo de Israel deve ter pensado que eles se tornaram mais sábios e que não precisavam mais da palavra do Senhor. Por isso, Deus levantou Jeremias, um profeta que chorou e orou por eles; e o Senhor deu a esse profeta a missão de avisar o povo do Senhor sobre seus pecados. Em nossos dias, muitos dizem que querem ler outro livro além da Bíblia, pois se acham mais sábios do que ela e não acreditam em suas palavras. Também diziam isso nos dias de Jeremias; é o mesmo velho coração humano, nosso velho inimigo; ele é sempre o mesmo, em todos os tempos e lugares.

D. L. Moody

ANDE SEMPRE DE FORMA CORRETA

*Porque o SENHOR Deus é sol e escudo; o SENHOR
dá graça e glória; nenhum bem sonega aos
que andam retamente.* SALMO 84:11

O orgulho é uma erva daninha que cresce em todos os tipos de solo e clima, tanto no auge do inverno quanto no verão, onde quer que o pé do ser humano tenha tocado a terra. As pessoas acham que se tornaram mais sábias do que o Todo-poderoso, mas as Escrituras advertem: "Portanto, ouvi, ó nações, e informa-te, ó congregação, do que se fará entre eles! Ouve tu, ó terra! Eis que eu trarei mal sobre este povo, o próprio fruto dos seus pensamentos; porque não estão atentos às minhas palavras e rejeitam a minha lei" (JEREMIAS 6:18-19). Mesmo assim, eles zombaram de Jeremias, e o rei mandou lançá-lo em uma masmorra. Mas o Senhor estava com Jeremias. Como castigo para o monarca, o rei Zedequias teve seus olhos arrancados, foi atado com correntes e levado para a Babilônia. Deus permitiu isso para que ele visse seu pecado e para que o povo soubesse que a Palavra de Deus é verdadeira. Nos dias de hoje, muitos que estão tentando lutar contra a Palavra de Deus descobrirão aos poucos que ela é a verdade, assim como Faraó descobriu.

Há um Deus no Céu e, quando Ele vier para julgar a humanidade, essas pessoas descobrirão quem Ele realmente é. Deus está em litígio com a humanidade por causa dos seus pecados e, até que o ser humano se afaste deles e se volte para Ele, não pode haver comunhão entre o ser humano e Deus. Mas, quando alguém deseja andar retamente, o Senhor promete que nada de bom lhe será negado e que sempre o abençoará. Quando estivermos prontos para obedecer a Deus plenamente e andar retamente em Seus caminhos, Ele nos abençoará, e nós subiremos com asas de águia para o Céu.

D. L. Moody

NÃO SE COLOQUE SOB JUGO DESIGUAL

Por isso, retirai-vos do meio deles, separai-vos, diz o Senhor; não toqueis em coisas impuras; e eu vos receberei. 2 CORÍNTIOS 6:17

Um homem comprou uma corrente de ouro para um amigo e carregou-a no bolso por algum tempo. Ela ficou preta por causa de um apito de chumbo que estava no mesmo bolso, em contato com ela. O chumbo afetou o ouro, mas o ouro não afetou o chumbo. Da mesma forma, descobrimos que o mundo pode nos derrubar, mas nós não podemos levantá-lo. O que precisamos é nos separar do mundo se queremos ter poder de Deus em nossa vida. Esse é o problema dos cristãos que não se separaram do mundo: eles não têm poder para pregar sobre Cristo.

Para andarmos com Deus, temos que estar separados do mundo, caso contrário, acharemos que temos comunhão com Ele, mas, na verdade, teremos comunhão com o pecado. Paulo nos alerta para o fato de que não há ligação entre o santuário de Deus e os ídolos e, como somos santuário do Deus vivo, devemos ter o Senhor habitando em nós, e não o pecado. Deus nos diz: "Habitarei e andarei entre eles; serei o seu Deus, e eles serão o meu povo." Por isso, Ele também nos alerta: "…retirai-vos do meio deles, separai-vos". E, se assim fizermos, Ele nos promete: "…serei vosso Pai, e vós sereis para mim filhos e filhas, diz o Senhor Todo-Poderoso" (2 CORÍNTIOS 6:16-18). Deus nos diz que Ele estará sempre conosco e que seremos Seus filhos e filhas, se nos separarmos do mundo. Portanto, como cristãos, não devemos estar unidos aos ímpios, para não nos colocarmos em jugo desigual com os descrentes (2 CORÍNTIOS 6:14).

D. L. Moody

NOSSAS ORAÇÕES SERÃO SEMPRE RESPONDIDAS

…Tão certo como vive o Senhor, Deus de Israel, perante cuja face estou…
1 REIS 17:1

Elias se apresentou a Acabe e lhe disse que, por causa das más ações de Israel e de seu rei, nenhuma chuva cairia sobre a terra por três anos e meio. Durante esse período, nenhuma gota de chuva ou orvalho molhou a terra. Os riachos começaram a secar, não havia água para o gado, as plantações não vingavam, e as pessoas começaram a fugir, mas, ainda assim, eles não invocaram o Deus de Elias. O povo confiou nos 450 profetas de Baal e quatrocentos profetas de Aserá, mas todas as suas orações não trouxeram chuva; Baal não respondia suas orações. Nunca se esqueça de que o diabo não responde orações. Se alguma oração já foi respondida, foi o Deus de nossos pais que o fez.

O povo de Israel se esqueceu do Deus que os tirou do Egito, o Deus de Abraão, Isaque, Jacó e Elias, e se entregou a Baal. Mas, quando Elias convocou o povo e os falsos profetas para o monte Carmelo, houve uma grande agitação. Acabe apareceu em sua carruagem real, e os quatrocentos e cinquenta profetas de Baal e quatrocentos profetas do poste-ídolo impressionavam a todos, vestidos com mantos sacerdotais. "O que vai acontecer?", perguntavam uns aos outros. Muitas pessoas de hoje são como aqueles hebreus; elas têm medo ir a um culto e, se vão, ficam atrás de uma coluna para não serem vistas. Elas temem que alguém descubra e zombe delas. Quantos de nós temos coragem de assumir o Deus de nossos pais? Naquele dia, Elias era apenas um profeta do Senhor, diante de 850 profetas de Baal, mas a questão foi decidida rapidamente, pois o Deus que respondeu com fogo foi o Deus de Elias.

NUNCA DEIXE DE LOUVAR

*…portanto, não vos entristeçais,
porque a alegria do Senhor é a vossa força.*
NEEMIAS 8:10

A pessoa que vive mais perto de Deus é a que mais o louva, não importa a situação de sua vida. Assim também, quanto mais distantes estamos de Deus, menos o louvamos. Se, por algum motivo, você não tem louvado a Deus, há algo de errado com você, portanto, siga meu conselho: resolva essa situação imediatamente. O mundo precisa de cristãos alegres para que ele conheça a salvação que vem pela graça. Um desviado não pode louvar a Deus. Encha uma igreja de desviados e você verá como é difícil ter um louvor abençoado. Pedro, quando negou a Cristo, não podia cantar uma canção de louvor a Ele. No momento em que alguém vira as costas para Deus, o louvor desaparece da sua boca. Creio que é por isso que o povo não consegue cantar sozinho e precisa contratar pessoas para cantar para Deus nos cultos, oferecendo-lhes dinheiro para que possamos ter canções de louvor.

Quem recebe mais bênçãos materiais parece ser quem menos louva a Deus. A pessoa pode ser grata por suas bênçãos, mas louvar a Deus é outra coisa; louvor é ocupar-se com as coisas do Céu. É por isso que os redimidos o louvam o tempo todo. Se pudermos mostrar ao mundo que a fé em Jesus é a melhor coisa que existe, todos a receberão; mas, se nos mostrarmos desanimados e abatidos, sem que nossas bocas estejam cheias de louvor e de alegria, o mundo não olhará para nós. Apenas afastaremos as pessoas do reino de Deus. Se tivermos uma igreja transbordando de louvor, veremos pessoas convertidas. Não me importa onde essa igreja está, em que parte do mundo está; se tivermos uma igreja que louva, teremos um cristianismo vencedor.

D L Moody

O QUE VOCÊ FARÁ SOBRE JESUS?

...Que farei, então, de Jesus, chamado Cristo?
MATEUS 27:22

Pilatos se viu em dificuldade durante o julgamento de Jesus. Ele examinou o caso e hesitou em dar uma sentença; esse foi seu primeiro erro. Em vez de tomar seu lugar de autoridade e dizer que jamais autorizaria aquela injustiça, ele se comprometeu com a multidão, querendo agradar os detratores do Mestre. Ele quis ordenar que Jesus fosse castigado e solto, transferindo a responsabilidade para os judeus, mas Pilatos viu que a multidão estava furiosa, querendo a vida de Jesus, e, quando soube que Ele era da Galileia, pensou em transferir a responsabilidade para Herodes. Ele quis se livrar da grande questão que, até hoje, perturba muitas pessoas: O que faremos com esse Jesus, chamado Cristo?

Pilatos o enviou a Herodes, mas eles o trouxeram de volta depois de descobrir que até mesmo aquele governador sanguinário se recusou a julgar o Mestre. Pilatos novamente quis libertá-lo, pois estava totalmente convencido de que Ele era inocente. Ele sabia, no fundo de seu coração, que era a inveja e a malícia que fizeram os judeus levarem Cristo diante dele, no entanto, em vez de decidir por si mesmo, ele tentou agradar o povo; pensou que estaria livre da responsabilidade lavando suas mãos. Mas saiba que Deus responsabilizou Pilatos por essa decisão, pois Ele considera cada um responsável pela maneira como trata Seu Filho amado, que Ele enviou ao mundo. Pilatos foi convencido de que Jesus era o Salvador do mundo, e assim também muitos estão convencidos de que Jesus Cristo foi enviado ao mundo com o propósito expresso de salvá-los. Você é como Pilatos? Está convencido, mas não se decide? Decida, em sua consciência, como você tratará o Filho de Deus neste dia.

D L Moody

NÃO COLOQUE SUA CONFIANÇA NAS RIQUEZAS

E arrazoava consigo mesmo, dizendo:
Que farei, pois não tenho onde recolher os meus frutos?
LUCAS 12:17

Certa noite, esse homem está na sala de estar de sua bela mansão com um arquiteto, examinando as plantas do novo armazém que ele pretende construir. Essa obra teria tudo de melhor que o dinheiro poderia comprar, pois ele não queria que nenhum de seus vizinhos tivesse algo parecido. Mas um estranho chega devagar, coloca sua mão fria sobre ele e diz que o levará embora. Ele pergunta quem é e recebe a reposta: "Eu sou a morte". Isso não deveria ter soado estranho para ele, assim como não deveria ser para nós, porque a morte está ao nosso redor. Talvez aquele homem nunca tenha ouvido um sermão sobre isso, exceto quando foi a algum funeral. Ele tenta subornar a morte com dinheiro para ter um pouco mais de tempo, mas esse golpe não é possível. Você pode tentar subornar políticos, empresários e outros tipos de pessoas, mas a morte não. Quando ela chama, você tem que ir, não há outro jeito.

Pode ser que esse homem tenha clamado, pedido para viver um pouco mais; talvez ele tenha chorado, pensando em sua esposa e filhos queridos, mas a morte pôs sua mão fria sobre seu coração, o qual parou de bater; ele já não tinha mais pulso e, rapidamente, ele se viu a caminho da eternidade. Talvez, em seu funeral, toda a comunidade tenha comparecido e feito elogios, dizendo que ele era um homem bom para os pobres, um filantropo e um exemplo para todos, porém Deus vê de forma diferente. Nós podemos tentar fazer deste homem alguém inteligente, sábio, um bom exemplo, mas veja o que o Filho do Homem diz sobre ele: "Louco" (LUCAS 12:20). Ele escreveu seu epitáfio e nos foi transmitido como um aviso, para que não andemos nesse mesmo caminho.

D. L. Moody

VOCÊ ESTÁ PRONTO PARA AQUELE GRANDE DIA?

...vós fostes como um tição arrebatado da fogueira; contudo, não vos convertestes a mim, disse o Senhor. Portanto, assim te farei, ó Israel! E, porque isso te farei, prepara-te, ó Israel, para te encontrares com o teu Deus.

AMÓS 4:12

Acho que esta é uma das maiores advertências da Bíblia: devemos estar preparados para nos encontrarmos com o nosso Deus. Você está pronto? Se não está, por que negligenciar a salvação de sua alma por mais tempo? Quando estavam sendo atacados pelas serpentes abrasadoras, tudo o que os filhos de Israel tiveram que fazer para serem curados foi olhar para a serpente de bronze. Eles foram curados instantaneamente. Se eles negligenciassem essa ordem, certamente morreriam. Assim também, tudo que você precisa fazer é olhar para Cristo para receber vida.

Posso imaginar alguns de vocês dizendo: "Tenho tempo suficiente e não quero resolver essa questão agora". Mas existe alguém que realmente pode dizer isso? Existe alguém que pode dizer que o amanhã lhe pertence? Estamos em uma jornada em direção ao dia de julgamento de Deus. Você tem esperança em relação ao futuro? Tomou posse daquela certeza de fé que o levará para além da sepultura? Tem aquele poder que o levará da morte e do julgamento para a vida eterna ao lado de Cristo? Olhe e veja quantas multidões morrem jovens. Milhares e milhares são levados para a eternidade antes que eles atinjam a velhice. Meus amigos, em breve estaremos na eternidade, e o que estamos fazendo com a nossa vida? Você está consciente disso? O que você fará? Pense por alguns instantes e responda se você está pronto para se encontrar com o seu Deus?

D. L. Moody

A ORAÇÃO QUE DEUS NÃO OUVE

*...Ó Deus, graças te dou porque não sou como os demais
homens, roubadores, injustos e adúlteros,
nem ainda como este publicano; jejuo duas vezes
por semana e dou o dízimo de tudo quanto ganho.*

LUCAS 18:11-12

Isaías 6:2 nos informa que os próprios anjos no Céu cobrem seus rostos diante de Deus enquanto o louvam, mas esse fariseu entra no templo, estende as mãos e proclama suas próprias virtudes. Ele apresenta para Deus o que fazia, comparando-se às demais pessoas, como se aquilo fosse impressionar o Todo-poderoso. Ele diz que jejuava duas vezes por semana, embora apenas uma vez fosse necessário, mostrando como ele estava acima da média. Muita gente hoje pensa de forma parecida, acreditando merecer muito crédito pelo fato de jejuarem, embora continuem pecando o resto da semana.

Preste bem atenção na oração desse homem e perceba que não há nenhuma confissão nela. O diabo encobriu tanto seus pecados de seus próprios olhos, que ele sentia que estava acima de qualquer necessidade de confessá-los. É possível que ele pensasse que não tinha nenhum pecado. Nunca se esqueça de que a primeira coisa que temos que fazer quando entramos na presença de Deus é confessar nossos pecados. Se houver algum sobre seu coração, tenha em mente que você não pode ter comunhão com Deus. É por causa dos nossos pecados que nossas orações não sobem mais do que acima das nossas cabeças e não podemos obter o favor de Deus. Nossas iniquidades fazem separação entre nós e nosso Deus. Pessoas como esse fariseu foram educadas para orar, de tal forma que, se elas não orarem antes de dormir, sua consciência as perturba até que elas orem. Mas esse não é o tipo de oração que Deus espera ouvir dos nossos lábios quando nos ajoelhamos.

NUNCA PERCA SUA ESPERANÇA

...porque este meu filho estava morto e reviveu, estava perdido e foi achado. E começaram a regozijar-se.
LUCAS 15:24

Antes de eu completar 14 anos, meu pai faleceu. Seus negócios não iam bem, e ele nos deixou em uma situação econômica muito difícil. Meu irmão mais velho tinha 15 anos e estava lendo alguns livros de romance que o convenceram de que ele precisava ir embora e fazer fortuna. Então, ele foi. Minha mãe buscava por notícias dele e nos mandava ao correio para ver se havia chegado alguma correspondência dele, e nós sempre voltávamos com a triste notícia de que não havia nenhuma. À noite, sentávamo-nos ao seu lado e conversávamos sobre nosso pai, mas, no momento em que o nome do meu irmão era mencionado, ela se calava. Algumas noites ela levantava sua voz em oração por aquele filho que a tratou tão mal. Eu costumava pensar que ela o amava mais do que a todos os demais filhos juntos. Nos dias de ação de graças, ela costumava colocar uma cadeira para ele, pensando que ele poderia chegar a qualquer momento.

Com o passar dos anos, eu também saí de casa para trabalhar e, quando eu estava morando em Boston, recebi a notícia de que meu irmão havia retornado. Eis a história: certo dia, enquanto minha mãe estava sentada na varanda, um estranho parou na frente da casa. Ele tinha uma grande barba, como um mendigo; o homem ficou lá parado, com os braços cruzados, enquanto lágrimas corriam por seu rosto. Quando minha mãe viu suas lágrimas, ela gritou: "Ó, meu Deus, é meu filho perdido que voltou!" e implorou para que ele entrasse, mas ele ficou ali, olhando para ela, e disse que não entraria enquanto não ouvisse ela dizer que o perdoava. Ela correu até ele e se jogou em seu pescoço. Chorando e soluçando, ela suspirou e disse: "Eu o perdoo, meu filho".

SEJA RESPONSÁVEL COM AQUILO QUE VOCÊ PLANTA

E isto afirmo: aquele que semeia pouco também colherá pouco; e o que semeia com fartura também colherá com fartura. 2 CORÍNTIOS 9:6

É uma lei da natureza que, se alguém semear, colherá segundo o que semeou. Se semeia melancia, não espera colher couve-flor; se semeia batatas, não deve procurar por repolhos; se semeia cebola, não procura por milho; se planta batatas, colhe batatas; se semeia milho, colhe milho; se trigo, colhe trigo. Portanto, no mundo natural, a pessoa colhe aquilo que ela planta. Se alguém aprende o ofício de carpinteiro ou do pedreiro, espera trabalhar na construção civil para viver. Se alguém labuta e estuda muito para se formar em direito, por exemplo, espera exercer a advocacia, não pretende pregar o evangelho. Como a pessoa semeia, espera colher. E esta lei do mundo natural funciona igualmente no espiritual. "Bem-aventurados os que choram, porque serão consolados. Bem-aventurados os mansos, porque herdarão a terra. Bem-aventurados os que têm fome e sede de justiça, porque serão fartos." (MATEUS 5:4-6).

Isso também funciona em questões espirituais; se alguém espalha um punhado de joio, sua colheita espiritual será de alqueires de joio e não de trigo. Se alguém semeia, colherá os frutos, não importa o quão ignorante ele possa alegar ser a respeito do resultado do que fez. Apelar para a ignorância resolverá seu problema. Se você semeia joio e pensa que é trigo, nada além de joio brotará em seu campo. Você pode chamá-lo de trigo, centeio ou de qualquer coisa que você quiser, mas continuará sendo joio. Observe que tipo de semente você está plantando em sua vida e ministério, pois nem a ignorância nem qualquer outra desculpa poderá mudar o destino da sua semente.

D L Moody

VOCÊ É IDÓLATRA?

Não terás outros deuses diante de mim.
ÊXODO 20:3

Meu amigo, você está pronto para ser pesado por este mandamento? Você já cumpriu ou está disposto a cumprir, todos os requisitos da lei de Deus? Coloque sua vida na balança de Deus e seja pesado. Seu coração está posto somente em Deus ou você tem algum outro deus além dele? Você o ama acima de seu pai, mãe, esposa, filhos, casa, riqueza ou prazer? Se as pessoas fossem fiéis a este mandamento, a obediência aos nove restantes se seguiria naturalmente, mas, como muitos não são firmes neste, acabam também quebrando os outros.

Os estudiosos concordam que, desde os tempos mais remotos, a humanidade busca por algo que vá além de si mesma, apontando para um ser superior. É tão natural para o ser humano ter uma intuição de Deus quanto é para uma planta sentir a luz do sol. A fome leva o ser humano a buscar alimento para seu corpo e, da mesma forma, há uma fome na alma que o faz buscar a Deus. O ser humano não precisa ser ordenado a adorar, pois, na criação, isso foi colocado nele pelo próprio Criador. O que ele precisa é ser direcionado corretamente, e é para isso que serve este primeiro mandamento. Antes de podermos adorar de forma consciente, devemos saber o que ou a quem adorar. Quando Paulo chegou em Atenas, ele encontrou um altar dedicado "ao DEUS DESCONHECIDO", e ele passou a falar sobre Aquele a quem eles adoravam sem conhecer. Quando Deus deu os mandamentos a Moisés, Ele começou com uma declaração sobre Seu próprio caráter e exigiu reconhecimento exclusivo de Sua pessoa. Os judeus aprenderam quem Deus é, não por elaborações teológicas sobre os atributos divinos, mas pelos fatos de sua própria história. Eles o conheceram por si mesmos, pelos atos e palavras de Deus na história.

D L Moody

CUIDADO COM OS PECADOS DA LÍNGUA

Ora, a língua é fogo; é mundo de iniquidade; a língua está situada entre os membros de nosso corpo, e contamina o corpo inteiro, e não só põe em chamas toda a carreira da existência humana, como também é posta ela mesma em chamas pelo inferno. TIAGO 3:6

As Escrituras nos proíbem de mentir, mas, hoje em dia, a sociedade divide as mentiras em boas e más, mentiras sociais, mentiras comerciais etc., mas a Palavra de Deus não reconhece tal divisão. Mentira é mentira, não importa quais sejam as circunstâncias em que ela é proferida ou por quem. Uma mentira sempre requer outras mentiras para sustentá-la. Isso quer dizer que, se você disser uma mentira, será forçado a contar outras, até que não haja mais verdade em você. Outro problema grave do nosso tempo é a calúnia. Ninguém gosta que pessoas que façam algo para arruinar seu caráter ou sua reputação, não é? Então, por que faríamos isso com outras pessoas? Se, um décimo do que é dito e escrito sobre as pessoas fosse verdade, metade delas deveria estar na cadeia. A calúnia já foi chamada de "assassinato da língua" e caluniadores são comparados a moscas que sempre pousam em feridas das pessoas, mas não tocam as partes boas.

Se o arcanjo Gabriel descesse à Terra e se envolvesse nos assuntos humanos, acredito que ele seria atacado em menos de 48 horas. Caluniadores chamaram Cristo de glutão e bebedor de vinho (MATEUS 11:19). Ele afirmava ser a verdade, mas, em vez de adorá-lo, eles o crucificaram. O mais perigoso nesse pecado é que uma palavra, uma vez pronunciada, nunca pode ser apagada. Você até pode ter alguma esperança de seguir as notícias falsas até que todas sejam esclarecidas, mas uma palavra má nunca pode ser totalmente vencida. Tome cuidado com esses pecados.

D. L. Moody

NÃO FIQUE LAMENTANDO SUAS LUTAS

Bendirei o SENHOR em todo o tempo,
o seu louvor estará sempre nos meus lábios.
SALMO 34:1

Você pode dizer que tem muitas coisas ruins acontecendo com você e, por isso, você tem muitos motivos para não louvar a Deus. Mas eu acredito que não há razão no mundo para você não louvar a Deus. Se temos problemas, tristezas ou aflições, somos nós quem os causamos, e eles servem apenas para nos levar para mais perto de Deus. Toda boa dádiva que recebemos vem do Senhor. Como a chuva, que cai do céu, assim Ele derrama Suas bênçãos sobre nós. Havia um homem cristão que eu conheci que sempre louvava a Deus e brilhava com Sua graça. Ele costumava sempre bradar durante os cultos: "Louvado seja Deus!". Certa noite, ele foi para o culto com o dedo completamente envolto em ataduras. Ele tinha feito um corte bem feio, e eu me perguntei como ele louvaria a Deus com a dor que ele estava sentindo, mas ele se levantou e louvou porque, apesar de ter se machucado, sua boca não foi atada. Portanto, se as coisas não vão bem para você, pense que poderia ser muito pior.

Então, meu amigo e minha amiga, agradeça a Deus por seus olhos, com os quais você pode ler Sua Palavra. Pense nas pessoas que não podem enxergar nada. Centenas de milhares delas nunca viram a face de sua mãe, nunca viram a natureza, em toda a sua glória. E você pode louvá-lo por seus ouvidos, com os quais você recebe o evangelho e ouve os cânticos de Sião. Vamos louvar a Deus por termos um lar nesta Terra, por termos essa bendita Bíblia, pelo dom de Seu único Filho, por ter dado Seu Filho por todos nós. Louvemos ao Senhor hoje, com nosso coração cheio de alegria.

D. L. Moody

NOSSA VERDADEIRA CONDIÇÃO NESTE MUNDO

*Andou Enoque com Deus e já não era,
porque Deus o tomou para si.*
GÊNESIS 5.24

Ninguém pode andar com Deus até que seja salvo. Desde que Adão perdeu sua comunhão com seu criador, o Senhor vem tentando reconquistar os filhos e filhas de Adão, para que possam ter comunhão com Ele. Quando era inocente, Adão andava com Deus pelo jardim, mas, quando caiu, ele perdeu sua comunhão. Quando uma pessoa está afastada de Deus, vivendo no pecado, ela não deseja andar com Deus. Mas, quando volta à sua condição de filho, a coisa mais doce que ela recebe é a possibilidade de andar com Deus e ter comunhão e amizade Ele. É um privilégio para cada um de nós estarmos em uma posição de comunhão com nosso criador e andar com Ele pelo resto de nossa vida.

Nosso Mestre passou pelo caminho do sofrimento, enquanto seguia para Sua glorificação no Céu, e deixou uma trilha de pegadas para que a sigamos. Se assim fizermos, sem nos perdermos pelo caminho, teremos uma jornada abençoada, mas, para isso, não podemos nos desviar nem para a direita nem para a esquerda. Mas, quando um crente pensa que seu próprio caminho é melhor do que o que o Senhor preparou para ele e não está mais disposto a seguir Seus passos, ele entra em apuros e em trevas. Em Levítico 26:2-5, descobrimos que, se guardarmos os estatutos do Senhor e andarmos com Deus, Ele nos abençoa. Se as pessoas apenas andarem no caminho de Deus, guardarem Sua lei, reverenciarem Sua Palavra e forem Seus seguidores, elas terão paz e serão abençoadas como Israel foi. Nosso Deus é imutável; Ele "ontem e hoje, é o mesmo e o será para sempre" (HEBREUS 13:8).

PROTEJA SUA CASA DA MORTE

O sangue vos será por sinal nas casas em que estiverdes;
quando eu vir o sangue, passarei por vós,
e não haverá entre vós praga destruidora,
quando eu ferir a terra do Egito.

ÊXODO 12:13

Deus não disse ao povo de Israel que ele passaria por eles quando visse suas boas ações, mas quando Ele visse o sangue. Não foram as boas decisões, lágrimas, orações ou obras que salvaram aquelas pessoas no Egito. Foi o sangue. O que eles deveriam fazer para serem salvos? Eles deveriam passar o sangue nas ombreiras e na viga das portas. Deus não quer que ninguém pise sobre o sangue de Cristo, mas é isso que o mundo está fazendo hoje. As pessoas dizem que não é a morte de Cristo que importa, mas Sua vida. Contudo Deus não disse para pegar um cordeiro imaculado, colocá-lo na frente da porta e, quando o Senhor visse o cordeiro, passaria adiante. Se um israelita tivesse feito isso, o anjo da morte teria passado pelo cordeiro, entrado na casa e colocado sua mão fria sobre o filho mais velho daquela família. Um cordeiro vivo não poderia ter evitado nenhuma morte naquela noite. Muito provavelmente, quando alguns dos grandes homens egípcios cavalgaram por Gósen e viram os israelitas aspergindo sangue sobre as portas de suas casas, disseram que nunca tinham visto tamanha tolice. Eles devem ter pensado que os israelitas estavam apenas estragando suas casas. Nenhum egípcio podia entender aquilo, mas, naquela noite memorável, quando a morte entrou em todas as casas, desde o palácio até a choupana mais simples, quando o lamento de tristeza subiu daquela terra ferida, foi o sangue que manteve a morte longe das casas de Gósen.

D.L. Moody

SUA FONTE É BOA OU MÁ?

Não tomarás o nome do Senhor, teu Deus, em vão, porque o Senhor não terá por inocente o que tomar o seu nome em vão. ÊXODO 20:7

Fiquei muito surpreso, certa vez, ao conversar com um homem que pensava ser cristão e descobrir que, às vezes, quando ele ficava zangado, xingava muito e praguejava. Eu disse a ele que estava admirado de como ele conseguia destruir com uma mão o que está tentando construir com a outra. Então perguntei: "Como você pode dizer que é um filho de Deus e deixar essas palavras saírem dos seus lábios?", e ele me respondeu que, se eu o conhecesse melhor, entenderia. Ele me disse ter um temperamento muito explosivo, algo incontrolável, que ele havia herdado de seus pais; mas que, no fim das contas, tudo o que ele dizia era tudo da boca para fora.

Ora, quando Deus diz que não terá por inocente aquele que tomar Seu nome em vão, Ele quer dizer o que disse, e eu não acredito que alguém possa ser um verdadeiro filho de Deus e fazer aquelas coisas. Senão, para que serve a graça de Deus? Não é exatamente para que possamos controlar o nosso temperamento, de modo que não façamos tais coisas e tragamos maldição sobre nós mesmos? Quando uma pessoa nasce de Deus, Ele tira tudo o que é da sua velha natureza. Como diz o ditado: "Torne a fonte boa e o riacho ficará bom". Ou como diz Tiago 3:11-12: "Acaso, pode a fonte jorrar do mesmo lugar o que é doce e o que é amargoso? Acaso, meus irmãos, pode a figueira produzir azeitonas ou a videira, figos? Tampouco fonte de água salgada pode dar água doce." Portanto, tenhamos um coração correto e nossa linguagem será correta. Ninguém poderá servir a Deus e guardar Sua lei dessa maneira. Lembre-se de que tomar o nome de Deus "em vão" significa tratá-lo levianamente ou de forma profana, enganosa.

D L Moody

QUEM SE HUMILHA É EXALTADO

Mas o maior dentre vós será vosso servo.
Quem a si mesmo se exaltar será humilhado;
e quem a si mesmo se humilhar será exaltado.
MATEUS 23:11-12

Ao ler sua Bíblia, você se descobrirá nela, em muitas de suas páginas. Em João 3:3, Jesus diz a Nicodemos: "Em verdade, em verdade te digo que, se alguém não nascer de novo, não pode ver o reino de Deus". Nicodemos, era, sem dúvida, uma das pessoas mais bem quistas na Jerusalém de sua época, mas isso não o isentava de nascer de novo, caso contrário, ele não poderia ver o reino de Deus. Você pode dizer: Eu não sou um fariseu; sou um pobre pecador miserável, muito ruim para ir a Deus. Nesse caso, lembre-se do publicano e do fariseu; a distância que havia entre eles era tão grande quanto entre o sol e a lua. Um sentia estar na posição mais alta, e o outro no pó; um tinha apenas a si mesmo e seus pecados para levar a Deus, e o outro trazia sua própria justiça para apresentar diante de Deus.

Quando alguém tem uma visão correta de si mesmo não há lugar para exaltação diante de Deus. Repare na oração do fariseu: Ele diz: "Graças te dou"; "Não sou"; "Jejuo"; "Eu dou" (LUCAS 18:11-12). É só "eu", "eu", "eu". Quando alguém ora de forma correta, não ora para si mesmo, mas a Deus, por isso, ele não se exalta e não elogia a si mesmo. Ele cai com a cara no pó diante de Deus. Nessa oração, você não encontra o fariseu agradecendo a Deus pelo que Ele fez em sua vida; esta é a oração de quem nunca conheceu a Deus verdadeiramente; é típica de um cristão formal. Mas, quando um homem olha para si mesmo e reconhece seu estado, ele comparece na presença de Deus com o espírito como daquele publicano. Conserve seu coração humilde, e Deus sempre receberá você em Sua presença e o abençoará.

D L Moody

TUDO COMEÇA EM NOSSA CASA

Sabe, porém, isto: nos últimos dias,
sobrevirão tempos difíceis...
2 TIMÓTEO 3:1

Quero chamar sua atenção para o fato de que estamos vivendo os dias sombrios que o apóstolo Paulo escreveu a Timóteo. Se estivesse vivo hoje, ele poderia ter descrito o presente estado de coisas com mais precisão? Talvez haja mais pessoas que estão partindo o coração de seus pais e pisando na lei de Deus do que em qualquer outro tempo. Quando lemos os Dez Mandamentos, vemos que os primeiros quatro tratam das nossas relações com Deus. Eles nos dizem como e quando adorar; proíbem a irreverência e impiedade em palavras e atos. Depois, eles se voltam para as relações humanas, e não é significativo que Deus aponte primeiro para a vida familiar? Ali, Deus nos mostra nosso dever para com os nossos semelhantes a partir de como nos comportamos em nossa casa.

Podemos ver que, se sua vida familiar está bem, tudo fica mais fácil em relação a Deus e ao próximo. Os pais "ocupam o lugar" de Deus para com os filhos de muitas maneiras, até que os filhos cheguem ao período da vida em que têm discernimento das coisas. Se os filhos forem fiéis aos pais, será mais fácil para eles serem fiéis a Deus. O Senhor usa o relacionamento humano como um símbolo de nosso relacionamento com Ele, tanto pela criação quanto pela graça. Deus é nosso Pai celestial, e nós somos Sua descendência. Por outro lado, se os filhos não aprendem a ser obedientes e respeitosos em casa, é provável que tenham pouco respeito pelas leis de seu país e pela lei de Deus. Está tudo no coração, e o coração é preparado em casa, na vida familiar, para a boa ou má conduta no mundo. Como diz o ditado popular: "Pau que nasce torto morre torto".

D. L. Moody

VOCÊ SERÁ COMO JOSÉ OU ABSALÃO?

Maldito aquele que desprezar a seu pai ou a sua mãe.
E todo o povo dirá: Amém!
DEUTERONÔMIO 27:16

Acredito ser verdade que nossa condição neste mundo depende da maneira como agimos em relação a esse mandamento. Provérbios 20:20 acrescenta que, se alguém amaldiçoa seu pai ou sua mãe, sua lâmpada se apagará "nas mais densas trevas". Seria fácil citar muitos outros textos da Bíblia para provar o que estou dizendo, e a vida ensina a mesma coisa. A desobediência e o desrespeito aos pais costumam ser os primeiros passos no caminho da ruína.

Jovens que ainda têm seus pais vivos, façam tudo o que puderem para tornar os anos de velhice deles mais felizes. Lembrem-se de que esse é o único mandamento bíblico que vocês nem sempre conseguem obedecer, pois os pais podem morrer prematuramente; por isso, não percam a chance de mostrar a eles o respeito e o amor que eles merecem. Há quanto tempo você não fala com sua mãe? Talvez há meses ou anos. Quantas vezes recebo cartas de mães me pedindo para incentivar seus filhos a irem vê-las.

Com quem você prefere se identificar: com José ou Absalão? José não ficou satisfeito até levar seu velho pai para o Egito. Ele era o segundo homem mais importante daquela terra e tinha o anel de Faraó em seu dedo, no entanto, quando soube que Jacó estava chegando, ele correu para encontrá-lo. Ele não tinha vergonha de seu velho pai, vestido com suas roupas simples de pastor. Que contraste em comparação com Absalão, que partiu o coração de seu pai com sua rebelião. Dizem que os judeus jogam uma pedra no pilar de Absalão até os dias de hoje, em sinal de seu desprezo à conduta incorreta de Absalão. Venha, agora, se você está pronto para ser pesado por esse mandamento na balança de Deus.

D L Moody

NÃO DEFRAUDE NINGUÉM

*Eu disse na minha perturbação:
todo homem é mentiroso.*
SALMO 116:11

Davi pensou ter dito isso apressadamente, mas, se vivesse hoje, o diria de forma confiante e teria a certeza de não estar faltando com a verdade. Em maior ou menor grau, toda sociedade humana depende da legitimidade das palavras de sua população. A linguagem é um elemento essencial no tecido social, mas, para que cumpra seu propósito, as palavras devem inspirar confiança. Qualquer coisa que mina a verdade tira, por assim dizer, a argamassa que une os tijolos desse edifício e, se isso se generalizar, levará à ruína. Paulo assim nos orienta em Efésios 4:25: "Por isso, deixando a mentira, fale cada um a verdade com o seu próximo, porque somos membros uns dos outros." Observe que a razão dada é que "somos membros uns dos outros". Toda união e comunhão da comunidade seriam destruídas se uma pessoa não pudesse acreditar em seu próximo. A transgressão desse mandamento inclui alguns dos pecados mais persistentes que conhecemos na natureza humana.

A cura para isso é simples, mas não muito agradável. Precisa ser tratado como um pecado e ser confessado a Deus e à pessoa injustiçada. E a confissão precisa ser tão ampla quanto a transgressão. Se você caluniou ou mentiu sobre alguém em público, a confissão precisa ser feita publicamente. Muitas pessoas dizem alguma coisa falsa e maldosa sobre outra na presença de terceiros e depois querem consertar o ocorrido indo até a pessoa sozinha. Mas isso não é restituição, e você não deve ir a Deus com sua oração de confissão até que tenha se acertado com a pessoa plenamente, se estiver em seu poder fazê-lo. Que Deus nos ajude a não andarmos nesse pecado terrível, nem defraudarmos outras pessoas com palavras falsas e mentirosas.

D. L. Moody

O PERIGO DA APOSTASIA

*Outra parte caiu em solo rochoso, onde a terra era
pouca, e logo nasceu, visto não ser profunda
a terra. Saindo, porém, o sol, a queimou; e,
porque não tinha raiz, secou-se.*

MATEUS 13:5-6

Você já percebeu que as pessoas que abandonam o Senhor Jesus e voltam para o mundo não são felizes? Eu nunca conheci uma pessoa que realmente nasceu de Deus e tenha encontrado novamente satisfação nas coisas do mundo. Por isso, eu tenho pena daqueles que estão distantes do Senhor Jesus e sei que Ele tem compaixão deles, mais do que qualquer outra pessoa. Ele sabe quão amarga e quão sombria é a vida de alguém que está em trevas e quer que essas pessoas voltem para Sua casa. Portanto, se você está afastado do Senhor, diga como o filho pródigo: "Levantar-me-ei, e irei ter com o meu pai…" (LUCAS 15:18). E, se você nunca se entregou a Ele, deixe-me perguntar juntamente com Pedro: "…se é com dificuldade que o justo é salvo, onde vai comparecer o ímpio, sim, o pecador?" (1 PEDRO 4:18).

Você já parou para pensar o que seria da sua alma se você fosse levado por uma doença inesperada? Onde você passaria a eternidade? Se você realmente quer passar da morte para a vida, se você quer se tornar um herdeiro da vida eterna, se você quer se tornar um filho ou filha de Deus, decida agora por buscar o reino de Deus. Eu nunca soube de alguém que tomou essa decisão e não tenha sido acolhido prontamente por Ele. Aos que desprezam o chamado divino, eu coloco diante de vocês a vida e a morte. Qual caminho vocês escolherão? Vocês dirão: "Fora com este evangelho! Fora com seus sermões e com suas músicas cristãs! Eu não quero Cristo!". Ou você será sábio e dirá: "Senhor Jesus, eu te quero, eu preciso de ti, eu te quero"? Oh, que Deus leve você a tomar essa decisão ainda hoje!

DL Moody

UMA ORAÇÃO CURTA, MAS PODEROSA

O publicano, estando em pé, longe, não ousava nem ainda levantar os olhos ao céu, mas batia no peito, dizendo: Ó Deus, sê propício a mim, pecador!
LUCAS 18:13

Lembro-me de um homem que compareceu a um dos cultos da campanha evangelística na cidade de Nova Iorque. Ele foi muito tocado pelo Espírito de Deus e começou a orar desta maneira: "Eu irei para minha casa e não dormirei esta noite até que Cristo me dê a certeza de que todos os meus pecados foram tirados de mim; e, se eu tiver que ficar acordado a noite toda e orar, farei isso". Sua casa ficava bem longe do local dos cultos e, enquanto caminhava, ele começou a se perguntar por que ele não começava a orar naquele momento. O problema é que ele não sabia direito como devia orar, pois sua mãe o havia ensinado a orar quando ainda era criança, mas isso fazia tanto tempo, que ele havia esquecido. No entanto, a oração do publicano de Lucas 18 veio à sua mente, e ele começou a repetir as doces e preciosas palavras: "Ó Deus, sê propício a mim, pecador!".

Ele começou a dizer: "Ó Deus, sê propício a mim", mas, antes que ele pudesse dizer a palavra "pecador", Deus o havia perdoado. Alguns dias depois, nós tivemos uma reunião destinada aos novos convertidos, e esse homem se levantou e nos relatou que, ao fazer essa simples oração, a gloriosa luz da verdade eterna irrompeu em sua alma. Quando deixamos a cidade de Nova Iorque, esse homem era um cristão plenamente justificado dos seus pecados e um fervoroso servo de Deus. Todos podemos fazer essa oração, e eu acho muito importante que não nos esqueçamos dela. É uma oração muito curta e simples, que tem já trouxe alegria e salvação a muitas almas.

D. L. Moody

VER, DESEJAR E PEGAR: ESTE É O CAMINHO DA QUEDA

...Tende cuidado e guardai-vos de toda e qualquer avareza; porque a vida de um homem não consiste na abundância dos bens que ele possui. LUCAS 12:15

O maior tolo que o diabo tem no mundo é o avarento, porque a vida de uma pessoa não consiste na abundância de bens que ela tem. Eu acredito que esse pecado é muito mais forte agora do que nunca na história do mundo, e nossa sociedade não está condenando esse comportamento como pecado. Em 1 Tessalonicenses 2:5, Paulo alerta sobre "intuitos gananciosos". Quem já ouviu alguém confessando isso como pecado? Tenho ouvido muitas confissões, em público e privado, mas nunca ouvi alguém confessar que era culpado de ter intuitos gananciosos. Em toda a minha experiência, não me lembro de muitas pessoas que tenham sido capazes de se livrar desse mal depois que ele entrou em sua vida.

Uma pessoa cobiçosa geralmente permanece assim até o fim de sua vida. Podemos rastrear seu fluxo de uma Era a outra até chegarmos à sua fonte, no Éden. Quando Eva viu que o fruto proibido era bom para se comer e agradável aos olhos, ela o comeu e deu para Adão. Eles não estavam satisfeitos com tudo o que Deus havia derramado sobre eles e cobiçaram a sabedoria divina, que Satanás, enganosamente, disse-lhes que poderiam ter ao comerem do fruto. Ela viu, desejou e pegou! Esses são os três passos que levam da inocência ao pecado.

Avareza e roubo são gêmeos siameses. Em 1 Coríntios 6:9-10, Paulo coloca os avarentos junto com os ladrões. Nós prendemos ladrões e não temos misericórdia deles, no entanto, a Bíblia fala muito mais contra a cobiça do que contra o roubo, mas nós fazemos pouco caso dela. O avarento é um ladrão dentro da casca, e o ladrão é o avarento que saiu da casca.

D L Moody

O REVESTIMENTO DE SANGUE

E Moisés o imolou, e tomou do seu sangue, e o pôs sobre a ponta da orelha direita de Arão, e sobre o polegar da sua mão direita, e sobre o polegar do seu pé direito.
LEVÍTICO 8:23

Eu costumava ler essas palavras e os livros do Antigo Testamento perguntando-me o que elas significavam, mas acredito que hoje eu as entendo.

Sangue sobre a orelha: sem ele, a pessoa não pode ouvir a voz de Deus. Nenhum ouvido incircunciso pode ouvir sua voz. Muitos que ouviram a voz de Deus, não sabiam o que ouviam e pensavam ser um trovão. Mas quando o sangue é aplicado, as pessoas passam a conhecer a voz de Deus, e sabem que estão ouvindo a voz de seu amoroso Pai celestial.

Sangue sobre as mãos: para que a pessoa possa trabalhar para Deus. Aqueles que pensam que estão trabalhando para Deus, mas ignoram o sangue, estão enganando sua própria alma. Ninguém pode abrir caminho por si mesmo para o reino de Deus. As pessoas perguntaram a Cristo o que deveriam fazer para realizar as obras de Deus (JOÃO 6.28). Talvez elas estivessem com os bolsos cheios de dinheiro e prontas para construir igrejas. Mas Cristo respondeu que a obra de Deus é crer naquele que o Pai enviou (JOÃO 6.29). Portanto, nenhum homem ou mulher pode fazer nada para agradar a Deus antes de crer em Seu Filho.

Sangue sobre os pés: para andar com Deus. Deus não andou com os israelitas até que o sangue fosse aspergido sobre eles em Gósen, no Egito. Quando chegaram às margens do mar Vermelho, o mar abriu caminho para eles passarem. No deserto, Deus lhes deu maná para comer. Quando chegaram ao Jordão, eles passaram a pés secos pelo leito do rio, porque o Deus Todo-poderoso caminhava ao seu lado. Sim, foi um povo comprado por sangue que Deus levou para Canaã, a Terra Prometida.

D. L. Moody

QUEM ESTÁ ALEGRE CANTA!

Então, entoou Moisés e os filhos de Israel este cântico ao Senhor, e disseram: Cantarei ao Senhor, porque triunfou gloriosamente; lançou no mar o cavalo e o seu cavaleiro. ÊXODO 15:1

Se alguém é nascido de Deus, não pode deixar de louvá-lo. O primeiro impulso de um novo convertido é de louvar a Deus, e, se ele não tem vontade de louvar o Deus que o salvou, é um sinal de que ele não se converteu de fato. A pessoa apenas aderiu a uma denominação ou uma igreja, mas não teve uma experiência com o Filho amoroso de Deus. Porque, quando Cristo entra em nosso coração, Ele traz alegria, e essa alegria resulta em louvor. Tente fazer uma pessoa que não nasceu de novo cantar louvores e você verá que isso é impossível; sua boca está selada; não há louvor algum no coração dela. Mas, para aqueles que trazem o Senhor Jesus Cristo dentro de si, o louvor é algo inevitável. Se eles não puderem cantar com a boca, as músicas borbulharão em seu coração.

Israel não podia cantar no Egito, quando eles eram escravos, fazendo tijolos com palha e barro; não podiam cantar com o estalar do chicote dos opressores em suas costas. Mas, quando eles atravessaram o mar Vermelho, começaram a entoar a canção da redenção. Da mesma forma, quando alguém é redimido pelo precioso sangue de Jesus Cristo, não pode deixar de louvar o Deus que o libertou e redimiu de seus pecados. Quando ouvimos as canções de Sião, somos desconectados deste mundo e queremos voltar para nossa casa eterna; sentimos que somos peregrinos e estrangeiros aqui e entendemos que temos um mundo melhor a nossa espera. E assim, quando o cristão verdadeiro se coloca na presença de Cristo, você pode reconhecê-lo, pois ele emite as mais doces notas de louvor de seu coração e em seus lábios.

D. L. Moody

NINGUÉM É BOM POR NATUREZA

*Filho meu, ouve o ensino de teu pai e não deixes
a instrução de tua mãe. Porque serão diadema de
graça para a tua cabeça e colares, para o teu pescoço.*
PROVÉRBIOS 1:8-9

Se não houver investimento na vida de uma criança, no sentido de "regar a semente" do evangelho plantada em seu coração, será muito difícil de alcançá-la quando adulta. Sei que há muitos pastores e pais que zombam quando ouvem falar de crianças que foram trazidas a Cristo; eles não acreditam na salvação infantil. Em muitas igrejas, os sermões ignoram os pequenos, mas a melhor coisa que podemos fazer é levar as pessoas a Cristo o mais cedo possível, pois nenhum filho nasce bom por natureza. Um homem bom e uma mulher boa podem ter um filho mau, e você quer saber por quê? Em primeiro lugar, os filhos não herdam a graça.

Muitos falam sobre uma bondade natural, mas eu não a encontro em lugar algum. A bondade vem do Pai das luzes, por isso, para ter uma boa natureza, o ser humano deve nascer de Deus. Um pai pode ensinar boas coisas para seus filhos, mas a mãe pode estar puxando para o outro lado, ou vice-versa. Outra razão é que muitas pessoas têm pouco entendimento de como criar seus filhos. Conheci mães que puniam seus filhos fazendo-os ler a Bíblia. Por favor, não façam isso. Há outra razão: muitas pessoas estão empenhadas em cuidar dos filhos dos outros, mas negligenciam os seus. Nenhum pai ou mãe deve fazer isso, seja qual for sua posição no mundo. O pai pode ser um estadista ou um grande empresário ou um pastor, mas ele é responsável por seus filhos. Se vocês não cuidarem dos seus próprios filhos, algum dia terão que responder por isso.

D. L. Moody

QUAL É A ROCHA DOS INCRÉDULOS?

Como poderia um só perseguir mil, e dois fazerem fugir dez mil, se a sua Rocha lhos não vendera, e o Senhor lhos não entregara? Porque a rocha deles não é como a nossa Rocha; e os próprios inimigos o atestam.

Deuteronômio 32:30-31

Estes versículos fazem parte do discurso de despedida de Moisés. Ele havia conduzido os israelitas até as fronteiras da Terra Prometida por 40 longos anos e agora os deixaria, quando estavam prestes a entrar na terra. Não havia ninguém na face da Terra naquela época que soubesse tanto sobre o mundo e tanto sobre Deus quanto Moisés. Ele sabia o que estava dizendo quando afirmou que "a rocha deles não é como a nossa Rocha", e, hoje, eu quero também afirmar que Jesus é a Rocha na qual todos os seres humanos devem confiar.

Um incrédulo é aquele que não crê ou que nega a existência de Deus. Graças a Deus por serem poucas as pessoas na sociedade que assumem essa postura. Você os encontra de vez em quando, mas, infelizmente, ocasionalmente encontrará um jovem que lhe dirá que é ateu, que acredita que Deus não existe, que não existe outra vida e que, quando ele morrer, não restará nada dele. Eu agradeço a Deus por ter um fundamento melhor do que esse para minha vida; agradeço a Deus por ter uma esperança melhor do que a dos ateus. Por minha fé em Jesus Cristo, sei que sou livre de todo pecado e, depois que eu morrer, ressuscitarei para a vida eterna. Sei que isso não demorará muito tempo. Nós podemos ser separados dos nossos amados por algum tempo, mas a noite logo passará e a grande manhã da ressurreição raiará sobre nós. Sim, como eu tenho dito a vocês, "a rocha deles não é como a nossa Rocha; e os próprios inimigos o atestam".

NÃO DESVALORIZE ESTE SAGRADO MANDAMENTO

Não adulterarás. ÊXODO 20:14

Em uma autobiografia publicada recentemente na Inglaterra, um escritor atribuiu grande parte das loucuras dos seus primeiros anos de vida adulta ao fato de nunca ter ouvido um sermão claro e franco sobre esse mandamento. Conta-se sobre um oficial do exército inglês na Índia que levava uma vida impura e saiu uma noite para discutir religião com um capelão militar. Durante a conversa, o oficial disse: "Olha, a religião cristã é uma coisa boa, mas você deve admitir que existem dificuldades nela, como a questão dos milagres, por exemplo". O capelão, que conhecia o homem e seu pecado, olhou para ele firmemente e respondeu: "Sim, há algumas coisas na Bíblia que não são muito claras, eu admito, mas o sétimo mandamento é muito claro". Quando ouço alguém fazer pouco caso do adultério e da libertinagem, pego minha Bíblia e vejo como Deus permitiu que maldições recaíssem sobre aqueles que o cometem.

O casamento é uma das instituições que existem desde o Éden; é mais antigo do que a própria queda. É o relacionamento mais sagrado que pode existir entre os seres humanos, tendo precedência até mesmo sobre o relacionamento entre pais e filhos. Alguém já disse que, como no início Deus criou um homem e uma mulher, a fidelidade é o padrão para todas as épocas. Onde os laços familiares são desconsiderados e desonrados, os resultados são sempre fatais. O lar existe antes da igreja e, a menos que o lar seja mantido puro e imaculado, não pode haver religião familiar e a igreja. O adultério e a libertinagem varreram nação após nação na face da Terra, e não foi isso que trouxe fogo e enxofre do céu sobre Sodoma e Gomorra? Em vista disso, creio que não devemos nos afastar desse antigo mandamento de Deus, vocês não acham?

D L Moody

DEVEMOS CRER NO EVANGELHO

Então, Agripa se dirigiu a Paulo e disse: Por pouco me persuades a me fazer cristão. ATOS 26:28

Vivemos em um tempo em que muito tem se falado sobre o cristianismo. As pessoas falam sobre isso em toda parte, alguns se posicionando a favor e muitos contra ele. E você, o que diz? Eu acredito que é uma questão muito importante em nossos dias perguntar às pessoas por quanto tempo elas ficarão hesitando entre duas opiniões. Devemos encarar essa questão seriamente em nossa vida. Se há alguma coisa boa na fé em Jesus Cristo, devemos dar tudo o que temos por ela. Mas, se você acha que não há nada, que ela é apenas um mito, jogue-a fora. Quanto mais rápido você se decidir, melhor. Se não existem demônios que possam nos enganar, nenhum inferno para nos receber, se o cristianismo é uma farsa, vamos declarar isso abertamente. Espero viver para ver o tempo em que haverá apenas duas classes de pessoas neste mundo: cristãos e não cristãos; aqueles que se posicionam bravamente pelo evangelho e aqueles que se posicionam contra ele.

Essa ideia de haver pessoas teoricamente neutras é um absurdo. Se há algo de bom no evangelho, devemos dar tudo de nós a essa causa santa. Se a Bíblia não é verdadeira, podemos queimá-la. Há alguém disposto a dizer e fazer isso agora? Se a Bíblia é um mito, por que gastar tanto dinheiro para publicá-la? Por que enviar milhões de Bíblias às nações da Terra? Vamos destruí-la se é falsa, e todas aquelas instituições que dão o evangelho ao mundo. Qual é a utilidade de todo esse desperdício de dinheiro? Estamos loucos, somos um povo iludido? Então, vamos queimar este Livro e gritar sobre suas cinzas que não há Deus, não há inferno, não há Céu, não há vida eterna. Mas, se for verdade, se há Céu, se há uma vida futura, se a Bíblia é verdadeira, vamos sair com ousadia, como servos de Cristo e pregá-la. Tomemos nossa posição e não nos envergonhemos do evangelho de Jesus Cristo.

D L Moody

TOME CORAGEM E CONFESSE SEUS PECADOS

Confessai, pois, os vossos pecados...
TIAGO 5:16

Eu gostaria de ter tempo para lhes dizer muitas das razões pelas quais eu me decidi completamente por Cristo e por Seu evangelho. Centenas de milhares de pessoas têm sido profundamente abençoadas por Deus, mas carecem de coragem para confessar seus pecados. Outros estão sendo levados cativos por algum pecado. Eles têm algum pecado que consideram muito e, enquanto estiverem apegados a ele, não haverá esperança para sua vida. Um homem me disse que gostaria de se tornar um cristão, mas tinha um problema muito grande que precisava resolver primeiro. Ele não pensou que poderia morrer antes que isso ocorresse, mas aconteceu.

A eternidade está se aproximando, meus caros, e quem é o nosso Deus agora? O Deus que responde às orações, ou você não tem Deus? Posso imaginar algumas pessoas dizendo que, se elas estivessem no monte Carmelo e tivessem visto tudo aquilo que aconteceu lá, elas creriam. Mas vou lhes contar uma história que aconteceu em um outro monte, onde o Filho amado de Deus foi pendurado entre dois ladrões e clamou ao seu Pai que perdoasse nossos pecados. Vejam o que aconteceu quando nosso Mestre morreu. As pedras se romperam, o véu do templo se rasgou, e toda a natureza se comoveu com Seu sacrifício. Onde encontraremos uma visão mais maravilhosa do que essa? Se alguém deseja uma prova de que o evangelho é a verdade, é só olhar para as multidões que eram escravas, de mãos e pés atados a alguma paixão do inferno que as estava destruindo, mas foram transformadas pelo poder do Filho de Deus. Não é este o poder de Deus? O que impede você de tomar uma decisão por Ele exatamente agora?

D. L. Moody

ESCOLHA BEM AS PESSOAS COM QUEM VOCÊ ANDA

Andarão dois juntos, se não houver entre eles acordo?
AMÓS 3:3

Se você vir uma pessoa que está em comunhão constante com outras pessoas, poderá diz que elas se dão muito bem. Você olha para dois empresários que têm uma boa sociedade e diz que eles se dão bem. Mas, se eles não têm comunhão um com o outro, você não pode dizer o mesmo. Se uma pessoa vai andar com Deus, ela tem que concordar com Ele; ela tem que desistir de seus caminhos e pensamentos e aceitar os de Deus, pois nosso Senhor não desistirá dos Seus pensamentos e dos Seus caminhos para andar pelos dela. Certa vez, eu fiquei observando dois jovens; um deles falou uma palavra sadia para cada 10 palavrões que saíam de sua boca. Não sei se já vi alguém com uma linguagem tão torpe. O outro jovem não; sua linguagem era sã. No entanto os dois estavam caminhando juntos para uma casa de shows, portanto, eles concordavam naquilo, e o jovem que não xingava estava no caminho do pecado tanto quanto o outro.

Se vamos ser a mão que acolhe as pessoas que não conhecem a Jesus, não podemos perder nosso poder, como Sansão. Precisamos estar separados do mundo. Se alguém falar com desprezo da minha esposa ou da minha mãe, ele não será tratado como meu amigo. E, se alguém fala com desprezo do Filho de Deus, que nos redimiu, nós não podemos concordar com ele, mas falaremos do amor do nosso Mestre enquanto pudermos. Afaste-se do mundo e então Deus abençoará você. Nós aprendemos nas Escrituras que Enoque andou com Deus e venceu a morte com um salto para a eternidade. Enoque está lá em cima com Deus, e algum dia o veremos. Que Deus nos ajude a andar com Ele e alcançarmos as mansões celestiais.

D. L. Moody

O ASSUNTO MAIS IMPORTANTE DE TODOS

Mas, se aquele servo disser consigo mesmo: Meu senhor tarda em vir, e passar a espancar os criados e as criadas, a comer, a beber e a embriagar-se, virá o senhor daquele servo, em dia em que não o espera e em hora que não sabe, e castigá-lo-á, lançando-lhe a sorte com os infiéis.
LUCAS 12:45-46

Um médico visitou um jovem que estava muito doente. Ele se sentou ao lado do leito e examinou seu paciente. Então, honestamente, contou-lhe a triste notícia de que ele tinha pouco tempo de vida. O jovem ficou surpreso, pois não esperava que isso fosse lhe acontecer tão cedo. Ele se esqueceu de que a morte chega quando não a esperamos. Por fim, ele olhou para o médico e, com o semblante carregado de desespero, disse que ele sentia muita saudade. O médico o indagou sobre qual havia sido sua perda, e o jovem contou que havia perdido a salvação da sua alma. Intrigado, o médico disse que isso não era verdade e pediu que se lembrasse do ladrão da cruz, que foi salvo em seu último instante de vida.

O jovem, no entanto, explicou que ele havia sido despertado para resolver o problema da sua salvação não muito tempo antes, mas ele não quis dar atenção a isso. Ele disse que algo parecia dizer-lhe para não adiar essa decisão, que ele era um grande pecador e precisava de um salvador. Mesmo assim, ele resolveu deixar esse assunto de lado, e nada que o médico disse fez o garoto mudar de ideia. Seu coração estava tomado por uma agonia terrível, e ele dizia: "Oh, eu a perdi! Eu vendi minha alma por nada". Depois disso, o médico não disse mais nada. O jovem olhou ao redor, enterrou o rosto no travesseiro e, pouco depois, ele morreu. Queridos amigos, não devemos ignorar esse importante assunto. Que cada um de nós possa ter a certeza do seu destino eterno. Não negligencie a questão mais importante da sua vida.

D. L. Moody

POR QUE FICAMOS TÃO FRACOS?

Desta maneira o comereis: lombos cingidos, sandálias nos pés e cajado na mão; comê-lo-eis à pressa; é a Páscoa do Senhor. ÊXODO 12:11

Muitas pessoas estão se perguntando por que têm estado tão fracas, por que caem tão frequentemente em tentação e por que possuem tão pouco poder espiritual. Podemos encontrar resposta para isso neste versículo de Êxodo. Nele está a receita de Deus para termos força espiritual: devemos "comer" o Cordeiro e fazer isso "depressa". A razão pela qual estamos tão enfermos é porque não nos alimentamos do Cordeiro e não temos senso de urgência para fazê-lo. Temos uma jornada no deserto pela frente, como os filhos de Israel tiveram, e, se não nos alimentarmos de Cristo, morreremos de fome no caminho. Não devemos apenas buscar segurança no sangue; devemos também nos alimentar da carne do Cordeiro (LEIA JOÃO 6:41-58). Ah, quanto nossa alma precisa desse santo alimento! Dia após dia, nossa alma clama por este maná celestial.

O Senhor Jesus chama a si mesmo de pão da vida (JOÃO 6:48), por isso, alimentar-se dele é alimentar-se da Sua palavra. Não há nenhum livro que alimente nossa alma como a Bíblia. Se eu me alimentar da dela, receberei força espiritual e poder. O problema de muitos crentes é que eles acham que basta dar uma olhada na Bíblia de vez em quando, mas, na verdade, precisamos colher esse santo maná e o comer todos os dias. Muitas pessoas parecem estar vivendo de um maná velho, que receberam meses ou anos atrás, quando se converteram. Porém nós não devemos pensar em guardar alimento espiritual para durar mais do que dura um alimento que serve para o corpo. Então, confie no poder do sangue de Jesus, que foi derramado por nós, tenha comunhão com Ele e se alimente diariamente da Sua palavra.

SUA HONESTIDADE PODE SER PESADA NA BALANÇA DE DEUS?

*Os tesouros da impiedade de nada aproveitam,
mas a justiça livra da morte.*

PROVÉRBIOS 10:2

Você, está pronto para ser pesado na balança quanto à honestidade? O que você fará com esta condenação de Deus: "…exploraste o teu próximo com extorsão; mas de mim te esqueceste, diz o SENHOR Deus." (EZEQUIEL 22:12) Empregador, você é culpado de defraudar o salário de seus funcionários? Você paga salários de fome? O peso de Deus para isso é: "Não oprimirás o jornaleiro pobre e necessitado…" (DEUTERONÔMIO 24:14). E você, empregado, tem sido honesto com seu empregador? Você roubou dele o que lhe era devido, gastando seu tempo com outras coisas quando ele não estava olhando? Se Deus o chamasse à Sua presença agora, o que você poderia dizer em sua defesa? Deixemos os comerciantes subirem na balança de Deus agora.

Vejamos como eles se sentem quando são pesados pela lei de Deus. Você é culpado de adulterar seus produtos? Vende produtos falsificados? Seus anúncios são enganosos? Os seus preços baratos são possíveis porque você adultera o peso e a medida? Você ensina seus funcionários a colocar uma etiqueta de outro país em produtos nacionais para vendê-los como importados? Você diz que as peças são de lã mesmo sabendo que são, em parte, de algodão? Veja o que Deus diz em Sua Palavra: "Poderei eu inocentar balanças falsas e bolsas de pesos enganosos?" (MIQUEIAS 6:11). Uma pessoa que aceita dinheiro que não lhe pertence nunca terá paz duradoura. Ela nunca conseguirá olhar nos olhos de uma pessoa honesta e perderá a paz de espírito neste mundo e toda a esperança no futuro eterno. É melhor nos arrependermos desses pecados ainda hoje e nos colocarmos em acordo com a Palavra do nosso Deus.

D. L. Moody

NÃO PREGUE OUTRO NOME

*...José, filho de Davi, não temas receber Maria,
tua mulher, porque o que nela foi gerado é do
Espírito Santo. Ela dará à luz um filho e lhe
porás o nome de Jesus, porque ele salvará o
seu povo dos pecados deles.*

MATEUS 1:20-21

Cristo pode salvar qualquer pecador, caso essa pessoa coloque sua confiança nele? Sim, pois essa é a promessa trazida a Maria por Gabriel. Cristo veio ao mundo exatamente para isso, e não há nenhum outro ser humano no mundo capaz de salvá-lo do pecado. Suponhamos que eu começasse a pregar algum outro nome que não fosse o de Cristo. Você acha que haveria pessoas interessadas em me ouvir? Que outro nome eu escolheria para pregar? Você acha que as pessoas voltariam a querer me ouvir ou eu conseguiria mantê-las por muito tempo me ouvindo? Por esse fato, vemos o poder que há no nome de Jesus. Você pode pregar outros nomes, suas virtudes, seus méritos, mas, se não disser às pessoas como elas podem ser livres dos seus pecados, você pregará em vão.

Mas, no exato momento em que você começa pregar sobre Cristo e a mostrar o caminho para a libertação do pecado, as pessoas são imediatamente atraídas a Ele. As Escrituras nos dizem que ele seria grande e chamado de Filho do Altíssimo (LUCAS 1:32). Seu nome não é grande? Onde haverá um nome que possamos comparar ao dele? As pessoas falam sobre Cristo ser um ser humano comum, mas, como eu disse antes, Sua vida, morte e ressurreição são maravilhosas. Não podemos falar dele de qualquer jeito, porque Ele é maravilhoso. Deus o enviou para ser um mediador entre Ele e a humanidade, e Jesus teve que nascer de uma mulher para que pudesse ter compaixão por você e por mim. Vamos, então, servi-lo com amor.

D.L. Moody

NÃO SEJA VENCIDO PELA INCREDULIDADE

*E não fez ali muitos milagres,
por causa da incredulidade deles.*
MATEUS 13:58

A incredulidade tira tudo de nós e não nos dá nada em troca. Quando Lord Chesterfield esteve em Paris, ele foi convidado para jantar com Voltaire, o grande ateu daquela época. Quando eles estavam jantando, uma senhora à mesa disse ao Lord Chesterfield que ela escutara que, no parlamento inglês, havia quinhentos ou seiscentos dos pensadores mais importantes da nação. Então, ela perguntou por que esses homens sábios toleravam tanto o cristianismo. Chesterfield disse acreditar que era porque eles não haviam conseguido encontrar nada melhor para colocar no lugar. Você já parou para pensar o que você colocaria no lugar do cristianismo, caso o abandonasse? Existem pessoas que passam a vida inteira tentando destruir as coisas boas, mas não estão preparadas para colocar nada no lugar daquilo que tiraram.

Cristo ressuscitou da morte! Ele rompeu as comportas da morte, saiu do sepulcro, subiu aos Céus e se assentou à destra do Pai. Nós não adoramos um salvador morto. Nosso Cristo vive e está no trono agora. Olhemos para o alto, porque o tempo de nossa redenção está próximo. Vamos cingir nossos lombos novamente; vamos colocar nossa armadura e lutar por Cristo. Vamos nos apegar à fé e não permitir que a incredulidade ao nosso redor nos influencie. Que nós possamos ser dirigidos pela Bíblia. Vamos nos agarrar a este bom e velho Livro. Em breve o tempo será mais tenebroso do que a meia-noite, e não podemos abandonar nossa confiança nesse Livro santo.

D. L. Moody

UM PECADOR ANSIOSO ENCONTRA UM SALVADOR ANSIOSO

Sou indigno; que te responderia eu?
Ponho a mão na minha boca.

JÓ 40:4

O Filho do Homem procura pelos perdidos, mas é importante que o ser humano também busque por Cristo. Eu aprendi que, quando alguém leva a sério a questão da salvação de sua alma, essa pessoa começa a buscar a Deus, e não leva muito tempo para eles se encontrem. Foi uma experiência muito revigorante para mim um encontro que eu tive com um jovem que pensava não ter valor algum na vida. Embora ele pensasse assim, havia esperança para ele, pois ele estava desesperadamente preocupado com seu estado. Quando uma pessoa está longe de Deus, ela está sempre falando sobre si mesma no sentido de sua bondade e virtude, mas, quando ela se vê pelos olhos de Deus, imediatamente se ajoelha e clama por socorro. Toda visão sobre sua própria bondade se desfaz.

Quando alguém busca sinceramente sua salvação, ele logo encontra a Cristo. Não é preciso subir às alturas ou descer às profundezas para trazê-lo para perto de si. Ele está, exatamente agora, perto de cada um de nós, se desejamos Sua presença. Alguém disse àquele jovem para ir para casa e buscar a Cristo em secreto, mas eu não me atrevo a dizer a ninguém para fazer isso, quando a pessoa está diante de mim confessando sua necessidade de ser salva. A pessoa pode estar morta antes de chegar em sua casa. Se eu tenho lido minha Bíblia corretamente, quem prega o evangelho não deve dizer para alguém ir buscar a Cristo amanhã ou daqui a uma hora. Ela precisa fazer isso exatamente quando sua alma é despertada, pois o Senhor está perto naquele instante para a salvar. Podemos encontrar o Filho de Deus bem na porta do nosso coração exatamente agora.

D. L. Moody

HÁ UMA BALANÇA ESPERANDO POR CADA UM DE NÓS

Então, se mudou o semblante do rei, e os seus pensamentos o turbaram; as juntas dos seus lombos se relaxaram, e os seus joelhos batiam um no outro.

DANIEL 5:6

Eu ficaria muito feliz se você prestasse atenção nesse versículo. O rei Belsazar havia mandado buscar os vasos de ouro que seu avô, Nabucodonosor, havia tirado de Jerusalém, para colocar naquela festa ímpia, e, enquanto eles estavam bebendo e festejando, o julgamento veio repentina e inesperadamente. Se você ler a Palavra de Deus cuidadosamente, verá que o julgamento sempre vem de forma repentina e inesperada. Mas não é meu objetivo falar sobre esse rei e seu pecado; todavia eu quero perguntar a você se, caso fosse chamado para a eternidade agora, o que seria dito sobre você? Talvez fosse: "Pesado foste na balança e achado em falta" (DANIEL 5:27).

Vamos imaginar que houvesse uma balança descendo diante de nós agora, não para nos pesarmos a nós mesmos, mas para Deus nos pesar. O grande problema com as pessoas é que elas estão sempre achando que podem pesar a si mesmas em suas próprias balanças. Mas nós seremos pesados na balança de Deus e não na nossa. Imaginemos que tal balança está presa por uma corrente de ouro ao trono de Deus. Ele é Deus de justiça, e Seu trono é um trono de equidade. Diante disso, a questão é: você está pronto para ser pesado por Deus nessa balança? Posso imaginar alguém perguntando: "O que o senhor Moody faria se fosse pesado?". Quero dizer que eu, sem qualquer ostentação ou egoísmo, estou pronto para isso, e você sabe por quê? É porque levarei Cristo comigo.

ONDE ESTÁ O SEU TESOURO?

*Não acumuleis para vós outros tesouros sobre a terra,
onde a traça e a ferrugem corroem e onde ladrões
escavam e roubam; mas ajuntai para vós outros tesouros
no céu, onde traça nem ferrugem corrói,
e onde ladrões não escavam, nem roubam.*

MATEUS 6:19-20

Deus está no Céu, pois lá é a Sua morada; e Cristo está no Céu, assentado à destra do Pai. Os santos redimidos também estão lá, assim como os nossos nomes, que já estão escritos no Livro da Vida do Cordeiro (APOCALIPSE 21:27). E como somos verdadeiros cidadãos da pátria celestial, nosso Senhor nos ordenou que ajuntássemos tesouros no Céu e não na Terra, pois aqui a traça e a ferrugem corroem e ladrões escavam e roubam. Se o tesouro das pessoas estivesse no Céu, não teríamos de exortar os homens a viver para o Céu, ou suplicar-lhes a elevarem seu coração ao Céu. O coração deles já estaria lá.

Não demora muito para descobrir onde está o tesouro de uma pessoa; você só precisa observar onde está seu coração. Você reconhece logo a pessoa que faz da política seu Deus, pois seu rosto se ilumina assim que você toca nesse assunto com ela! Acontece o mesmo com a pessoa cujo coração está voltado para os negócios; ajude-a a achar o caminho de ganhar muito dinheiro, mesmo correndo o risco de perder tudo, e você terá feito a ela o maior favor do mundo. Para outros, seu deus é o prazer; seus olhos brilham quando você menciona esse assunto. Agora, fale com um filho de Deus cujos tesouros estão no Céu e você verá que o mundo não lhe interessa. Ele contará como não tem nesta Terra uma cidade permanente, como ele é apenas um estrangeiro e um peregrino, e o Céu é sua casa. E enquanto ele fala de Cristo, de Suas promessas e sobre sua esperança eterna, você vê que ele desfruta da paz celestial que o mundo não pode dar.

D. L. Moody

NÃO DUVIDE DA BÍBLIA

…não sejas incrédulo, mas crente.
JOÃO 20:27

O primeiro passo para se tornar um incrédulo, um verdadeiro ateu, é não acreditar na Bíblia. Aqueles que estão nesse caminho dizem que só podem crer naquilo que a razão pode explicar, por isso, não podem crer em nada que seja declarado como sobrenatural. Eles dizem que não há nada nas Escrituras que interesse à razão. Por isso, se alguém toma esse pensamento por base, pode muito bem jogar fora sua Bíblia e ir alegremente para o ateísmo. Não precisa ficar esperando semanas e meses, porque é para lá que esse pensamento o levará. Se você quiser tirar desse Livro santo tudo o que é sobrenatural, pode apagar o livro inteiro, pois ele é, do começo ao fim, sobrenatural.

Quando alguém me diz que esse Livro não é confiável, eu digo que o jogarei fora quando me trouxerem um livro melhor. Estou pronto para jogá-lo fora exatamente agora, se você me trouxer um melhor. A Bíblia oferece uma esperança para o ser humano; ela apresenta algo que está além desta vida, que não pode ser alcançado pela razão. A incredulidade não lhe dá esperança; ela só destrói a que você tem. A pessoa incrédula não tem nada para construir em sua existência. Então, pense comigo: se esse Livro falhar, o que nos resta? Pense um pouco sobre isso… Eu gostaria de dizer a você que, se você entrar em uma igreja, pode realmente encontrar alguns desses incrédulos no púlpito falando que Jesus Cristo não era divino. Se isso acontecer, eu o aconselho a sair dessa igreja o mais rápido que você puder. Mas você pode dizer que seu pai e sua mãe pertencem a ela, e eu o entendo, mas, como Ló saiu de Sodoma, eu o aconselho a sair depressa de lá. A Bíblia afirma que Jesus é Deus, e ninguém pode desfazer essa verdade.

D L Moody

NÃO GUARDE PECADO EM SEU CORAÇÃO

Enquanto calei os meus pecados, envelheceram os meus ossos pelos meus constantes gemidos todo o dia.

SALMO 32:3

Quando eu estive em Londres, fui visitar a galeria do famoso museu de figuras de cera Madame Tussauds e entrei na câmara do horror. Havia figuras de cera de todos os tipos de assassinos naquela sala; lá estava John Wilkes Booth, que matou o presidente americano Abraan Lincoln, e muitos outros personagens da história. Houve, porém, uma que despertou meu interesse. Era a figura de um homem que matou sua esposa porque ele amava outra mulher. Booth cometeu o crime, mas nunca descobriram o que ele fez e ele nunca foi punido pela lei. Ele se casou com sua amante e teve sete filhos com ela. Vinte anos depois, sua consciência começou a incomodá-lo e ele não conseguia mais ter paz; ouvia sua esposa assassinada implorando continuamente por sua vida. Seus amigos começaram a pensar que ele estava enlouquecendo. O peso de consciência de Booth foi tão grande que, por fim, ele procurou as autoridades confessou sua culpa. Na verdade, aquele homem esperava ser condenado à pena de morte, pois sua vida havia se tornado uma grande agonia devido ao peso de consciência que o atormentava.

Então, ouça-me: se você cometeu algum erro que você esconde, saiba que sua consciência pode ser despertada e testemunhar contra você, por isso, é muito melhor julgar seus próprios atos e confessá-los antes que isso aconteça. Não ande por aí com uma maldição dessas pesando sobre seus ombros. Se fizermos isso e "confessarmos os nossos pecados, ele é fiel e justo para nos perdoar os pecados e nos purificar de toda a injustiça" (1 JOÃO 1:9). O Senhor Jesus perdoará qualquer pecador que vier até Ele com fé e confessar seus erros. Ele os lançará nas profundezas do mar (MIQUÉIAS 7:19).

D. L. Moody

TOME UMA POSIÇÃO EM RELAÇÃO A SUA SALVAÇÃO

Tornou Pilatos a entrar no pretório, chamou Jesus e perguntou-lhe: És tu o rei dos judeus? Respondeu Jesus: Vem de ti mesmo esta pergunta ou to disseram outros a meu respeito?

JOÃO 18:33

O que podemos fazer de melhor em nossa vida é nos rendermos incondicionalmente, de corpo e alma, a Jesus Cristo. Não sei se Herodes foi tocado, mas Pilatos, Agripa e Félix foram. Eles quase chegaram a uma decisão de aceitar a mensagem do evangelho, mas, por causa de influências profanas, preferiram não abrir o coração à salvação. Se você negligenciar a oferta de Jesus, será condenado. O diabo incita as pessoas a brincarem com as coisas sagradas, depois, ele se torna seu algoz. Por isso, não brinque com o Filho de Deus; não brinque com o dom de Deus para estar neste mundo perverso. Cristo é um dom inexprimível, que custou a Deus tudo o que Ele tinha. Não há como escapar da condenação se você negligenciar tão grande salvação. Não rejeite o dom de Deus para você, nem pisoteie ou insulte a Cristo, dizendo que não o quer.

Salomão começou a se divertir com suas esposas, entregou-se ao vinho e depois a outros prazeres, e, quando ele chegou ao fim de todo o catálogo de prazeres disponíveis, ele simplesmente os juntou e disse: "…eis que tudo era vaidade e correr atrás do vento" (ECLESIASTES 1:14). Você pode estar atrás de honra ou posição social; mas, lembre-se de que isso era o que Pilatos queria. Se você buscar prazer e felicidade nas posições sociais ou na realização de grandes coisas, ficará desapontado. Se deseja conforto, estabilidade e paz, decida receber a Cristo como seu salvador, como seu redentor, como seu caminho, sua luz, sua justiça, sua justificação; decida recebê-lo como seu tudo em todas as áreas da sua vida.

NÃO FIQUE INDECISO DIANTE DO SENHOR

*Então, caiu fogo do S*ENHOR*, e consumiu o holocausto, e a lenha, e as pedras, e a terra, e ainda lambeu a água que estava no rego. O que vendo todo o povo, caiu de rosto em terra e disse: O S*ENHOR *é Deus! O S*ENHOR *é Deus!*

1 REIS 18:38-39

Ao lermos este capítulo da Palavra de Deus, descobrimos que Elias estava chamando o povo de Israel de volta, ou melhor, ele os estava instando a uma escolha entre Deus ou Baal. Muitos estavam vacilando entre duas opiniões, assim como acontece hoje. Porém, quando olhamos para os grandes personagens da Bíblia, vemos que eles foram pessoas absolutamente decididas. Olhe para Moisés. O momento decisivo em sua vida foi quando ele teve que desistir da corte do Faraó e lançar sua sorte com o povo de Deus. O que tornou Daniel um homem excelente? Foi por ele ser decidido. Qual foi o ponto de virada na vida do filho pródigo? Foi quando ele decidiu voltar à casa de seu pai e pedir-lhe perdão.

Muitos se perderam na vida por causa da indecisão. Olhe para Felix. Ele disse para Paulo: "Por agora, podes retirar-te, e, quando eu tiver vagar, chamar-te-ei" (ATOS 24:25). Agripa disse: "Por pouco me persuades a me fazer cristão." (ATOS 26:28). Pilatos estava convencido de que Jesus era o Cristo, mas não teve coragem de se posicionar a Seu favor. Quantos foram para o inferno por falta de coragem. Elias foi um homem corajoso e enfrentou sozinho aquela multidão de infiéis clamando ao seu falso deus. Elias não tinha dúvida de que seu Deus responderia sua oração e esperou até o momento de clamar. Que maravilha é uma pessoa que confia plenamente em Deus; ela nunca será envergonhada!

D L Moody

CUIDE DAS PALAVRAS QUE SAEM DA SUA BOCA

Digo-vos que de toda palavra frívola que proferirem os homens, dela darão conta no Dia do Juízo; porque, pelas tuas palavras, serás justificado e, pelas tuas palavras, serás condenado.
MATEUS 12:36-37

É muito comum nos dias de hoje usar o nome de Deus com pouca reverência, mesmo entre os cristãos. Mas os judeus consideravam o nome de Deus tão sagrado, que nunca era mencionado entre eles, exceto uma vez por ano, pelo sumo sacerdote, no dia da Expiação, quando ele entrava no Santo dos Santos. Que contraste com os cristãos do nosso tempo! Entramos tranquilamente na presença de Deus, sem qualquer senso real de reverência e temor que lhe é devido. Esquecemos que estamos pisando em solo sagrado. Pense um pouco. Você tem tomado o nome de Deus em vão? Muitos pensam que não há problema algum em falar palavrões. Lembre-se de que Deus vê algo de errado nisso e diz que considerará os homens culpados, embora a sociedade não considere.

Conheci um homem, há algum tempo, que me disse que nunca havia pecado em sua vida. Ele foi o primeiro homem perfeito que conheci. Pensei em questioná-lo e comecei a medi-lo pela Lei. Eu perguntei se ele sempre fica com raiva, e ele disse que às vezes sim, que ficava indignado com certas coisas. Então eu perguntei se ele xingava quando fica com raiva, e ele admitiu que, às vezes, sim. Então lhe perguntei se ele estava pronto para se encontrar com Deus, e ele respondeu que sim, porque aquilo não significava nada. Ah, meus amigos, vocês não podem brincar com Deus dessa maneira. Mesmo se você xingar sem querer, isso é proibido por Deus. Cristo disse que, no Dia do Juízo, seremos responsabilizados por toda palavra inútil e blasfema que dissemos.

D. L. Moody

NÃO ADIE MAIS ESTA DECISÃO

*...Eu te ouvi no tempo da oportunidade
e te socorri no dia da salvação; eis, agora o tempo
sobremodo oportuno, eis, agora, o dia da salvação.*
2 CORÍNTIOS 6:2

Conta-se a história de um navio que encalhou e estava afundando. Não havia botes salva-vidas suficientes para todos a bordo. Quando o navio afundou, alguns dos botes estavam perto do navio, e um homem nadou dos destroços até um dos barcos, mas eles não tinham lugar para colocá-lo e recusaram que ele subisse. Quando eles fizeram isso, ele agarrou o barco com a mão direita, mas os tripulantes pegaram uma espada e cortaram seus dedos. Quando perdeu os dedos da mão direita, ele agarrou o barco com a mão esquerda; então, eles cortaram os dedos daquela mão também. Então o homem nadou e agarrou o barco com os dentes, e eles tiveram compaixão dele e cederam. Eles não podiam cortar sua cabeça, então o levaram, e o homem salvou sua vida. Por quê? Porque ele estava desesperado. Então, por que não buscar a salvação da sua alma como aquele homem procurou salvar sua própria vida?

Pode ser que eu esteja falando com alguém cujos dias de vida podem ser poucos, com alguém que pode ser levado pela morte muito em breve. Pode haver alguém que talvez nunca ouça outro sermão do evangelho; alguém que pode estar ouvindo a última chamada. Meu amigo, seja sábio esta noite. Decida que você buscará o reino de Deus agora. Oh, que todos possamos encontrar descanso em Cristo hoje! Não deixe nada distraí-lo neste momento; decida que você não deixará este dia terminar sem que a grande questão da eternidade seja resolvida em sua vida.

D. L. Moody

NÃO SEJA OBSTINADO EM SEUS PRÓPRIOS CAMINHOS

Eu sou Deus, o Deus de teu pai...
GÊNESIS 46:3

Certa noite, um jovem se levantou no final de um culto e exortou as pessoas a aceitarem a salvação e, se acaso tivessem pai ou mãe orando por eles, deveriam tratá-los com bondade e respeito. Então, ele passou a nos contar sua história. Disse que era filho único, que seus pais que o amavam muito e oravam continuamente por ele. Mas seu pai morreu e, depois do enterro, sua mãe ficou mais ansiosa do que nunca por sua salvação. Em alguns momentos, ela o abraçava e dizia que ficaria muito feliz se ele recebesse a salvação e pudesse orar com ela. Então, ele dizia a ela que esperaria um pouco mais, pois queria conhecer o mundo.

Quando os pensamentos sobre a salvação vinham à sua mente, ele os expulsava. Às vezes ele acordava de madrugada e ouvia a voz de sua mãe suplicando a Deus que o salvasse, até que ele não aguentou mais e fugiu de casa. Um dia, ele soube que sua mãe estava muito doente, porém seu coração teimoso não o deixou ir vê-la. Meses se passaram, ele soube novamente que sua mãe estava muito doente e, finalmente, decidiu ir vê-la. Quando chegou à sua cidade, no caminho para sua casa, pensou em atravessar pelo cemitério para ver o túmulo de seu pai. Ao se aproximar, ele viu que o túmulo havia sido aberto recentemente e soube que era por causa da morte de sua mãe.

O jovem nos contou que ele permaneceu a noite toda junto ao túmulo dela e que, antes do nascer do sol, o Deus de sua mãe havia se tornado seu Deus, embora tenha experimentado aquela dor tão terrível de não poder se despedir dela. Portanto, nunca trate sua mãe com desprezo e não faça pouco das orações dela. Busque o Senhor e aceite-o como seu Deus. Que o Deus do Céu o convença dos seus pecados e o atraia para Si.

D. L. Moody

NOSSO GRANDE MÉDICO

Os sãos não precisam de médico, e sim os doentes.
MATEUS 9:12

Jesus havia sido expulso de Nazaré, foi para Cafarnaum e lá encontrou Mateus sentado, recolhendo impostos e o chamou para se tornar um de Seus discípulos. Mateus ficou tão feliz quando encontrou a Cristo, que fez uma grande festa e convidou publicanos e pecadores para participar. Jesus estava entre eles, e, quando os fariseus que também estavam por lá viram aquilo, começaram a murmurar contra os Seus discípulos por eles comerem com aquele tipo de gente. Foi nesse momento que Cristo proferiu estas maravilhosas palavras.

Foi para cumprir essa palavra que Cristo veio ao mundo, ou seja, para abençoar a todos os seres humanos que carecem da salvação. Ele veio para fazer o bem, e não há pecador nesta Terra que não possa ser salvo por Ele; basta querer e receber essa dádiva bendita. Muitos que ouvem isso podem pensar que sua alma não está doente e que, por isso, não precisam de um médico; mas, se despertarem para sua real situação, buscarão por um salvador que os cure e restaure. Não chamamos um médico quando uma pessoa está bem, mas, sim, quando ela passa mal ou tem algum problema grave.

O mesmo acontece quando alguém percebe que é um pecador e só um salvador poderá tratá-lo. A pessoa sente a necessidade de Cristo, o chama e é salva. Há um médico que está disponível para cada pecador que clamar por ajuda. Não importa quais sejam os pecados ou por quanto tempo a pessoa esteja presa a eles; não importa se sua vida tem sido terrivelmente triste, pois o Grande Médico cura a todos que desejam ser curados. O grande problema é fazer as pessoas acreditarem que estão doentes, mas, quando se assume essa realidade, o poder de Jesus cura e liberta a alma do poder do pecado.

D. L. Moody

NÓS SÓ PRECISAMOS CLAMAR

*Os olhos do S<small>ENHOR</small> repousam sobre os justos,
e os seus ouvidos estão abertos ao seu clamor.*
SALMO 34:15

Um poderoso medicamento foi desenvolvido e seu lançamento foi divulgado por todo o país. Por toda parte você podia ler sobre "o grande analgésico". Cheguei a ficar enojado ao ver tanta propaganda sobre aquele medicamento, até que, certo dia, eu tive uma dor de cabeça terrível. Então, eu mesmo fui à farmácia para comprá-lo. Eu o tomei e, quando já estava bem, pus-me a pensar sobre o ocorrido. Enquanto eu estava bem, não dava a mínima para o tal medicamento, mas, quando fiquei doente, descobri que ele era exatamente o que eu precisava. Assim também, se houver alguém pensando sobre a necessidade de um salvador, lembre-se de que, quanto maior for a convicção de pecado, maior a necessidade do Salvador.

Quando voltava da Europa em um navio, havia a bordo um jovem oficial do exército que estava doente. Ele parecia alegre, falava sobre seus planos e sobre como pegaria sua espingarda e caçaria quando chegasse a sua casa. Mas não demorou muito para a verdade aparecer. Ele caiu de cama, e vimos que ele estava prestes a morrer. Então, ele pediu a um amigo para que escrevesse um telegrama e enviasse para sua mãe o mais rápido possível. O telegrama dizia: "Mãe, estou muito doente. Assinado, Charlie". Alguém perguntou por que ele não contava no telegrama sua verdadeira situação, pedindo para que ela viesse até ele. O jovem oficial disse: "Porque, se eu disser, ela virá". Ele sabia que, sempre que ela percebia que ele precisava de ajuda, ela o ajudava imediatamente, mas o jovem não queria que ela saísse de casa. Cristo faz exatamente o mesmo por nós. Ele está esperando para ouvir nossa necessidade e trazer a ajuda de Deus imediatamente. Basta clamarmos a Ele.

D.L. Moody

NÃO SE ENTREGUE À LUXÚRIA

Comerão, mas não se fartarão; entregar-se-ão à sensualidade, mas não se multiplicarão, porque ao Senhor deixaram de adorar. A sensualidade, o vinho e o mosto tiram o entendimento.

OSEIAS 4:10-11

A luxúria é a falsificação do amor feita pelo diabo. Não há nada mais belo na Terra do que um amor puro, e não há nada tão devastador quanto a luxúria. Não conheço um caminho mais rápido e curto para o inferno do que o adultério e pecados semelhantes, condenados por este mandamento. A Bíblia diz que com o coração se crê para a justiça (ROMANOS 10:10), mas também que a prostituição, o vinho e o mosto tiram o entendimento. A luxúria tem o poder de tirar todo o afeto natural do coração do ser humano. Por isso, se você se sente culpado desse pecado terrível, afaste-se dele rapidamente e salve sua vida. Ouça a voz de Deus enquanto ainda há tempo.

Confesse tudo a Ele e abandone. Peça para Ele romper os grilhões que o prendem; para lhe dar vitória sobre suas paixões. "Se o teu olho direito te faz tropeçar, arranca-o e lança-o de ti" (MATEUS 5:29). Faça como Sansão, e diga que, com a graça de Deus, você não descerá à sepultura como um adúltero. Há esperança para você. Deus não o rejeitará se você realmente se arrepender. Não importa o quão baixo você tenha descido nesse vício maldito, Deus quer retirar você desse lugar tenebroso e santificá-lo. Você pode ser justificado pelo poder do nome do Senhor Jesus e pelo Espírito do nosso Deus. Lembre-se do que Cristo disse àquela mulher pecadora: "Perdoados são os teus pecados". "A tua fé te salvou; vai-te em paz." (LUCAS 7:48,50). E para aquela mulher que foi apanhada em adultério: "Nem eu tampouco te condeno; vai e não peques mais" (JOÃO 8:11).

D L Moody

NÃO HÁ LIMITE PARA O AMOR DO NOSSO MESTRE

Aproximavam-se de Jesus todos os publicanos e pecadores para o ouvir. E murmuravam os fariseus e os escribas, dizendo: Este recebe pecadores e come com eles. LUCAS 15:1-2

Nesta passagem encontramos os fariseus e escribas acusando Jesus de receber pecadores e comer com eles. Essa acusação foi feita contra Ele repetidas vezes. Estudiosos do hebraico dizem que "receber" poderia ser traduzido como "cuidar de", e era isso mesmo que Ele estava fazendo. Ele não se importava com quão sujas de pecado as pessoas pudessem estar e sempre estava pronto para acolher e curar. Há pessoas que dizem ser pecadoras demais para serem salvas, mas isso é como alguém com fome dizendo que está com muita fome para comer, ou um doente dizendo que está muito doente para chamar um médico, ou ainda um mendigo dizendo que é pobre demais para pedir ajuda.

Os judeus achavam os publicanos o pior tipo de pessoa e sempre os colocavam junto com os pecadores, como vemos nesse versículo. Os publicanos eram cobradores de impostos e fraudavam o povo sempre que podiam. Eles não ligavam para justiça; entravam na casa da viúva e pegavam a metade do que ela tinha; em cada casa, a fome entrava quando eles saiam; por isso, as pessoas os detestavam. Os judeus sempre o consideravam um problema para a sociedade e, assim, o publicano era rejeitado, onde quer que ele se encontrasse. Ele era o agente do imperador romano, e o povo era instruído a evitá-lo. Eles mereciam ainda mais do que isso, por sua falta de coração. Contudo, Cristo perdoou Mateus e o recebeu. Mesmo um ladrão pode ser salvo por Cristo, se essa pessoa quiser. Não há limite para o amor do nosso Mestre. Ele é o nosso salvador.

AGARRE-SE AO SENHOR

*Então, o carcereiro, tendo pedido uma luz,
entrou precipitadamente e, trêmulo,
prostrou-se diante de Paulo e Silas.*
ATOS 16:29

Esse carcereiro não foi apenas convencido sobre seu pecado, mas também foi convertido e batizado. Ele dormiu na noite anterior como um homem frio e indiferente, tratou Paulo de forma mais dura do que era necessário, despiu-o e o colocou em uma cela, mas, no dia seguinte, seu coração duro foi quebrantado por Cristo. Mesmo diante desse testemunho, muitas pessoas insistem em dizer que não acreditam na conversão instantânea; dizem que acreditam que, se alguém for fiel e se esforçar muito, pode ser salvo depois de algum tempo.

Eu conheci um homem que tinha o costume de ir até uma represa para trabalhar em seu moinho de grãos durante a noite. Certa noite, ele adormeceu em seu barco e desceu o lago. Quando ele acordou, o barco estava quase sobre a barragem, e ele se assustou, tomou os remos e tentou se afastar, mas era tarde demais. Ele conseguiu agarrar o galho de uma árvore, porém a planta começou a ceder e a se soltar pela raiz. Então, aquele homem começou a buscar outro galho, mas viu que, quando tentava se puxar para cima, o novo galho também cedia. Desesperado, ele apenas se segurou e gritou por socorro! O homem gritou por muito tempo e, depois de algum tempo, alguém o ouviu, foi até ele e jogou uma corda. Ele a agarrou, e as pessoas o puxaram para fora das garras da morte. Se você está sendo puxado pelas correntezas da vida, abandone os "galhos" da sua justiça própria; deixe tudo, exceto Deus, e tome posse da vida eterna. Você pode ser salvo se você se apoiar na força de Deus. Ele deu Seu Filho por você e tudo o que você precisa fazer é dizer que você confia nele e o recebe em seu coração.

D. L. Moody

VITÓRIA SOBRE A MORTE

*Uma geração má e adúltera pede um sinal; mas nenhum
sinal lhe será dado, senão o do profeta Jonas.*
MATEUS 12:39

Existem duas verdades fundamentais ensinadas em todo o Novo Testamento sobre Cristo: Sua morte e Sua ressurreição. A ressurreição é uma das pedras angulares da fé cristã, e Cristo falou sobre Sua própria ressurreição repetidas vezes. Há uma coisa muito singular sobre isso: os Seus inimigos parecem se lembrar do que Ele disse a respeito dessas verdades, enquanto Seus discípulos parecem ter esquecido. Depois que Ele morreu, Seus inimigos foram a Pilatos e queriam que Sua sepultura fosse protegida, mas não encontramos nenhuma palavra que nos mostre que os Seus discípulos esperavam que Ele ressuscitasse.

As pessoas queriam que Jesus fizesse um sinal, mas Ele lhes disse que aquela geração má e adúltera só receberia o sinal do profeta Jonas, pois, assim como ele esteve três dias e três noites no ventre de um grande peixe, assim o Filho do homem deveria estar três dias e três noites no coração da Terra. Ora, a ideia de um homem ser enviado a Nínive com uma mensagem, ter sido lançado ao mar para morrer por se recusar a ir para aquela grande cidade e depois ser engolido por um grande peixe e ter ficado em seu ventre três dias e três noites é comparada à morte e ressurreição de Jesus. Cristo disse que isso era um sinal em Mateus 12:40. Quando Ele morreu, Seus discípulos se entristeceram e choraram, pois perderam toda a esperança de vê-lo novamente; mas chegou a hora de Cristo vencer a morte. Foi exatamente para isso que Ele foi para a sepultura; a morte não conseguiu detê-lo lá. Ele perseguiu a morte até a sepultura, amarrou-a pelos pés e mãos e trouxe alguns cativos para mostrar o Seu grande poder. Esse é o Cristo em quem confiamos.

D. L. Moody

A ESPERANÇA DA RESSURREIÇÃO

Ele, porém, lhes disse: Não vos atemorizeis; buscais a Jesus, o Nazareno, que foi crucificado; ele ressuscitou, não está mais aqui; vede o lugar onde o tinham posto.
MARCOS 16:6

Cristo não desceu à sepultura por causa de Si mesmo, mas por você e por mim. Parece-me que essa é uma das verdades mais preciosas da Palavra de Deus. Cristo não jaz morto, Ele ressuscitou. Homens e soldados guardavam aquele sepulcro; eles queriam se certificar de que Ele não poderia se levantar. Alguns foram a Pilatos e o fizeram colocar soldados dia e noite para guardar o sepulcro. Rolaram uma grande pedra até a entrada do sepulcro e colocaram um selo sobre ela; então, pensaram que o corpo estava perfeitamente seguro. Mas, pela manhã, os evangelhos nos dizem que algumas pessoas foram ao sepulcro para ungir Seu corpo, todavia não esperavam encontrá-lo ressuscitado.

Se eles tivessem pensado e realmente acreditado que Ele ressuscitaria, eles não teriam saído de perto do túmulo enquanto Ele estava lá, sepultado. Seriam necessários mais de 500 soldados para mantê-los afastados, caso eles realmente tivessem crido em Sua palavra. Maria Madalena, Maria, mãe de Tiago, e Salomé foram para o sepulcro; tinham especiarias para ungir Seu corpo. À medida que se aproximavam cada vez mais do sepulcro, o sol espantava a escuridão da noite e aquela bela manhã irrompia sobre a Terra. Era a mais bela manhã que o mundo já havia visto; era a abençoada e gloriosa manhã da Páscoa de nosso Senhor. Para rolar aquela pedra, um mensageiro desceu do Céu, voando mais rápido do que a luz da manhã, até atingir aquela enorme pedra. Os homens que haviam sido enviados para guardar e vigiar aquele sepulcro começaram a tremer de medo e ficaram como mortos. Só um anjo foi suficiente! Foi por nós que Cristo desceu ao túmulo, rompeu os grilhões da morte e do inferno. Ele ressuscitou e nos deu a esperança da ressurreição.

D.L. Moody

A MÃE DE TODOS OS PECADOS

Então, disse Eliseu: Ouvi a palavra do Senhor; assim diz o Senhor: Amanhã, a estas horas mais ou menos, dar-se-á um alqueire de flor de farinha por um siclo, e dois de cevada, por um siclo, à porta de Samaria. Porém o capitão a cujo braço o rei se apoiava respondeu ao homem de Deus: Ainda que o Senhor fizesse janelas no céu, poderia suceder isso? Disse o profeta: Eis que tu o verás com os teus olhos, porém disso não comerás. 2 REIS 7:1-2

Muitas pessoas pensam que a incredulidade é uma espécie de infortúnio, mas não sabem, se me permitem a expressão, que ela é o mais grave pecado do mundo de hoje; isso é, a incredulidade é a mãe de todos os pecados. Não haveria bêbados andando pelas ruas, se não fosse pela incredulidade; não haveria prostitutas perambulando noite adentro, se não fosse pela incredulidade; não haveria assassinos, se não fosse pela incredulidade. Não pense por um só momento que ser incrédulo é um infortúnio; apenas tenha em mente que ela é um pecado terrível, que faz parecer que Deus não diz a verdade, mas mente. A reputação de muitas pessoas foi destruída porque alguém disse que elas eram mentirosas. Incredulidade é fazer de Deus um mentiroso; é o que ela significa em bom português.

Algumas pessoas parecem se gabar de sua incredulidade; parecem pensar que é bastante respeitável ser um infiel e duvidar da Palavra de Deus. Elas dizem: "Por questões intelectuais, eu não posso acreditar na Palavra de Deus". Oh, que o Espírito de Deus venha e convença as pessoas de seu pecado! É disso que precisamos: do Seu poder de convicção. Não temos que condenar os homens; se o tivéssemos, eu confesso que ficaria desanimado, desistiria de pregar e voltaria ao meu antigo trabalho amanhã mesmo. Mas a minha tarefa é de pregar e erguer a cruz de Cristo o mais alto possível e testificar dele; e é Sua obra convencer os homens do pecado e conduzi-los à salvação.

D. L. Moody

DEVEMOS ESTAR CHEIOS DAS GRAÇAS DIVINAS

Para a liberdade foi que Cristo nos libertou.
Permanecei, pois, firmes e não vos submetais,
de novo, a jugo de escravidão.
GÁLATAS 5:1

Existe uma vida de perfeita paz, perfeita alegria e perfeito amor, e esse deve ser o objetivo de todo filho e filha de Deus; esse deve ser o padrão a ser buscado, e eles não devem descansar até que tenham alcançado essa posição. Esse é o padrão de Deus, onde Ele quer todos os Seus filhos. As nove graças mencionadas neste capítulo de Gálatas podem ser divididas da seguinte maneira: amor, paz e alegria são para Deus. Deus espera esse fruto de cada um de Seus filhos, e esse é o tipo de fruto que é aceitável para Ele. Sem isso não podemos agradar a Deus, e Ele quer que tenhamos amor, paz e alegria. E, então, temos bondade, longanimidade e gentileza, que são para o próximo. Esse é o nosso testemunho de vida para aqueles com quem entramos em contato diariamente. As próximas três: fé, temperança e mansidão são em relação a nós mesmos, para que sejamos ajustados ao testemunho do evangelho e não andemos conforme o espírito deste mundo.

Quando entramos no reino de Deus, nos encontramos imediatamente com o amor, a paz e a alegria. Uma pessoa que viveu em pecado e se voltou para Deus com todo o seu coração se encontra com a vida divina por meio dessas três graças irmãs. O amor de Deus é derramado em seu coração pelo Espírito Santo, e a paz e a alegria do Senhor vêm ao mesmo tempo. Isso é um ato de Deus, e essas graças vêm do alto. É Deus quem dá o amor; é Deus quem dá a paz; é Deus quem dá alegria, e nós possuímos tudo isso ao recebermos Jesus Cristo pela fé em nosso coração, pois, quando Cristo vem pela fé ao coração, o Espírito então está lá, e, se tivermos o Espírito, teremos Seu fruto.

D. L. Moody

NOSSO DISTINTIVO CRISTÃO

*Amados, amemo-nos uns aos outros,
porque o amor procede de Deus; e todo aquele
que ama é nascido de Deus e conhece a Deus.*

1 JOÃO 4:7

A primeira das graças citadas em Gálatas 5:22 e a última mencionada em 2 Pedro 1:7 é o amor. Não podemos servir a Deus nem trabalhar para Ele a menos que tenhamos amor em nosso coração, pois ele é a chave que abre o coração humano. Se eu puder provar a alguém que me interesso por ele por puro amor, terei êxito. Se uma mãe mostra por suas ações que é o mais puro amor que a leva a repreender seu filho, não um amor egoísta, não demorará muito para que a influência dessa mãe seja sentida por pelo filho, e ele começará a pensar sobre o assunto, porque o amor verdadeiro toca o coração mais rápido do que qualquer outra coisa.

O amor é o emblema que Cristo coloca nos Seus discípulos. Há grupos cristãos que se identificam com um tipo de distintivo, alguns vestem um tipo estranho de vestimenta e outros colocam um crucifixo, ou qualquer outra coisa, mas o amor é o único emblema pelo qual todos discípulos de nosso Senhor Jesus Cristo são conhecidos. O Senhor Jesus afirmou: "Nisto conhecerão todos que sois Meus discípulos, se tiverdes amor uns aos outros" (JOÃO 13:35). Portanto, embora uma pessoa possa estar diante de uma audiência e falar com a eloquência do maior orador que conhecemos, se não houver amor por trás de suas palavras, o que ela diz será "como o bronze que soa ou como o címbalo que retine". Eu recomendo a todos os cristãos que leiam 1 Coríntios 13 constantemente, pois, então, o poder de Cristo será sentido como nunca em sua vida.

OS TESOUROS DESSE MUNDO NADA VALEM

*...porque, onde está o teu tesouro,
aí estará também o teu coração.* MATEUS 6:21

Pense comigo por um momento sobre os tesouros terrenos. Suponhamos que nosso coração esteja no dinheiro. Basta que algum infortúnio cruze nosso caminho e estamos em apuros. Pense agora na reputação. Em um momento ruim, podemos perder o pouco que dela conquistamos durante anos, ou aqueles que nunca tiveram nenhuma podem roubar a nossa com sua língua caluniosa. Se forem nossos filhos, a morte pode levá-los embora, ou pior do que a morte, algum vício maldito pode torná-los mortos-vivos. E, mesmo que tenhamos nessa vida dinheiro, reputação e muitos filhos saudáveis, isso durará apenas alguns breves anos. A ordem do Senhor em Mateus 6:19-20 para não acumularmos tesouros na Terra parece um pouco severa, não é? Pode ser. Mas, afinal, tudo o que uma pessoa realmente vale neste mundo não é o que ela tem no Céu? Não trazemos nada para cá e é certo que nada levaremos. Por isso, Deus ordena: "Não acumuleis". O cristão que faz isso, sofre, de fato. Não há ganho aparente nisso e tem um custo enorme.

Caro amigo, o que ocasiona a alegria que existe no Céu? Os eventos que agitam este mundo, creio eu, dificilmente recebem atenção no Céu. Se nosso governo fosse destruído, haveria comoção em todo o país, mas dificilmente causaria algum transtorno em outros países. Mas, se houver alguém se convertendo agora, isso provocará grande alegria no Céu. Você não quer se tornar uma ovelha do grande Pastor? Oh, meus irmãos, não deveríamos todos virar as costas para este mundo, cair de joelhos e pedir a Deus, por amor de Cristo, que escreva nosso nome no Livro da Vida do Cordeiro, para que possamos viver para sempre com o Senhor?

D. L. Moody

LEVE A SÉRIO O QUE AS ESCRITURAS DIZEM

E, quando eu for e vos preparar lugar,
voltarei e vos receberei para mim mesmo...
JOÃO 14:3

Lembre-se desse relato sobre os últimos dias de Jesus com Seus discípulos; o que Ele disse a eles? "Se eu for embora, mandarei a morte atrás de vocês para trazê-los a mim"? "Mandarei um anjo atrás de vocês"? De jeito nenhum. Ele disse que prepararia um lugar para eles, e que voltaria e os receberia para Ele mesmo. Ora, se minha esposa estivesse em um país estrangeiro e eu tivesse uma bela mansão pronta para ela, é óbvio que ela gostaria muito que eu a levasse para lá em vez de eu mandar alguém para buscá-la. A Igreja é a esposa do Cordeiro, Ele preparou uma mansão para Sua noiva e prometeu, para nossa alegria e conforto, que Ele mesmo virá e nos levará ao lugar em que esteve durante todo o tempo de preparação.

É perfeitamente seguro para nós aceitarmos a Palavra de Deus exatamente como a lemos. Se Cristo nos diz para vigiar, então vigiemos! Se Ele nos diz para orar, oremos! Se Ele nos disse que voltará, então esperemos por Ele! A Igreja precisa se curvar à Palavra de Deus em vez de tentar descobrir como podem ser essas coisas. "E eis que venho sem demora" (APOCALIPSE 22:12), disse Cristo. E sua esposa responde: "Amém! Vem, Senhor Jesus!" (APOCALIPSE 22:20) Essa deve ser a oração da Igreja. Leve em consideração as palavras de Cristo na mesa da comunhão: "Porque, todas as vezes que comerdes este pão e beberdes o cálice, anunciais a morte do Senhor, até que ele venha" (1 CORÍNTIOS 11:26). Mas a maioria das pessoas parece pensar que a mesa do Senhor é lugar para de erros. De jeito nenhum. Ela é para anunciar a morte do Senhor, e devemos fazê-lo até que Ele venha.

D.L. Moody

NOSSO DESCANSO ESTÁ NO CÉU

*Portanto, resta um repouso para o povo
de Deus. Porque aquele que entrou no descanso de Deus,
também ele mesmo descansou de suas obras,
como Deus das suas.* HEBREUS 4:9-10

Lemos nesta passagem que resta um repouso para o povo de Deus. Esse é um tesouro celestial que devemos recordar sempre. Não devemos pensar em descansar aqui na Terra, pois teremos toda a eternidade para isso. O que precisamos é ser fiéis no pouco tempo que temos aqui, e então repousaremos conforme as Eras eternas avançam. Aqui é lugar para trabalhar. Apocalipse 14:13 diz: "Bem-aventurados os mortos que, desde agora, morrem no Senhor (…) para que descansem das suas fadigas, pois as suas obras os acompanham". Nossas obras nos seguirão, irmãos. Devemos deixar um registro da nossa fidelidade ao Senhor, antes que a noite chegue, pois podemos deixar uma torrente abençoadora fluindo aqui neste mundo tenebroso depois que formos para o Céu.

Já se passaram milhares de anos desde que Daniel viveu, mas ele continua vivendo hoje por seu testemunho. Sua luz brilha, com grande intensidade, na vida de todos os cristãos! Amamos ler sobre sua vida. Como nos anima e nos alegra quando lemos sobre ele defendendo a honra de Deus na Babilônia. Suas obras o seguem até hoje. Muitas pessoas cometem o erro de pensar que a igreja é uma espécie de lar de repouso. Elas se unem a uma igreja e, depois, não ouvimos mais falar delas. Essas pessoas pensam que um bom cristão não tem nada mais a fazer do que conseguir um banco confortável em um local de adoração respeitável; depois disso seu trabalho é apenas ouvir dois sermões por semana. Não devemos pensar assim, meus amigos. Chegará o tempo em que os iníquos não perturbarão mais e os cansados repousarão.

D.L. Moody

QUEM SALVA É O SANGUE DE CRISTO, NÃO NOSSAS OBRAS

*...o sangue de Jesus, seu Filho,
nos purifica de todo pecado.* 1 JOÃO 1:7

Sim, é o sangue que deve cobrir todos os nossos pecados, e eu imploro para que você não deixe o mundo mexer com você nessa questão. Deixe que eles continuem zombando, rindo e menosprezando o precioso sangue do Filho de Deus. Mas, para nós, ele é nosso único refúgio, nossa única esperança. Não podemos cobrir o pecado com nossas próprias boas ações. É um ditado muito comum dizer que, se fôssemos tão bons quanto aquela pessoa que pregou o evangelho por 50 anos, ou aquela mãe preciosa que visitou os enfermos e foi tão gentil com os pobres, iríamos direto para o Céu. Mas eu quero dizer que, se você está protegido pelo sangue do Filho de Deus, você está tão seguro quanto qualquer santo que já caminhou nesta Terra, e as boas obras não poderão salvar você, em nenhuma circunstância, e não será nossa utilidade que nos isentará diante de Deus.

É certo que devemos trabalhar para Cristo, pois isso resultará em bênçãos e recompensas eternas, mas isso não o salva. Todos precisamos seguir a Cristo e imitar Sua vida pura e santa; eu iria mais longe e diria que é uma necessidade absoluta que todo cristão faça isso. A vida de Cristo pode ser pregada continuamente, mas, se Sua morte for deixada de lado, tal pregação não salvará uma única alma. As pessoas dizem que você deve trabalhar, trabalhar, trabalhar, a fim de obter a salvação. Dez mil vezes não! Devemos recebê-la como uma dádiva de Deus, aceitando a salvação como um presente de Deus, depois, começamos a trabalhar, porque não podemos deixar de responder a esse amor maravilhoso. Todo trabalho feito antes disso não serve para nada.

D. L. Moody

UMA DECISÃO URGENTE

Que pensais vós do Cristo?
MATEUS 22:42

Todos já ouvimos falar sobre Cristo, já lemos sobre Ele e temos ouvido pregações sobre Ele. Desde que Jesus esteve aqui, as pessoas falam sobre Ele e pensam sobre Ele; alguns já decidiram quem Ele é para eles, mas outros, sem dúvida, não. Embora tantos séculos tenham se passado, esta pergunta é dirigida a cada um de nós, hoje: "Que pensais vós do Cristo?". Talvez alguém acredite que essa não é uma pergunta apropriada para se fazer em nosso tempo, mas, se eu perguntasse o que você acha de qualquer um dos homens ou mulheres proeminentes de hoje, você já teria se decidido o que diria sobre cada um deles. Se eu perguntasse o que você acha do nosso presidente, você diria abertamente sua opinião. Se eu perguntasse sobre o governador, você diria o que tem a favor ou contra ele. Então, por que não deveríamos decidir o que pensamos sobre o Senhor Jesus Cristo, tomando uma posição a favor ou contra Ele? Não estou perguntando o que você pensa da igreja Episcopal, da Presbiteriana, Batista, ou Católica Romana. Não pergunto sobre este ministro ou aquele, esta ou aquela doutrina; eu quero saber o que você pensa da pessoa viva de Cristo.

Para você, Ele é o Filho de Deus, o grande Deus que se fez humano? Você o ouvirá hoje? Ele lhe diz: "Vinde a mim, todos os que estais cansados e sobrecarregados, e eu vos aliviarei." (MATEUS 11:28). Você não pensará bem de tão terno Salvador? Você não acreditará nele? Não confiará nele de todo seu coração e mente? Você não viverá para Ele? Se Ele carregou a cruz e morreu nela por mim, não devo estar disposto a aceitá-la por Ele? Que Deus ajude todos nós a glorificar o Pai, pensando bem de Seu Filho Unigênito.

D. L. Moody

CUIDADO COM OS FALSOS DEUSES DE HOJE

Portanto, meus amados, fugi da idolatria.
1 CORÍNTIOS 10:14

Os israelitas tiveram que lutar contra a idolatria por toda a história bíblica, e a Igreja não enfrenta a mesma dificuldade hoje? Existem poucos cristãos que, em seu coração, não acreditam em Deus, mas, apesar disso, o que eles nunca fazem é dar a Ele o lugar exclusivo. Muitos cristãos têm sua adoração dividida entre o Senhor e os falsos deuses. No domingo, eles adoram o Deus de Abraão, Isaque e Jacó, e, nos outros dias da semana, Deus tem pouco ou nenhum lugar no coração e na mente deles. Você não precisa ir até algum povo pagão para encontrar falsos deuses. Nossa nação está cheia deles. Sabe por quê? Porque tudo o que você ama mais do que a Deus se torna um ídolo. O coração de muitas pessoas é como uma tenda, tão cheia de ídolos, que quase não há espaço para se mover dentro dela. Ricos e pobres, eruditos e iletrados, todas as classes de pessoas são culpadas desse pecado.

Uma pessoa pode fazer de si mesmo um deus, ou de um filho, de sua mãe, de algum dom precioso que Deus tem concedido a ele. Muitos fazem do prazer o seu deus. Para outros, seu deus é o dinheiro e ainda não deixamos de adorar o bezerro de ouro. Se alguém vende seus princípios para ter dinheiro, ele não está fazendo disso um deus? Se ele confia em sua riqueza para mantê-lo, ela não é o seu deus? Portanto, não vamos nos gabar de não sermos como os povos pagãos, que consideramos idólatras. Não deve haver lugar para nenhum outro trono no coração se Cristo estiver lá. Eu acredito que não teremos poder até darmos a Deus o lugar de direito no trono do nosso coração. Se deixamos algum falso deus entrar em nosso coração e roubar nosso amor por Deus, seremos derrotados.

D L Moody

O VALOR DO TESTEMUNHO CRISTÃO

*Mas aquele que considera, atentamente,
na lei perfeita, lei da liberdade, e nela persevera, não
sendo ouvinte negligente, mas operoso praticante,
esse será bem-aventurado no que realizar.*

TIAGO 1:25

Muitos me perguntaram como podem ganhar seus filhos e seus amigos para Cristo, mas acho que não há maneira certa de fazer isso, apenas é certo que precisamos crescer em todas as graças de Deus, que encontramos em Gálatas 5:22-23. E, se apenas vivermos em nossas casas como o Senhor deseja que vivamos, uma vida cristã consistente, dia após dia, teremos um poder silencioso trabalhando em nós, que levará as pessoas a crer no Senhor Jesus Cristo. Mas uma vida inconsistente, quente hoje e fria amanhã, que afasta as pessoas de Cristo, não é a condição normal da Igreja e não é a intenção de Deus para ela. Ele quer que cresçamos em todas essas graças, e a única vida cristã verdadeira e feliz é crescer, crescer constantemente no amor e no favor de Deus; crescer em todas aquelas graças que brotam do fruto do Espírito em nós.

Uma pessoa pode pregar com a eloquência de um anjo, mas, se ela não viver o que prega em sua casa e em seu trabalho, seu testemunho será vão, e as pessoas dirão que tudo nela é hipocrisia; que tudo o que ela diz é uma farsa. As palavras são muito vazias, se não houver nada por trás delas. Sua pregação será pobre e sem valor se não houver um testemunho consistente com o que você diz. O que precisamos é orar a Deus para que Ele nos tire deste estado frio e formal em que temos vivido, para que possamos viver na atmosfera do Céu continuamente. E que o Senhor possa levantar sobre nós a luz da Sua face, para que possamos brilhar neste mundo, refletindo Sua graça e glória.

D. L. Moody

NÃO BRINQUE COM O PECADO

Porque o que semeia para a sua própria carne da carne colherá corrupção; mas o que semeia para o Espírito do Espírito colherá vida eterna. GÁLATAS 6:8

Algumas vezes, a mão de Deus vem lentamente sobre o pecador; em outras, tão rapidamente quanto o trovão segue o relâmpago e, no próprio ato da transgressão, o pecador recebe a consequência do seu ato. Pense em Judas: logo após consumar a traição a Jesus, sua consciência o atormentou até que ele correu em busca de alívio, e ele se enforcou. Muitas vezes, o julgamento e a retribuição do Céu vêm como um raio e o julgamento de Deus é imediato. Havia, em uma cidade da Inglaterra, um menino que dizia ser muito jovem para ir à igreja. Ele era filho único. O pai e a mãe fizeram tudo o que podiam por ele, mas ele começou a andar com ladrões. Certo dia, a gangue com que ele andava invadiu algumas casas para roubar. Ele foi flagrado, levado a julgamento e condenado. Sua sentença foi de 10 anos de detenção.

Quando sua pena terminou, ele voltou para sua cidade à procura de seus pais. Ele foi até a casa onde eles moravam e um estranho veio atender. O homem disse que seus pais não moravam mais ali e que ele não sabia nada sobre eles. Ele desceu a rua perguntando sobre eles e encontrou alguns vizinhos que lhe disseram que, poucos meses depois de ele ser preso, seu pai ficou muito triste e logo depois morreu. Diante de tanta dor, sua mãe enlouqueceu e foi levada para um lar para idosos. Ele foi até o lugar, encontrou-a e disse: "Mãe, mãe, você não me reconhece? Eu sou seu filho". Mas ela deu um tapa na cara dele e gritou: "Você não é meu garoto!". E, por mais que ele insistisse, ela não o reconhecia. Ele deixou aquele lugar com seu coração despedaçado, tão triste que morreu em poucos meses. O fruto do pecado cresceu, amadureceu, e a colheita veio de forma rápida e dolorosa. Não devemos brincar com o pecado nem por um momento de nossa vida.

D. L. Moody

UM EXEMPLO DE FÉ

...Ó geração incrédula, até quando estarei convosco?
Até quando vos sofrerei?
MARCOS 9:19

Encontramos, neste capítulo de Marcos, Cristo descendo do monte da transfiguração, e a primeira coisa que Ele viu foi uma grande multidão reunida ao redor dos discípulos e Seus inimigos se regozijando por eles não terem conseguido expulsar um espírito imundo devido a sua falta de fé. O que me ocorre é que essa é a condição da Igreja em nosso tempo, pois também não temos poder para expulsar demônios. E nós precisamos aprender esta lição: se falhamos nesta importante obra, a culpa não é de Deus, mas nossa; por isso, precisamos superar os obstáculos e irmos direto ao próprio Mestre, a fim de obtermos poder do alto.

Se olharmos para 2 Reis 4, descobriremos que Eliseu encontrou a mulher sunamita, e ela se jogou aos seus pés contando seu problema. Seu filho havia morrido, mas ela cria que ele poderia ser ressuscitado. Ó, meu irmão e minha irmã, essa mesma fé está disponível para você hoje! Eliseu disse para seu servo pegar seu bordão e colocá-lo sobre o rosto do menino, para que ele revivesse. Mas ela instou com Eliseu, e ele foi com ela até sua casa. Geasi foi adiante deles e fez como Eliseu ordenou, mas o menino não ressuscitou. Quero dizer que aquela mulher era muito sábia e nós precisamos aprender a lição daquela mulher sunamita. Precisamos erguer nossos olhos para o alto, para que Aquele que está sentado no trono, que é imutável, o mesmo ontem, hoje e para sempre, nos atenda. Cristo tem poder, e, se a Igreja apenas tiver fé, ela verá sinais e maravilhas. O Senhor é maravilhoso para salvar, meus amigos, e Ele tem prazer em salvar, mas há uma coisa que Deus deseja de Seu povo: que ele tenha fé!

D. L. Moody

HÁ LUGAR PARA JESUS EM NOSSA NAÇÃO?

Feliz a nação cujo Deus é o Senhor,
e o povo que ele escolheu para sua herança.
SALMO 33:12

Eu quero pedir que você pense um pouco sobre esse assunto comigo. Que nação daria as boas-vindas para Deus hoje? Você conhece alguma? Muitos dizem que os Estados Unidos da América é uma nação cristã, mas será mesmo que ela tem espaço para o Filho de Deus? Será que nossa nação o quer? Imaginem se isso fosse submetido a votação popular; você acha que a nação votaria para que Ele viesse e reinasse sobre ela? Eu não tenho certeza disso e creio que você sabe muito bem que não seria assim. Ele não ganharia em nenhuma cidade ou distrito eleitoral dos Estados Unidos de hoje. Muitos daqueles que hoje se intitulam cristãos diriam que não estamos prontos para isso, e todos sabemos que certas coisas teriam que ser endireitadas e haveria uma grande mudança entre nós se Cristo viesse para reinar.

A maneira como estão fazendo negócio nesse país teria que ser mudada e é por isso que muitos homens de negócio não o querem por aqui. Você acha que toda essa malandragem que está acontecendo nos dias de hoje sob o manto dos negócios, envolvendo pessoas de renome, ficaria como está se Ele viesse? Você acha que os políticos o quereriam? Você acha que o partido republicano o quereria? Você acha que eles dariam boas-vindas para Ele? Você acha que o partido democrata o quereria? Não, meus irmãos, eles não têm lugar para Jesus; eles não o querem, porque toda a malandragem que é praticada na política teria que ser eliminada se Ele viesse. Devemos nos lembrar de que, quando Ele vier, reinará com retidão e justiça.

D L Moody

AJUDE OS QUE SÃO MAIS FRACOS

Respondeu-lhes Jesus: Errais, não conhecendo as Escrituras nem o poder de Deus.
MATEUS 22:29

Um sentimento tem se apoderado de mim cada vez mais: de fazer com que todos os novos convertidos se apaixonem por sua Bíblia e especialmente pela pessoa de Cristo. Ao olhar para trás, parece-me que, quando me converti, se eu tivesse tido alguém para me ensinar mais sobre Cristo e sobre minha posição nele, isso teria me salvado de muitas horas difíceis e muitos conflitos terríveis que eu tive durante os primeiros oito ou dez anos de minha vida cristã. Eu passei muito tempo duvidando da Bíblia e me compadeço muito dos novos convertidos que não se apaixonam pela Bíblia, talvez pelo mesmo motivo. Quando você ouve os incrédulos e zombadores duvidando e atacando as Escrituras, você começa a acreditar no que eles dizem e a ser como eles; mas, se você ama a Bíblia, quanto mais eles a atacam e zombam dela, mais você a ama.

Se eu puder ser um instrumento para dizer algo que leve os novos convertidos a amar a Deus e terem um conhecimento pessoal de Jesus Cristo, eu sinto que isso dará muito fruto e, se eu sei que, se eu voltar a encontrar essas pessoas daqui a 40 anos, os verei servindo ao Senhor eficazmente. Tenho notado que os que não são levados imediatamente ao estudo da Bíblia quando se convertem retrocedem rapidamente na vida cristã. Por isso, recomendo que você também ajude os que estão mais fracos a se apaixonarem pela Bíblia, pois eles darão muito fruto para o Senhor.

D. L. Moody

CONFIANÇA EM DEUS

*Não se turbe o vosso coração;
credes em Deus, crede também em mim.*
JOÃO 14:1

Eu estava pensando na diferença que existe entre aqueles que conhecem a Cristo e os que não o conhecem, quando estão passando por grande tristeza. Sei de várias pessoas que estão para morrer, por causa de suas angústias. Em vez de levarem suas aflições a Cristo, elas choram dia e noite, sendo que elas poderiam levar toda sua dor ao Grande Médico. Anos atrás, um pai levou a esposa e filhos para viajar em um navio que seguia para a Europa quando uma colisão com outro navio levou ambos a pique. A esposa levava seus dois filhos para ouvirem as pregações todas as noites durante o tempo em que estavam embarcados. As crianças se sentavam para ouvir a pregação e lágrimas corriam pelo rosto deles. Parecia que ninguém mais naquelas reuniões bebia a verdade tão ansiosamente quanto aqueles meninos.

Tempos depois, eu soube da notícia do naufrágio e que os dois filhos haviam morrido nele. Eu disse a mim mesmo que aquela dor mataria a mãe daqueles meninos. Então, eu deixei meus compromissos ministeriais e fui tentar confortá-la, mas, quando cheguei a sua casa, descobri que o Filho de Deus estava lá antes de mim. Em vez de eu confortá-la, foi ela que me confortou e me disse que não conseguia pensar naquelas crianças dentro do mar. Ela entendia que Cristo havia permitido que ela levasse seus filhos àquele navio apenas para que fossem levados a Ele, e que o Salvador poupou sua vida para que ela trabalhasse um pouco mais para Ele em Sua obra. Portanto, queridos irmãos e irmãs, se algum de vocês está passando por alguma grande aflição, se algum de vocês perdeu um pai, mãe, irmão, filho, marido ou esposa, busque a Cristo, pois Ele quer usar você para ajudar aqueles que estão com seu coração quebrantado.

D. L. Moody

PLANTE O EVANGELHO NO CORAÇÃO DOS SEUS FILHOS

Ponde, pois, estas minhas palavras no vosso coração e na vossa alma; atai-as por sinal na vossa mão, para que estejam por frontal entre os olhos. Ensinai-as a vossos filhos, falando delas assentados em vossa casa, e andando pelo caminho, e deitando-vos, e levantando-vos. DEUTERONÔMIO 11:18-19

Certa vez, um ancião de 70 anos se levantou em um congresso e disse que tinha apenas uma lembrança de seu pai, que o acompanhou por toda a sua vida. Ele recordava que, certa noite de inverno, seu pai pegou um pequeno pedaço de madeira e, com seu canivete, esculpiu uma cruz. Depois, com lágrimas nos olhos, ele ergueu aquela cruz de madeira e disse, em alta voz, que Deus, em Seu infinito amor, havia enviado Seu Filho para nos redimir, morrendo em uma cruz. O ancião nos disse que aquela doce imagem ficou cravada em seu coração e ele nunca conseguiu se esquecer dela. Por isso, eu lhes digo que, se vocês ensinarem as verdades espirituais aos seus filhos, eles as carregarão por toda a vida.

Para muitos cristãos, porém, essa é a última coisa que eles pensam em fazer. Eles têm um bom testemunho de vida; eles têm ministério, trabalham em escolas dominicais, caridade e são fortes patrocinadores da causa de Cristo. Já quando se trata de falar pessoalmente com seus filhos sobre Cristo, não são tão dedicados. Mas todos os pais devem carregar seus filhos nos braços de sua fé e pedir ao Filho de Deus que os abençoe e prepare no conhecimento de Deus. Ensine seus filhos enquanto você caminha com eles, ao se deitar, ao se levantar, e eles serão abençoados. Que Deus nos perdoe pelo tempo que temos perdido no que diz respeito à dedicação ao coração dos nossos filhos e que possamos começar um novo propósito hoje.

D L Moody

TENHA FÉ COMO ESTA MENINA

...e tudo quanto pedirdes em oração, crendo, recebereis. MATEUS 21:22

Um pai de família resolveu se alistar no exército no início da Guerra Civil Americana e partir. Algum tempo depois, o proprietário da casa onde eles moravam foi cobrar o aluguel, e a mulher disse a ele que não tinha como pagá-lo, porque o marido estava na guerra. O homem insensível disse que, nesse caso, ela deveria desocupar a casa. Depois que ele se foi, ela se jogou na poltrona e começou a chorar amargamente. Sua filhinha, a quem ela havia ensinado a orar e ter fé em Deus, aproximou-se dela e perguntou por que ela estava chorando. Sua mãe explicou, e a menina disse que oraria para Deus lhes dar uma casinha. Então, ela olhou para sua mãe e disse: "Deus vai dar, não vai, mamãe?". E o que a mãe poderia dizer à menina?

Essa situação me ensina que, às vezes, é mais fácil ensinar sobre a fé do que a pôr em prática, vocês não acham? A criança foi para o quarto e começou a orar. A porta estava entreaberta, e a mãe ouviu cada palavra. A menina disse: "Oh Deus, tu levaste o papai, mamãe não tem dinheiro, e agora o proprietário nos expulsará desta casa porque não podemos pagar. Senhor, vamos ter que ficar na rua, e mamãe ficará resfriada. Por favor, dá uma casinha para ela". Ela esperou por um momento, como se a resposta fosse vir imediatamente, e emendou: "O Senhor vai dar, não vai?". Depois, ela se levantou e saiu bem feliz, esperando por seu novo lar. A mãe se sentiu muito constrangida, entretanto, o que posso lhes dizer é que ela nunca pagou aluguel, pois Deus ouviu a oração daquela pequena e tocou o coração do proprietário. Ele não os despejou da casa e teve paciência para esperar pelos pagamentos.

PERMANEÇAM INABALÁVEIS!

Revesti-vos de toda a armadura de Deus, para poderdes ficar firmes contra as ciladas do diabo; porque a nossa luta não é contra o sangue e a carne, e sim contra os principados e potestades, contra os dominadores deste mundo tenebroso, contra as forças espirituais do mal, nas regiões celestes. Portanto, tomai toda a armadura de Deus, para que possais resistir no dia mau e, depois de terdes vencido tudo, permanecer inabaláveis.

EFÉSIOS 6:11-13

Contaram-me que, durante a Guerra Civil Americana, quando o general Sherman atravessou a cidade de Atlanta em direção ao mar, pelos Estados do Sul, ele deixou no forte que ficava nas montanhas Kennesaw um pequeno grupo de homens para guardar algumas provisões que foram levadas para lá. O general Hood atacou o local e empurrou os homens das fileiras externas para dentro do forte. A batalha se prolongou por um longo tempo, e a metade dos homens que protegiam o forte foram mortos ou feridos. O oficial que estava no comando foi ferido sete vezes e, quando eles estavam prestes a erguer a bandeira branca e render o forte, o general Sherman, que estava a 15 milhas de lá, enviou a seguinte mensagem: "Aguente firme, porque eu estou indo. Assinado, W. T. Sherman".

Essa mensagem animou o coração dos soldados, e eles aguentaram firme até que os reforços chegassem. Assim, o forte não caiu nas mãos dos seus inimigos. Quando eu penso nessa história, alimento a esperança de que milhares se convertam e entrem em nossas fileiras para participarem conosco da batalha espiritual que nos cerca. Nosso Salvador está no comando e está vindo nos salvar da fúria do nosso inimigo.

D.L. Moody

UM TREMENDO PRIVILÉGIO

*…vai ter com os meus irmãos e dize-lhes:
Subo para meu Pai e vosso Pai,
para meu Deus e vosso Deus.*
JOÃO 20:17

Jesus desceu à sepultura para vencer a morte! As mulheres que foram ao Seu túmulo logo descobriram que ele estava vazio e correram de volta para dizer aos discípulos que alguém havia roubado Seu corpo. Pedro e João foram para lá correndo; Pedro chegou primeiro. Eles viram que o corpo de Jesus não estava mais lá e voltaram para casa. Nenhum dos romanos e dos líderes judeus que se opunham a Jesus podiam entender o que estava acontecendo, nem conseguiram resolver aquele problema. Os discípulos também não entenderam e ficaram perplexos; mas houve alguém que amava Jesus e foi ver o que haviam feito com Seu corpo: Maria Madalena. Ela ficou lá, olhando para o túmulo vazio, e, de repente, viu dois anjos e eles perguntaram: "Mulher, por que choras?" (JOÃO 20:15), e ela lhes respondeu. Logo depois, Jesus, também perguntou a ela a quem ela procurava, e ela, pensando ser o jardineiro, indagou: "Senhor, se tu o levaste, dize-me onde o puseste, e eu o levarei." (JOÃO 20:15). Então Jesus falou com ela com aquela doce voz familiar e disse: "Maria!", ao que ela exclamou: "Raboni (que quer dizer Mestre)!" (JOÃO 20:16). Que precioso encontro! Aquele que estava morto, agora estava vivo. O Salvador estava lá, de pé, bem diante dela, ordenando que ela fosse aos discípulos dizer-lhes que Ele subiria para o Pai. Jesus agora estava no terreno da ressurreição; Ele chama Seus discípulos de irmãos e os coloca no mesmo nível em que Ele estava. Que notícia tremenda! Maria Madalena teve o privilégio de receber as boas-novas da ressurreição e anunciá-las aos outros discípulos. Assim também nós temos esse mesmo privilégio de levar essa poderosa verdade sobre Sua ressurreição ao mundo!

D. L. Moody

A VERDADEIRA LIBERDADE

Agora, porém, libertados do pecado, transformados em servos de Deus, tendes o vosso fruto para a santificação e, por fim, a vida eterna...
ROMANOS 6:22

Quando ainda tínhamos escravidão nos Estados Unidos, costumávamos ter entre nós pessoas vindas dos estados do sul, como de Kentucky e Tennessee, que fugiam de seus senhores para viverem livres entre nós. Quando essas pessoas chegavam, fugindo da escravidão, elas tinham medo de que alguém as prendesse e as levasse de volta para seus lugares de origem. Lembro-me de que, na loja onde eu trabalhava, tínhamos um homem fugitivo, muito pobre, que sempre se assustava quando os clientes entravam. Ele ficava trêmulo por algum tempo até que seu medo passasse. Alguém lhe disse que, se ele fosse para o Canadá, conseguiria se colocar sob a bandeira da Grã-Bretanha e, com isso, ficaria seguro. A partir daquele momento, ele começou a sonhar com aquilo e dizia para si mesmo: "Se eu puder entrar no Canadá, se eu me colocar sob a bandeira inglesa, estarei seguro".

Mas não havia muitas formas de transporte que ele pudesse usar, então, aquele pobre homem teve que caminhar muitos e muitos quilômetros a pé. Logo, seu antigo proprietário apareceu, soube que ele havia fugido para o Canadá e partiu em sua perseguição. O pobre fugitivo ouviu que o homem estava atrás dele e redobrou seus esforços, caminhando sem parar. Quanto mais ele pensava nisso, mais rápido ele corria. Ele continuou caminhando, exausto, e logo estava atravessando a fronteira. Num instante ele era escravo e, noutro, um homem livre. Meus amigos, assim também cada um de nós podemos ser salvos, exatamente agora, se colocarmos nossa vida sob a bandeira do Cordeiro de Deus.

D. L. Moody

QUANDO ESTIVER AFLITO, APENAS ORE

*Tem compaixão de mim, Senhor,
porque eu me sinto debilitado; sara-me, Senhor,
porque os meus ossos estão abalados.*

SALMO 6:2

Um homem abriu um dos mais magníficos salões de sua cidade, elegantemente decorado com detalhes dourados e afrescos. Eu recebi um convite para estar presente na festa de abertura e perguntei ao proprietário se ele me permitia levar um amigo. Ele me perguntou quem era, e eu disse que não era preciso dizer, mas assegurei que não iria sem ele. Ele concordou, mas pediu que eu não fizesse nenhuma oração. Diante disso, eu pedi que ele me deixasse orar por ele naquele momento, em vez de orar no dia da inauguração. Então, pedi a Deus que abençoasse sua alma e que, se aquele negócio não fosse para Sua glória, que não fosse para frente. O resultado foi que, em poucos meses, o salão de jogos faliu.

Tempos depois, em uma reunião de oração, um desses empresários se levantou e contou uma história que tocou minha alma. Ele disse que seu negócio não prosperou; ele faliu e foi embora para outra região do país. Sua vida se tornou terrível, e ele decidiu que iria para algum lugar deserto para pôr fim a sua vida. Ele levou uma faca afiada e pensou em cravá-la em seu coração, mas, quando levantou a faca, ouviu a voz de sua mãe falando com ele. Imediatamente ele se lembrou das palavras que ela lhe disse quando estava morrendo, embora ele fosse um menino. Ela disse: "Johnny, se em algum momento você estiver muito angustiado, apenas ore". Naquele instante, a faca caiu de sua mão, e ele pediu a Deus que fosse misericordioso com ele. Quero que você acredite que, se você clamar, Deus ouvirá e virá em seu socorro. Apenas ore.

D L Moody

O AMOR DE UMA MÃE POR SEU FILHO

O amor jamais acaba; mas, havendo profecias, desaparecerão; havendo línguas, cessarão; havendo ciência, passará... 1 CORÍNTIOS 13:8

O laço de amor mais intenso que existe na Terra é o de uma mãe com seu filho. Certa vez, eu estava na cidade de Saint Louis, no estado de Missouri, conversando com pastor de uma igreja local. Ele me contou a história de um jovem que era muito mau e tinha um pai que parecia gostar de ensinar a ele tudo de ruim. O pai morreu, e o menino foi de mal a pior, até ser preso por assassinato. Quando ele estava sendo julgado, descobriu-se que ele havia assassinado outras cinco pessoas e, de um extremo a outro da cidade, houve uma grande revolta contra ele. Durante o julgamento, eles tiveram que proteger o prédio do tribunal, tamanha a indignação da população.

A mãe do garoto, uma senhora já idosa, entrou e se sentou o mais perto que pôde de seu filho. Todas as testemunhas disseram algo contra ele, o que parecia machucá-la mais do que ao filho acusado. Quando o júri proferiu o veredito, um grande grito ecoou na plateia, e a velha mãe quase desmaiou; quando o juiz pronunciou a sentença de morte, eles pensaram que ela morreria. Quando tudo terminou, ela o abraçou e o beijou, e o meirinho teve que arrancá-lo de seus braços. Ela tentou, de todas as formas, convencer as pessoas a assinarem uma petição de perdão para o filho, mas não adiantou. Quando ele foi enforcado, ela implorou ao governador para que a deixasse levar o corpo do filho, para o enterrar. O governador não atendeu seu pedido, mas ela continuou acalentando a memória daquele garoto pelo resto de sua vida. Quando estava para morrer, ela pediu que seu corpo fosse sepultado ao lado de seu filho. Ela não tinha vergonha de ser sepultada ao lado do criminoso mais conhecido do estado. Assim é o verdadeiro amor.

D. L. Moody

SEJAMOS CHEIOS DE TODA VIRTUDE CELESTIAL

…por isso mesmo, vós, reunindo toda a vossa diligência, associai com a vossa fé a virtude; com a virtude, o conhecimento; com o conhecimento, o domínio próprio; com o domínio próprio, a perseverança; com a perseverança, a piedade; com a piedade, a fraternidade; com a fraternidade, o amor. Porque estas coisas, existindo em vós e em vós aumentando, fazem com que não sejais nem inativos, nem infrutuosos no pleno conhecimento de nosso Senhor Jesus Cristo. 2 PEDRO 1.5-8

Se toda a Igreja de Deus pudesse viver como é o desejo do Senhor para ela, o cristianismo seria o poder mais vigoroso que este mundo já viu, mas o baixo padrão de vida cristã que temos hoje está causando muitos problemas. Há muitos cristãos atrofiados na Igreja; a vida deles está atada; eles são como uma árvore plantada em solo pobre, duro e pedregoso, e suas raízes não conseguem encontrar o solo argiloso e rico, necessário ao bom desenvolvimento. Esses crentes não cresceram nessas virtudes apresentadas por Pedro.

Agora, se as tivermos em nós, creio que estaremos constantemente produzindo frutos que serão aceitáveis a Deus. Não será apenas um pouco de fruto de vez em quando, em momentos que nos estimularmos e nos levarmos a um certo estado de espírito ou de excitação e trabalharmos um pouco, mas depois ficarmos frios e desanimados. Será um fluir permanente, pelo qual não seremos infrutíferos e estéreis, mas produziremos frutos constantemente, cresceremos na graça e seremos cheios do Espírito de Deus. Como diz a canção: "Ó Espírito do Deus Poderoso, eleve minha fé, até que a preciosa luz do céu inunde minha alma, e o brilho do meu rosto declare que eu vi a face de Deus".

D. L. Moody

TENHA CONFIANÇA EM JESUS

Eles, porém, surpresos e atemorizados,
acreditavam estarem vendo um espírito.
LUCAS 24:39

As Escrituras nos contam sobre dois homens que caminhavam de volta para Emaús e falavam sobre o Senhor Jesus, quando um estranho se colocou ao lado deles, entrou na conversa e perguntou sobre o que eles estavam conversando e por que estavam tão tristes. Admirados de que o peregrino não soubesse o motivo, eles lhe contaram sobre a morte de seu Salvador e que algumas mulheres haviam dito que Ele havia ressuscitado, mas eles não podiam acreditar naquilo. Ele, Jesus, começou ensinar-lhes sobre as coisas que as Escrituras falavam sobre Ele e, ao se aproximarem da cidade, Ele fez como se fosse separar-se deles, porém eles o constrangeram a ir até sua casa e jantar com eles. Enquanto Jesus estava abençoando o pão, seus olhos foram abertos, e eles perceberam que o Senhor da glória estava conversando com eles todo aquele tempo, mas, então, Ele desapareceu de diante de seus olhos.

Eles foram a Jerusalém e contaram aos discípulos que haviam estado com o Senhor ressuscitado. Contaram como Ele havia se manifestado a eles; como Ele se deu a conhecer a eles enquanto partia o pão. Então, novamente o Senhor Jesus apareceu diante deles e disse para que eles olhassem para Suas mãos e pés, para terem certeza de que era Ele mesmo. Ele queria convencê-los de que era Seu corpo, não Seu espírito. "Tendes aqui alguma coisa que comer?" E eles lhe deram alguns peixes e favos de mel. Aquele era o domingo de Páscoa; um dia bendito e glorioso em que o Senhor tirou todo temor do coração dos Seus servos e servas. Que todos nós possamos ter plena confiança em Sua ressurreição!

FÉ, AMOR E PERDÃO

*Perdoados lhe são os seus muitos pecados,
porque ela muito amou...*
LUCAS 7:47

Lemos nesta passagem que o Senhor estava jantando na casa de um fariseu. Como era costume, os convidados sentaram-se de lado, reclinados nas espreguiçadeiras. Foi justamente nesta hora que uma mulher pecadora entrou na sala e se debruçou sobre os pés de Jesus e começou a chorar e lavar Seus pés com lágrimas. Então, imediatamente o fariseu começou a murmurar; e, como Jesus conhecia seu coração, contou ao fariseu uma parábola sobre dois homens que não podiam saldar suas dívidas, e o credor perdoou a ambos. Jesus perguntou ao fariseu qual dos dois devedores amaria mais o homem que os perdoou, e o fariseu respondeu que seria exatamente o que tinha a dívida maior.

Então, Jesus explicou que aquela mulher, que se sentia muito mais pecadora que o fariseu, o amou ali com muito mais intensidade. Vejam, meus irmãos, não há pecador neste mundo que possa dar qualquer coisa para pagar sua dívida com Deus; esse não é o caminho, está errado. A pessoa deve confiar sua dívida a Deus e esperar por Sua misericórdia. Jesus olhou para aquela pobre mulher e lhe disse: "Perdoados são os teus pecados". Veja que o Senhor disse "os teus", não "alguns dos teus", nem "metade deles", mas todos os pecados que ela tinha. Depois, ele lhe disse: "A tua fé te salvou; vai-te em paz" (7:50). Sim, irmãos e irmãs, aquela mulher saiu de lá em paz, com aquele brilho do Céu sobre seu rosto; com aquela beleza santa em sua alma. Sim, ela se colocou aos pés do Mestre para receber uma bênção e a obteve. Se houver alguém que deseja uma bênção hoje, tenha certeza de que a receberá.

NÃO PERCA SUA FÉ

Jesus, aproximando-se, falou-lhes, dizendo:
Toda a autoridade me foi dada no céu e na terra.
MATEUS 28:18

Se você tem um filho que se afastou do Senhor e diz que não adianta orar para que ele volte para os caminhos do Senhor, meu caro amigo, entenda que Deus se importa com seu filho e quer que ele volte. E, em vez de olhar para o que seu filho diz e ficar pensando que ele não pode ser alcançado, levante seus olhos para Aquele que está sentado no trono e lembre-se que, assim que deixou esta Terra, Ele nos disse que toda autoridade lhe foi dada a no Céu e na Terra. E, se Ele tem um poder tão grande, não será possível a Ele restaurar Seu filho? Será que existe alguém tão perdido que Cristo não possa salvar? Será que existe alguém tão degradado, tão depravado, que Jesus Cristo não possa salvar? Lancemos fora todo esse pensamento maldito! Meus queridos amigos e amigas, Ele pode tudo. Ele pode salvar qualquer ser humano.

Vamos ouvir a voz do Mestre vinda do trono esta noite, nos dizendo: "Traga seu filho até mim". E vamos levá-lo sobre os braços da nossa fé até o Filho de Deus e ter fé em Seu poder para expulsar demônios, curar, limpar e ressuscitar os mortos. Jesus disse àquele pai que o procurou por causa do seu filho oprimido que tudo é possível ao que crê (MARCOS 9:23). Saibam que nós podemos tomar essa palavra para nossa vida, com toda certeza. Pais e mães, deixem-me fazer uma pergunta: vocês não estão apreensivos por seu filho, que Deus lhes deu? Talvez, nesta mesma hora, seus pés estejam deslizando para a ruína e para a morte, e você não quer que ele seja alcançado? Então, vamos ter fé para orar e crer que Deus salvará nossos filhos e filhas pelo Seu poder!

A GRANDE FORÇA MOTRIZ DA VIDA

*Ainda que eu tenha o dom de profetizar
e conheça todos os mistérios e toda a ciência; ainda que
eu tenha tamanha fé, a ponto de transportar montes,
se não tiver amor, nada serei. não sou nada.*
1 CORÍNTIOS 13:2

Muitos estão orando para terem mais fé; eles querem uma fé extraordinária, uma fé que seja percebida por todos. Mas essas pessoas se esquecem de que o amor supera a fé. O amor que é citado nos versículos acima é fruto do Espírito Santo e é a grande força motriz da vida. O que a Igreja de Deus precisa hoje é de amor; mais amor a Deus e mais amor ao próximo. Se amarmos mais a Deus, amaremos mais nossos semelhantes; eu não tenho nenhuma dúvida sobre isso. Eu costumava dizer que queria ter vivido nos dias dos profetas; que gostaria de ter sido um dos profetas para profetizar, para ver as belezas do Céu e descrevê-las aos homens; mas, como eu entendo as Escrituras agora, prefiro viver no capítulo 13 de 1 Coríntios e ter esse amor do qual Paulo fala; esse amor de Deus queimando em minha alma como uma chama inextinguível, para que eu possa alcançar os homens e os ganhar para Cristo.

Uma pessoa pode ter um conhecimento maravilhoso, pode desvendar os mistérios da Bíblia e, ainda assim, ser tão fria quanto um bloco de gelo. Às vezes, você vê certos ministros que têm um magnetismo tão extraordinário, um domínio da linguagem tão maravilhoso e pregam com tanta força mental, mas não veem conversões. Eu acredito que é porque eles não possuem amor divino por trás de suas palavras, nenhum amor puro em seus sermões. Uma pessoa pode ser queimada viva pelo que acredita, mas, se não for o amor a Deus que a move, não será aceitável a Deus e de nada valerá.

D.L. Moody

UMA MULHER INDIFERENTE

*Então, lhe disse a mulher samaritana:
Como, sendo tu judeu, pedes de beber a mim,
que sou mulher samaritana (porque os judeus
não se dão com os samaritanos)?* JOÃO 4:9

Esta mulher era completamente diferente daquela que ungiu os pés de Jesus em Lucas 7:36-50. Ela não foi até o Mestre com um vaso de alabastro com unguento, em busca de uma bênção. Na verdade, ela era perfeitamente indiferente aos seus próprios pecados. Somos informados neste capítulo de João de que Jesus subiu para a Galileia, passando por Samaria. Jesus poderia ter ido para a Galileia por outro caminho, mas Ele sabia que havia uma mulher que necessitava dele lá. Ao chegar ao poço, Jesus enviou Seus discípulos para buscar pão, e, enquanto Ele estava sentado junto ao poço, aproximou-se uma mulher samaritana. Eu acredito que ela tinha vergonha de ir àquele lugar enquanto os puros e virtuosos estivessem por ali, e foi por isso que ela foi, furtivamente, naquela hora.

Depois de mostrar que Ele sabia tudo sobre ela, Jesus disse que Ele era o Messias que ela esperava e não apenas um profeta, como ela supunha (JOÃO 4:25-26). Posso imaginar seu espanto. No momento em que Jesus diz isso, ela vê os discípulos chegando, deixa seu cântaro e vai para a cidade. Ela entra pelos portões e começa a chamar todos para conhecerem o homem que ela havia conhecido no poço. Muitos creram em Jesus naquele dia por causa do testemunho daquela mulher, e muitos mais creram por causa de sua própria palavra. Vejam, meus amigos, o Senhor não condenou aquela pobre mulher. O Filho de Deus não se envergonhou de falar com ela e contar-lhe sobre a água viva que Ele tinha para lhe dar. Ele não a condenou. Ele estava ali para salvá-la, para dizer como ela poderia ser abençoada nesta vida e no mundo vindouro.

PRECISAMOS DE VERDADEIRO ARREPENDIMENTO

E o filho lhe disse: Pai, pequei contra o céu e diante de ti; já não sou digno de ser chamado teu filho.
LUCAS 15:21

Honestamente falando, eu tenho percebido que algumas conversões não significam absolutamente nada, pois, se uma pessoa diz que se tornou cristã, mas não tem convicção de pecado, ela é como uma daquelas sementes que caiu em solo rochoso, onde a terra era pouca, e, por isso, não vingou. A primeira pequena onda de perseguição que vem sobre ela, o primeiro sopro de oposição, e ela está de volta ao mundo. Oremos, caro leitor cristão, para que Deus possa realizar uma obra profunda e completa, para que todos sejam convencidos do pecado e se afastem de toda forma de incredulidade. Oremos a Deus para que haja uma obra completa de salvação na face da Terra. Eu preferiria muito mais ver cem pessoas verdadeiramente convertidas, verdadeiramente nascidas de Deus, do que ver mil conversões superficiais, em que o Espírito de Deus não operou, convencendo do pecado. Não vamos gritar: "Paz, paz, quando não há paz." (JEREMIAS 6:14). Não vá à pessoa que está vivendo em pecado e diga que tudo o que ela tem que fazer é se levantar e fazer uma confissão, sem que ela tenha sido profundamente convencida de seu pecado. Vamos pedir a Deus que primeiro mostre a cada pessoa o mal de seu próprio coração, para que o Espírito Santo os convença do pecado. Então a obra em nossas mãos será real e profunda e suportará a prova de fogo, que testará o trabalho de cada um de nós. Sabemos que a obra do Espírito é transmitir vida, dar esperança, liberdade, testificar de Cristo, guiar-nos em toda a verdade, ensinar-nos todas as coisas, confortar os crentes e convencer o mundo do pecado.

D. L. Moody

A MORTE É TÃO CERTA QUANTO A VIDA

E lhes proferiu ainda uma parábola, dizendo:
O campo de um homem rico produziu com abundância.
LUCAS 12:16

O homem desta parábola é o que chamaríamos hoje em dia de "empresário de sucesso"; um homem que muitos pais considerariam como modelo do que querem que seus filhos sejam. Ele não ganhou dinheiro com usura ou apostando em jogos de azar. Sua riqueza foi ganha legalmente. Sem dúvida ele era um moralista, e não sabemos de nada que deponha contra seu caráter. Não conheço uma ocupação mais nobre do que a de agricultor. Olhem para ele; é um homem bem-sucedido, no entanto, o diabo o estava enganando, e o mesmo acontece ainda hoje. O mundo trata as pessoas como bem-sucedidas, embora elas estejam negligenciando seu bem-estar eterno. Oh, quão cego é quem age assim! Não se dão conta de que no jardim de cada pessoa há um sepulcro a sua espera.

Posso imaginar alguns de vocês dizendo que, se soubessem que eu falaria sobre a morte, não teriam dado atenção. "Por que Moody não fala sobre a vida ou sobre a felicidade? Por que ele não nos fala sobre como conseguir sucesso no mundo dos negócios ou sobre como superar as batalhas da vida? Por que ele quer falar sobre a morte?", perguntam alguns. E eu direi por quê. É porque nove em cada dez pessoas morrem inesperadamente e totalmente despreparadas. Nesse exato momento, por todo o mundo, a morte está jogando seu manto sobre muitos que estavam vivendo tranquilamente. Enquanto eu falo, a morte está fazendo seu trabalho. Estou falando para alguns que podem estar na eternidade amanhã, e a minha mensagem é para que você se prepare para isso. Não é uma completa loucura gastar sua vida acumulando riquezas e morrer? Este homem morreu sem esperança sem Cristo sem vida eterna.

D.L. Moody

A PARÁBOLA DE CHARLES SPURGEON

Então, na sua angústia, clamaram ao Senhor,
e ele os livrou das suas tribulações.
Tirou-os das trevas e das sombras da morte e lhes
despedaçou as cadeias. Rendam graças ao Senhor
por sua bondade e por suas maravilhas
para com os filhos dos homens!
Pois arrombou as portas de bronze
e quebrou as trancas de ferro.

SALMO 107:13-16

Lembro-me de ter ouvido Charles Spurgeon contar a seguinte parábola: "Certa vez, na presença de um de seus súditos, um rei tirano ordenou a um ferreiro que fizesse uma corrente. O pobre ferreiro foi forjar a corrente, e, quando ele terminou, levou-a ao tirano, que ordenou que ele se retirasse e dobrasse seu comprimento. Ele o fez, trouxe para o rei e novamente recebeu ordem de dobrar seu tamanho. O homem obedeceu, e, quando a trouxe novamente, o tirano olhou para a corrente e ordenou que seus servos prendessem o ferreiro com a corrente que ele havia feito e o lançassem na prisão". Então, conclui Spurgeon: "É isso que o diabo faz com as pessoas. Ele as faz forjar a própria corrente com a qual as prende e, depois, as lança nas trevas".

Meus amigos, é exatamente isso que os bêbados, jogadores, blasfemadores e toda sorte de pecadores estão fazendo. Eles estão construindo as próprias correntes que os prendem. Mas, graças a Deus, nós temos um Deus libertador, e Seu Filho tem poder para quebrar todos os grilhões que prendem aqueles que clamam a Ele.

D. L. Moody

NÃO SE CANSE DE ORAR

Não fará Deus justiça aos seus escolhidos, que a ele clamam dia e noite, embora pareça demorado em defendê-los? LUCAS 18:7

Lembro-me de ter visitado uma cidade no interior do país onde um homem veio até mim e disse que, quando a Guerra Mexicana começou, ele queria se alistar, e sua mãe, vendo que ele estava mesmo decidido a ir, pediu para que ele se tornasse cristão, então poderia ir. Ela implorou e orou para que ele tomasse uma decisão por Cristo, mas ele não o fez. Ele disse a mãe que, quando a guerra acabasse, se tornaria cristão, não antes. Todas as súplicas daquela mãe foram em vão, e finalmente, quando ele estava indo embora para o campo de batalha, ela pegou um relógio que havia pertencido ao seu falecido pai e lhe deu. Ela disse ao filho: "Seu pai deixou isso para mim quando morreu. Pegue-o, e eu quero que você se lembre de que, todos os dias, ao meio-dia, sua mãe estará orando por você".

Ela ainda lhe deu sua Bíblia, com algumas passagens marcadas e colocou algumas referências na contracapa. O homem pegou o relógio e a Bíblia só porque sua mãe os tinha dado, mas confessou-me que não tinha nenhuma intenção de ler aquela Bíblia. Ele foi para o México, e um dia, durante uma marcha longa e cansativa, ele tomou o relógio em suas mãos e era meio-dia. Fazia quatro meses que ele havia partido, mas, naquele momento, ele tinha certeza de que sua mãe estava orando por ele. Algo o levou a pedir ao oficial para descansar um pouco, e, então, ele se sentou atrás de uma árvore nas planícies e começou a clamar ao Deus de sua mãe que o salvasse. E, ali mesmo, sob a sombra daquela grande árvore, Deus o salvou. Depois da guerra, ele deixou o exército dos Estados Unidos e se alistou no exército de Deus, para lutar pela causa do Mestre Jesus.

D L Moody

NÃO PRECISAMOS MAIS TER MEDO

*Justificados, pois, mediante a fé, temos paz com Deus
por meio de nosso Senhor Jesus Cristo;
por intermédio de quem obtivemos igualmente acesso,
pela fé, a esta graça na qual estamos firmes;
e gloriamo-nos na esperança da glória de Deus.*
ROMANOS 5:1-2

Quando a França e a Inglaterra estavam em guerra, um navio baleeiro francês partiu em uma longa viagem. Quando voltavam, havia pouca água a bordo, e a tripulação sofria com a sede. Estando perto de um porto inglês, queriam aportar para abastecer o navio com água, mas temiam que fossem presos se o fizessem. Algumas pessoas no porto viram seu sinal de angústia e lhes informaram que não precisavam ter medo de entrar no porto, pois seus países haviam assinado um tratado de paz e a guerra havia terminado.

Contudo ninguém conseguiu fazer aqueles marinheiros acreditar na notícia e entrar no porto, embora estivessem sem água. Por fim, por causa de sua angustiante situação, eles decidiram que seria melhor tentar aportar e entregar sua carga e vida aos seus inimigos em vez de morrer de sede no mar. Mas, para sua surpresa, quando aportaram, descobriram que o que os homens do porto haviam dito era verdade, que a paz havia sido mesmo declarada e não havia nenhum perigo. Há muitas pessoas que não acreditam nas boas-novas de que Jesus Cristo nos trouxe e que Ele fez a paz entre Deus e o homem. Entretanto, isso é a mais pura verdade.

D. L. Moody

DESISTA DE SE ESFORÇAR E APENAS CONFIE

...Não por obras de justiça praticadas por nós, mas segundo sua misericórdia, ele nos salvou mediante o lavar regenerador e renovador do Espírito Santo...

TITO 3:5

Você não precisa procurar pela salvação em nenhum outro lugar; basta você permitir que Ele o lave. Um ancião piedoso disse que, durante os 42 anos de sua vida cristã, descobriu três coisas: a primeira, que ele nada poderia fazer por sua própria salvação; a segunda, que Deus não exigiu que ele fizesse nada; e a terceira, que Cristo, e apenas Ele, fez tudo por nós. Essas são três coisas que ele estava aprendendo há 42 anos. Deus não quer que você faça nada pela sua salvação. Se você quer viver um novo nascimento, precisa saber que isso é obra de Deus; não podemos dar um novo nascimento, não podemos produzi-lo por nós mesmos. Só Deus pode criar a vida; só Deus é o autor da vida e Ele nos dá essa vida verdadeira quando nascemos de novo. Deus nos salvará se permitirmos que Ele o faça; se apenas pararmos de tentar fazer algo por nós mesmos e deixarmos Ele nos salvar. Eu tentei por muito tempo e não adiantou; até que, simplesmente, parei de me esforçar e me entreguei a Ele.

Alguém perguntou a um índio como ele foi salvo, e ele pegou um monte de folhas, colocou-as em um círculo, ateou fogo nelas e colocou um pequeno bigato no centro. O verme tentou sair, mas foi impedido pelo fogo; foi para o outro lado e foi retido; corria para um lado e para outro, mas era impedido, até que ele se enrolou no centro do círculo e parou de tentar. E então o índio o pegou e o tirou dali. Então, ele disse: "Foi assim que o Senhor me salvou". Ou seja, o Senhor o salvou quando ele mesmo desistiu de tudo.

D L Moody

QUANDO DEUS QUEBRANTA UM CORAÇÃO DURO

Deixe o perverso o seu caminho, o iníquo, os seus pensamentos; converta-se ao Senhor, que se compadecerá dele, e volte-se para o nosso Deus, porque é rico em perdoar.
ISAÍAS 55:7

Quando o Sr. Sankey e eu estávamos trabalhando no norte da Inglaterra, certa noite eu estava pregando e diante de mim estava sentada uma mulher conhecida por ser muito incrédula em relação à fé em Deus. Quando eu terminei de pregar, convidei a todos os que quisessem saber mais sobre a fé para ficarem conosco e conversarmos. Quase todos os presentes permaneceram, inclusive aquela senhora. Perguntei se ela era cristã, e ela disse que não nem pretendia ser. Eu orei por ela ali mesmo e, depois, começamos a conversar. Descobri que ela tinha uma boa posição social, mas era muito materialista.

Ela continuou a frequentar aos cultos durante nossa campanha, e, uma semana depois, eu a vi chorando durante a pregação. Depois que terminei, fui até ela e perguntei se ela pensava da mesma forma que antes, e ela respondeu que Cristo havia tocado seu coração, e, por isso, estava se sentindo muito feliz. Meses depois, quando eu já havia retornado aos Estados Unidos, recebi uma carta de seu marido, dizendo que ela havia morrido, mas que, nos últimos meses, seu amor pelo Mestre tinha aumentado continuamente. Quando li, senti-me recompensado por ter cruzado o Atlântico para pregar. Aquela senhora trabalhou muito pelo evangelho depois de sua conversão e foi instrumento de Deus para ganhar muitos de seus amigos da alta sociedade para Cristo. Por isso, digo a vocês para que busquem ao Senhor enquanto Ele pode ser encontrado; invoquem-no enquanto Ele está perto (ISAÍAS 55:6).

D. L. Moody

HONRE SEUS SEMELHANTES

O amor seja sem hipocrisia. Detestai o mal, apegando-vos ao bem. Amai-vos cordialmente uns aos outros com amor fraternal, preferindo-vos em honra uns aos outros. ROMANOS 12:9-10

Há algum tempo, li em um jornal algo que me alegrou muito. Em um departamento público, foi oferecido a uma jovem uma promoção, e, quando ela foi para a entrevista para o novo cargo, conheceu outra garota que estava sentada ao seu lado na sala de espera. Ela ouviu a história da jovem, que não tinha ninguém na família trabalhando naquele momento e, por isso, eles passavam por grande dificuldade. A garota indicada para o novo cargo pediu ao encarregado que deixasse sua nova amiga receber a promoção em seu lugar. O oficial disse que nunca havia ouvido algo parecido com aquilo em toda sua vida e ficou muito impressionado por ter encontrado alguém disposto a desistir de uma promoção, permanecendo em um cargo inferior, para que outra pessoa pudesse sustentar sua família.

A reportagem também contava a história de um operário que também foi promovido, mas foi ao encarregado e disse que havia um companheiro seu na empresa que tinha sete filhos e estava enfrentando uma luta muito grande para os sustentar. Ele tinha apenas três filhos e sua situação era boa, por isso, pediu que seu amigo fosse promovido em seu lugar. Digo a vocês que não sei de nada que fala mais alto sobre Cristo e sobre o evangelho do que ver um homem ou uma mulher que, quanto à honra, dá preferência aos seus semelhantes.

UM SACRIFÍCIO DEFINITIVO

*...Bebei dele todos; porque isto é o meu sangue,
o sangue da [nova] aliança, derramado em favor
de muitos, para remissão de pecados.*
MATEUS 26:27-28

Eu gostaria de perguntar àqueles que não creem no poder do sangue de Jesus Cristo o que eles farão com os seus pecados? Seriam eles capazes de insultar o Todo-poderoso oferecendo-lhe sua justiça própria para expiá-los? Será que alguém pode expiar seus próprios pecados? Gostaria de saber o que alguém que menospreza o sangue poderia dizer a respeito disso. A epístola aos Hebreus está cheia de registros sobre o poder do sangue. Hebreus 10:11-13 diz que "todo sacerdote se apresenta, dia após dia, a exercer o serviço sagrado e a oferecer muitas vezes os mesmos sacrifícios, que nunca jamais podem remover pecados. Jesus, porém, tendo oferecido, para sempre, um único sacrifício pelos pecados, assentou-se à destra de Deus, e aguarda, daí em diante, até que os seus inimigos sejam postos por estrado dos seus pés."

Um único sacrifício pelos pecados para sempre! Você não precisa de cordeiros ou bois nem de sua justiça própria para ter seus pecados expiados, pois nosso Sumo Sacerdote se ofereceu em seu lugar. O sumo sacerdote da Antiga Aliança não podia descansar, pois seu trabalho nunca não tinha fim, mas nosso Sumo Sacerdote subiu às alturas, pois Seu trabalho estava terminado. Ele disse: "Está consumado" (JOÃO 19:30). Tudo o que era sombra das coisas vindouras foi cumprido nele e não temos mais necessidade de oferecer sacrifícios. "Isto é o meu sangue, o sangue da [nova] aliança, derramado em favor de muitos." (MARCOS 14:24) Estas são as próprias palavras de Cristo. É importante entendermos essa passagem em conexão com a Hebreus 9:22, onde lemos: "...sem derramamento de sangue, não há remissão."

UM DIA RADIANTE E FELIZ

*Depois de terem comido, perguntou Jesus a Simão Pedro:
Simão, filho de João, amas-me mais do que estes outros?
Ele respondeu: Sim, Senhor, tu sabes que te amo.
Ele lhe disse: Apascenta os meus cordeiros.*

JOÃO 21:15

Houve dez ocasiões diferentes em que o Senhor Jesus apareceu aos Seus discípulos, não em espírito, mas fisicamente, depois da ressurreição. Cristo ressuscitou com Seu próprio corpo, o mesmo que estava no sepulcro, foi tirado de lá, passou pelas nuvens e subiu às alturas. Mas, antes de subir, Ele teve uma conversa com Pedro, e é muito importante ressaltar que Ele esteve com Pedro naquele domingo. Não há nada dito nas Escrituras sobre como foi aquela conversa, mas posso imaginar algo sobre a maneira como Ele falou com Pedro; acredito que tenha sido muito parecido com a forma como Ele falou com Maria Madalena. Jesus havia enviado as duas mulheres para dizer aos Seus discípulos que Ele havia ressuscitado, e Ele aparece a Pedro e aquela sua velha dificuldade foi resolvida.

Pedro se lembrava de que ele havia negado que conhecia seu Senhor e Mestre. Mas, naquela praia, eles tiveram uma conversa, e o Senhor o perdoou. Que dia radiante deve ter sido para Pedro, em comparação com aquela noite miserável que ele deve ter passado quando colocaram seu Salvador no sepulcro. Imagino que Pedro sequer tenha dormido ou se alimentado. Mas aquela conversa maravilhosa mudou tudo na vida de Pedro. Foi um dia bendito para aquele pobre desviado! Espero que haja algum pobre desviado que queira ter uma conversa com Deus hoje. Saiba que Ele o perdoará de todos os seus erros e pecados. Se você for a Jesus e tiver uma conversa com Ele hoje, será um dia de alegria para você!

NÃO SEJA INDIFERENTE

Quando o Senhor *restaurou a sorte de Sião, ficamos como quem sonha. Então, a nossa boca se encheu de riso, e a nossa língua, de júbilo; então, entre as nações se dizia: Grandes coisas o Senhor tem feito por eles. Com efeito, grandes coisas fez o* Senhor *por nós; por isso, estamos alegres.*

SALMO 126:1-3

Quando Deus salva uma pessoa, jovem ou idosa, o coração dela fica cheio de alegria e a pessoa não consegue deixar de louvá-lo. Sei de um novo convertido cujo pai era um cristão nominal. Depois que entregou sua vida a Cristo, o garoto ficou se perguntando por que seu pai nunca havia falado sobre Cristo para ele e nunca o havia levado às reuniões especiais para jovens de sua igreja. Então, certo dia, enquanto seu pai estava sentado no escritório, lendo seu jornal, o menino foi até ele, colocou a mão sobre seu ombro e perguntou: "Pai, por que você não louva a Deus? Por que você não canta sobre Cristo? Por que você não vai aos cultos?". O pai olhou para ele e respondeu com indiferença: "Não estou empolgado com nenhuma dessas doutrinas. Estou bem como estou".

Alguns dias depois, eles estavam tentando carregar uma carga de madeira com sua carroça, alocaram a madeira e subiram na carga para tentar fazer o cavalo andar. Eles usaram o chicote, mas o cavalo não se mexeu. Depois, desceram e tentaram puxar a carroça, mas não conseguiam movê-la, nem fazer o cavalo dar um passo sequer. Então, o pai questionou: "Ora, qual será o problema desse cavalo?". "Certamente o cavalo está bem como está, papai", respondeu o garoto. Nós podemos até rir disso, mas é exatamente o que está acontecendo com muitos cristãos em nossos dias.

D L Moody

NÃO TENHA UM CORAÇÃO VACILANTE

Então, perguntou Zacarias ao anjo: Como saberei isto?
Pois eu sou velho, e minha mulher, avançada em dias.
LUCAS 1:18

Zacarias e sua esposa Isabel eram boas pessoas, mas tinham um obstáculo em seu caminho; eles não tinham filhos, o que, para a época, era considerado uma grande desonra. Eles estavam orando para que pudessem ter filhos, e Deus prometeu abençoá-los, mas, talvez, eles tenham ficado com o coração duvidoso, perdido a esperança e esquecido como Deus respondeu às orações de Abraão e Sara, Ana e dos pais de Sansão, que foram presenteados com uma criança em sua velhice. Zacarias, que era sacerdote, não estava no Santo dos Santos, mas no lugar onde se queimava incenso, do lado de fora da cortina que se rasgou quando Cristo morreu. Enquanto ele estava oferecendo incenso no altar, as pessoas o esperavam no pátio externo para que ele saísse e os abençoasse, mas ele não saiu, pois, o anjo Gabriel apareceu para ele.

Zacarias ficou com medo quando o viu, mas Gabriel lhe disse que trazia boas novas: sua oração havia sido atendida, e ele não apenas teria um filho, mas seu filho se tornaria grande aos olhos de Deus e seria cheio do Espírito Santo desde o ventre de sua mãe. Quão exaltado e abençoado foi esse velho sacerdote! Porém, em vez de se lembrar de como Deus havia respondido às orações dos que confiaram nele, ele duvidou. Esse é o problema que mais assola o povo de Deus. Muitos cristãos querem um sinal do que Deus disse, e essa é a razão de termos tantos cristãos fracos na fé em nossos dias. Esse tipo de pessoa não consegue acreditar que o que Deus diz é verdade e que Ele cumprirá o que diz.

D. L. Moody

VOCÊ PODE ADORAR O SALVADOR?

E, chegando naquela hora, dava graças a Deus e falava a respeito do menino a todos os que esperavam a redenção de Jerusalém.

LUCAS 2:38

Havia em Jerusalém uma senhora viúva; ela era a mulher mais bonita de toda cidade. Seu rosto brilhava com a graça divina; eu não duvido disso. Ela era viúva havia oitenta e quatro anos e, durante todos esses anos, ela simplesmente ficou ali no Templo louvando a Deus. Ela sempre teve um coração inclinado para aqueles que estavam em apuros, para com os rejeitados e aflitos do povo. Pessoas assim, que permanecem perto de Deus, conhecem os Seus segredos. Muitos a consideravam fanática, por acreditar que ela veria o menino Salvador! Mas essa velha senhora estava em comunhão com Deus e havia entendido os segredos do Céu. E ela estava por lá na época em que os magos do Oriente foram adorar a criança bendita que havia nascido em Belém.

E, quando Ele foi levado ao Templo de Jerusalém, o velho Simeão e a profetiza Ana o reconheceram como seu Senhor e seu Redentor. O menino de Nazaré havia chegado para trazer redenção a Israel. Houve uma grande agitação em Jerusalém naqueles dias. A história de Zacarias foi deixada de lado; a história do nascimento de João Batista e as histórias dos antigos profetas foram esquecidas, pois o menino Salvador havia nascido e mexido com o coração de todo o povo. Os sábios do Oriente queriam saber onde havia nascido Rei dos judeus, pois haviam visto Sua estrela no Oriente e foram adorá-lo. Diante desse quadro maravilhoso, eu fico pensando nas pessoas que dizem não conseguir ver nada de maravilhoso em Cristo. Até homens sábios de lugares distantes foram até Israel para dizer: "Santo, santo é o nosso Senhor e Rei!".

SEJA UM CRISTÃO "EXCLUSIVO"

*...o qual a si mesmo se deu por nós, a fim de remir-nos
de toda iniquidade e purificar, para si mesmo,
um povo exclusivamente seu, zeloso de boas obras.*
TITO 2:14

Um repórter se levantou em uma das reuniões e disse que havia um homem que trabalhava com ele o qual já era cristão há algum tempo, no entanto, ele havia descoberto só recentemente. O tal homem não era um cristão "exclusivo", e há muitos que são desse mesmo jeito. Mas eu quero dizer que, se Deus vai fazer um bom trabalho através de nós, Ele o fará por meio de cristãos "exclusivos". Elias era um homem muito exclusivo, e não duvido que, se você perguntasse a Acabe, ele teria dito que Elias era um homem de mente estreita, fanático; mas, graças a Deus ele era tão exclusivo que Deus o enviou para uma missão quando algo precisava ser feito naquela terra. Se você tivesse perguntado a Nabucodonosor que tipo de homem Daniel era, ele provavelmente teria dito que ele era um homem capaz e muito exclusivo para Deus. E nós damos graças a Deus porque Daniel não era como as outras pessoas ao seu redor.

Se as pessoas do mundo não podem dizer a diferença que há entre nós e elas, isso é um sinal de que não fomos redimidos pelo precioso sangue de Cristo. Ele nos redimiu para que pudesse fazer de nós "um povo exclusivamente seu, zeloso de boas obras". Existem tantos cristãos que não querem ser exclusivos. Não sei como fazer isso, mas gostaria de dar a volta ao mundo acompanhado por uma Igreja exclusivamente de Deus. Hoje em dia, estamos sofrendo mais com cristãos que dormiram na fé ou nunca despertaram para ela do que por qualquer outra causa. Não seja assim. Seja um cristão exclusivamente dele.

NÃO MENOSPREZE A IGREJA

Uma coisa peço ao Senhor, e a buscarei: que eu possa morar na Casa do Senhor todos os dias da minha vida, para contemplar a beleza do Senhor e meditar no seu templo. Pois, no dia da adversidade, ele me ocultará no seu pavilhão; no recôndito do seu tabernáculo, me acolherá; elevar-me-á sobre uma rocha.

SALMO 27:4-5

Alguns novos convertidos dizem que não se unirão a nenhuma igreja; pensam que podem se sustentar fora dela. Eles não conseguem encontrar uma igreja perfeita para fazer parte, e eu preciso lhe dizer que, se você estiver fazendo isso, nunca se unirá a igreja alguma. Eu parei de procurar por uma igreja perfeita, um pastor perfeito ou por qualquer outra coisa perfeita sobre a face da Terra. Saiba que não há nada tão estimado no mundo para o Filho de Deus quanto Sua Igreja. Por isso, eu tenho pouca simpatia por pessoas que se acham boas demais para se filiarem a uma igreja.

Muitas dessas pessoas estão sempre reclamando; talvez pudessem formar uma grande igreja nacional e chamá-la de igreja para resmungões. Assim, elas congregariam todas no mesmo lugar. Pessoas assim, em vez de entrar na igreja e ajudá-la, ficam de fora, criticando e atirando pedras nela. Por que não tentam torná-la melhor com sua presença? Em vez de aumentar seus pecados murmurando, deveriam entrar e orar pela igreja. Digo que será melhor para você se identificar com alguma igreja imediatamente, fazer parte dela e trabalhar pelo reino de Deus. Se não permitirem que você tenha algum cargo, apenas continue pregando na porta da igreja até que as pessoas percebam seu valor.

TRABALHE PARA DEUS

*Mudou o Senhor a sorte de Jó,
quando este orava pelos seus amigos; e o Senhor
deu-lhe o dobro de tudo o que antes possuíra.*

JÓ 42:10

Se você quer ser um cristão útil e feliz, não perca seu tempo e comece a trabalhar. Já temos muitos cristãos dormindo entre nós. Não seja você mais um. O cativeiro de Jó foi interrompido quando ele começou a trabalhar para ajudar seus amigos; portanto, se você começar a trabalhar, será abençoado. Se um homem vive só para si mesmo, não será abençoado por Deus. Encontre algum trabalho definido para você fazer; não tente fazer mil coisas de uma vez. Não importa se seu trabalho é retirar crianças das ruas e cuidar delas; você pode ser tremendamente abençoado fazendo isso. É importante que você semeie para que possa colher.

Nos primeiros dois ou três anos do meu ministério, eu tentei pregar na igreja, mas as pessoas mais idosas não gostaram. Eu tive bom senso suficiente para saber que eu era um chato para eles, então saí pela rua e consegui 18 crianças pequenas para virem comigo no primeiro domingo e as conduzi para a escola dominical. Descobri que tinha algo para fazer, fiquei encorajado e continuei nesse trabalho. E, se eu valho alguma coisa para a Igreja de Cristo hoje, é tanto devido a esse trabalho quanto a qualquer outra coisa que eu tenha feito. Não pude explicar determinadas passagens bíblicas para aquelas crianças, pois eu ainda não as compreendia, mas pude contar-lhes histórias bíblicas. Eu podia dizer a elas que Cristo as amava e que Ele morreu por elas. Eu fiz o melhor que pude; usei o pouco talento que eu tinha, e Deus continuou me dando mais talentos. Então, meu caro irmão, encontre algum trabalho e o faça.

D. L. Moody

ONDE VOCÊ PASSARÁ A ETERNIDADE?

*Que é a vossa vida? Sois, apenas, como neblina
que aparece por instante e logo se dissipa.*
TIAGO 4:14

A pergunta que devemos fazer para nós mesmos hoje é: Eu estou pronto para passar à eternidade? Posso imaginar alguém dizendo que não precisa se preocupar com isso agora. Mas será que existe alguém nesse mundo que pode dizer isso com segurança? Você pode estar no final da escada que leva à eternidade e estar se recusando a pensar nisso. Muitos estão menosprezando o Deus de seus pais agora, mas, logo, eles chegarão ao último degrau da escada e verão o fim diante de si. Por isso, eu quero fazer a você esta pergunta: o que você vai fazer em relação à eternidade? Você vai pensar por alguns minutos sobre esse importante assunto? Ó, como eu gostaria de ver vocês mergulhados em seus pensamentos agora, pensando nisso seriamente.

Um pai estava em seu leito de morte e chamou seu filho. O menino não se preocupava com a morte; apenas queria desfrutar dos prazeres da vida. Seu velho pai lhe disse: "Meu filho, quero que você me prometa que, quando eu morrer, você entrará nesta sala cinco minutos todos os dias, durante 30 dias, sozinho, sem nenhum livro, e se sentará aqui". O jovem prometeu que faria aquilo sem pensar muito. Pouco tempo depois, seu pai morreu, e a primeira coisa que ele pensou quando entrou naquela sala foi nas palavras de seu pai quando ele estava lá orando. Antes que os cinco minutos expirassem, ele estava clamando para que Deus tivesse misericórdia de sua vida. É por isso que eu tenho a impressão de que, se eu pudesse fazer as pessoas se perguntarem sobre como será o seu fim, sobre onde elas vão passar a eternidade, não demoraria muito para elas irem a Cristo.

D. L. Moody

UMA QUESTÃO CRUCIAL

...do pecado, porque não creem em mim; da justiça,
porque vou para o Pai, e não me vereis mais;
do juízo, porque o príncipe deste mundo já está julgado.
JOÃO 16:9-11

O Espírito Santo é quem convence o ser humano. Alguns comentaristas bíblicos afirmam que não haveria nenhuma convicção real de pecado nos homens se o Espírito Santo não fosse enviado. Acho que os missionários podem dizer que isso é verdade, pois alguém que nunca ouviu falar de Cristo pode ter uma tremenda convicção de pecado apenas por meio do Espírito Santo. Note que Deus nos deu a consciência primeiro e o Consolador depois. A consciência dá testemunho da Lei, e o Consolador dá testemunho de Cristo. A consciência traz convicção legal, e o Consolador traz convicção evangélica. A consciência traz convicção da condenação, e o Consolador traz convicção da justiça e "...do pecado, porque não creem em mim" (JOÃO 16:9). Esse é o pecado do qual Ele convence. A Bíblia não diz que Ele convence as pessoas do pecado porque elas roubam, mentem ou cometem adultério, mas do pecado de não crerem em Jesus.

Jesus Cristo cumpriu a Lei por nós, e agora qualquer reivindicação que pudesse cair sobre nós foi transferida para Ele, de forma que não é mais a questão de pecado, mas sobre o Filho que nos confronta. Nós não participamos na crucificação de Cristo, mas o nosso pecado é o mesmo de quem estava lá, embora, de outra forma. Eles foram convencidos a crucificar a Cristo; nós fomos convencidos a não crermos no Cristo crucificado. Eles foram condenados porque desprezaram e rejeitaram o Filho de Deus; o Espírito Santo nos convence de que não cremos naquele que foi desprezado e rejeitado. Nosso pecado é o pecado de não crermos em Cristo.

D. L. Moody

NÃO REJEITE O CHAMADO DE DEUS

…Hoje, se ouvirdes a sua voz, não endureçais o vosso coração, como foi na provocação.
HEBREUS 3:15

Lembro-me de que, em uma de nossas reuniões em Chicago, o Espírito de Deus estava trabalhando muito em nosso meio e havia um homem que chamava minha atenção. Quando eu pedi a todos aqueles que gostariam de se tornar cristãos para que se levantassem, aquele homem se levantou. Meu coração saltou de alegria e, quando a reunião acabou, fui até ele, apertei sua mão e lhe disse que eu estava feliz por ele ter ido para Cristo. Mas ele me disse que não queria ser cristão, porque não queria enfrentar as pessoas zombadoras. Eu pensei que ele resolveria essa questão naquela mesma noite, talvez em sua casa, e que, na noite seguinte, eu o encontraria regozijante na presença no Salvador. Contudo ele voltou na noite seguinte no mesmo estado de espírito; estava quase persuadido, mas não totalmente. Na reunião posterior, lá estava ele, mas nada tinha mudado, e sua única desculpa era sua falta de coragem.

Cada vez que você ouve a pregação do evangelho e Jesus é oferecido a você, mas você o rejeita, um processo de endurecimento do coração está em andamento. E, quanto mais você vira as costas para Ele mais seu coração fica endurecido. Muitos ficaram impressionados 10 anos atrás com um sermão que, hoje, já não os toca mais. O processo de endurecimento é terrível e está acontecendo em todos os que viram as costas para o Senhor. Você não apenas se torna negligente com sua salvação, mas também a despreza. Depois, já não apenas a despreza, mas também rejeita o Deus da salvação. É assim que o endurecimento aumenta na alma humana.

D. L. Moody

CUIDADO COM A ORAÇÃO FARISAICA

E, quando orardes, não sereis como os hipócritas...
MATEUS 6:5

A oração farisaica não revela nenhum espírito de contrição; nela, não há pedido de misericórdia a Deus ou algo parecido. Ela é um tipo estranho de oração na qual a pessoa agradece por não ser como as demais pessoas, sem expressar nenhum sinal de quebrantamento ou contrição. É uma oração sem oração; uma verdadeira zombaria. Mas quantos acabaram de entrar nesse berço macabro e estão sendo embalados pelo diabo. Há algum tempo, eu perguntei a um homem se ele era cristão, e ele respondeu que sim e que orava todos os dias. Então, perguntei novamente: "Você sempre ora?", e ele respondeu atônito: "Eu não disse que 'sim'?". Continuei conversando com ele e descobri que suas orações diárias eram repetições de formalidades da sua tradição. Depois de explicar a ele o que é a verdadeira oração, ele confessou que, muitas vezes, sentia que suas preces não subiam mais alto que sua cabeça e que não tinha muita certeza de que havia alguém as ouvindo.

Meus amigos, se vocês não estão em comunhão com Deus, suas orações são apenas meras formalidades e elas não passarão do telhado do seu quarto. Quantas pessoas simplesmente repetem formalidades? Pessoas assim não podem dormir à noite se não orarem, mas o que isso significam exatamente? Que poder elas têm? Há muitos que estão confiando em sua própria justiça e ignoram a misericórdia e o amor de Jesus Cristo. Você ficará se medindo como aquele fariseu de Lucas 16? Ou permitirá que Deus meça você por Sua santa lei? Muitas pessoas têm uma régua própria pela qual se medem e, por ela, sentem-se perfeitamente prontas e dispostas a perdoar a si mesmas. Depois, vão orar. Tome cuidado com isso.

D. L. Moody

COMO ENCONTRAR PAZ?

Para os perversos, todavia,
não há paz, diz o Senhor.
ISAÍAS 48:22

Não haverá paz para você, até que o peso do seu pecado seja retirado dos seus ombros. Você pode tentar se divertir, pode tentar afogar sua angústia na bebida, mas você não terá paz, pois Deus decretou que não há paz para os perversos. Às vezes ouço falar de pessoas que dizem que são cristãs, que são membros de igrejas, mas não têm paz. Quando ouço alguém dizer isso, sempre suspeito da sua conversão. Isso porque Jesus disse: "Deixo-vos a paz, a minha paz vos dou..." (JO 14:27). O homem e a mulher de Deus têm acesso a essa paz enquanto tantos a querem, mas não a podem ter. Ninguém pode ter paz até que tenha levado seus pecados a Cristo. Meus queridos amigos, o evangelho do Senhor Jesus é o evangelho da paz; se as pessoas pudessem ter paz, quanto estariam dispostas a dar por ela? Outro dia, ouvi um homem dizer que daria 100 mil dólares para poder ter paz, mas ele não pode. Ninguém pode, nem com todo o dinheiro do mundo.

Temos que recebê-la como um presente de Deus, se realmente a queremos. No momento em que nos reconciliarmos com Deus, teremos paz e alegria. Você vê uma nuvem no céu pela manhã, mas logo depois ela não está mais lá, e você não sabe dizer o que aconteceu com ela. Se Deus limpar você dos seus pecados, eles serão apagados, e não há demônio no inferno que poderá encontrá-los. Todo pecado é contra Deus, e Ele deve perdoar os pecados antes que a paz venha sobre nós. É por meio de Cristo que devemos ser justificados; portanto, venha e experimente a salvação como um presente de Deus para sua vida. Você não pode comprá-la. O evangelho é gratuito como o ar que você respira, e todos receberam um convite para recebê-lo. Deus está esperando por você.

D. L. Moody

NÃO QUEIRA SER "GRANDE"

E pregava, dizendo: Após mim vem aquele que é mais poderoso do que eu, do qual não sou digno de, curvando-me, desatar-lhe as correias das sandálias.

MARCOS 1:8

Recentemente, chamou minha atenção o fato de que, em todos os salmos, você não encontra Davi se referindo à sua vitória sobre o gigante Golias. Se isso tivesse acontecido com algum cristão dos dias atuais, teríamos livros e livros escritos sobre essa grande proeza. Não sei quantos poemas contariam sobre as grandes coisas que tal homem fez. Ele teria uma agenda cheia como palestrante e teria acrescentado um título ao seu nome: GMG, o Grande Matador de Gigantes. É assim que acontece hoje; os homens gostam de ser aclamados como "grande evangelista", "grande pregador", "grande teólogo", "grande bispo".

Alguém perguntou para o pregador do deserto: "João, quem és tu?", e sua resposta foi: "Não sou ninguém. Devo ser ouvido e não visto. Eu sou apenas uma voz". Ele não tinha uma palavra a dizer sobre si mesmo. Tenha em mente que Cristo era considerado um enganador, um carpinteiro saído de uma pequena aldeia, mas aqui está João, o filho do velho sacerdote, que tinha uma posição muito mais elevada aos olhos dos homens de seu tempo do que Jesus. Grandes multidões iam ouvi-lo, até mesmo Herodes. Quando seus discípulos vieram e disseram a João que Cristo estava começando a atrair multidões, ele respondeu nobremente: "Convém que ele cresça e que eu diminua." (JOÃO 3:30). É fácil ler isso, mas é difícil viver sob o poder dessas palavras. É muito difícil estarmos prontos para diminuir, para ficar cada vez menores, a fim de que Cristo aumente. Lembre-se sempre que a Estrela d'alva desaparece quando o sol nasce.

O VALOR DA CONSCIÊNCIA

...testemunhando-lhes também a consciência e os seus pensamentos, mutuamente acusando-se ou defendendo-se... ROMANOS 2:15

A consciência é uma faculdade divinamente implantada no ser humano, que lhe diz se o que ele faz é certo. Alguém disse que ela foi primeiramente implantada quando Adão e Eva comeram do fruto proibido, quando seus olhos foram abertos e eles conheceram o bem e o mal. Ela investiga nossos pensamentos, palavras e ações, aprovando ou condenando cada um deles, por isso, uma pessoa não pode violar sua consciência sem automaticamente estar se condenando. Mas a consciência não é um guia seguro, porque muitas vezes não lhe dirá que algo está errado até que você o tenha feito. Ela precisa ser direcionada por Deus, porque está subjugada à nossa natureza decaída. Muitas pessoas fazem coisas erradas sem serem condenadas por sua consciência. Paulo disse: "Na verdade, a mim me parecia que muitas coisas devia eu praticar contra o nome de Jesus, o Nazareno." (ATOS 26:9). Nisso vemos como a consciência precisa ser educada pelo Espírito de Deus.

A consciência funciona como um despertador, que toca e nós despertamos, mas, depois de algum tempo, nos acostumamos a ela e, por isso, seu trabalho perde o efeito. Em outras palavras, ela pode ser sufocada. Portanto, no devido tempo, a consciência foi substituída pela lei de Deus, que, com o tempo, foi cumprida em Cristo. A Bíblia é o instrumento pelo qual Deus produz convicção de pecado em nós. Esse Livro Antigo diz a você o que é errado antes de você cometer pecado, e o que você precisa é aprender e se apropriar de seus ensinamentos, sob a orientação do Espírito Santo.

D. L. Moody

UM TRIUNFO GLORIOSO

...Deus é fiel e não permitirá que sejais tentados além das vossas forças; pelo contrário, juntamente com a tentação, vos proverá livramento, de sorte que a possais suportar.
1 CORÍNTIOS 10:13

Tome muito cuidado, pois, quando a perseguição não derruba, a lisonja pode fazê-lo. Conheço muita gente que gosta de se aproximar de um pregador, depois que ele entregou a mensagem, para o adular. Tome cuidado. Esse tipo de gente gosta de dizer que você fala muito melhor do que outro obreiro; daí, você fica todo orgulhoso e começa a se pavonear como se fosse a pessoa mais importante do mundo. Se Satanás não pode se opor à pessoa, ele tenta com lisonjas ou pela ambição, pois ambas funcionam muito bem; e, se isso não funcionar, talvez ele mande alguma aflição ou decepção, que também ceifam muita gente. Mas lembre-se de que aqueles que têm a Cristo podem vencer todos esses inimigos; podemos vencê-los individualmente e coletivamente. Deixe-os vir. Nós temos Cristo dentro de nós e, por isso, derrubaremos todos eles. Lembre-se do que Cristo é capaz de fazer. Desde os tempos antigos, homens e mulheres fiéis enfrentaram maiores tentações do que você e eu jamais teremos que enfrentar e venceram.

Precisamos vencer o mundo ou ele nos vencerá; devemos vencer o pecado, colocando-o sob os nossos pés, ou ele nos escravizará. Muitas pessoas ficam satisfeitas com uma ou duas vitórias e pensam que isso é tudo. Mas eu digo a vocês que temos que fazer mais do que isso; vivemos em uma batalha permanente e não podemos esmorecer. Por isso, temos que nos encorajar com estas palavras: a certeza da vitória é nossa, pela Palavra de Deus. Temos a promessa de um triunfo glorioso, se tão somente permanecermos firmes.

D.L. Moody

NUNCA SEREMOS ABANDONADOS

*Ora, todos quantos querem viver piedosamente
em Cristo Jesus serão perseguidos.*
2 TIMÓTEO 3:12

Eu não acho que temos perseguição o suficiente hoje em dia; algumas pessoas dizem que temos perseguições que são tão difíceis de suportar quanto no passado; eu discordo. Mas, de qualquer forma, acho que seria bom se tivéssemos um pouco mais do tipo que os primeiros cristãos suportaram; isso nos tornaria mais fortes e mais saudáveis. Spurgeon costumava dizer que alguns cristãos dariam bons mártires; eles queimariam bem, de tão secos que estão. Se alguns perseguidores começassem a falar em queimar cristãos, acho que isso tiraria toda a devoção de alguns. Se eles não estão dispostos a sofrer uma pequena perseguição por Cristo, não estariam preparados para ser Seus discípulos diante da morte. Somos informados por Paulo de que, "todos quantos querem viver piedosamente em Cristo Jesus serão perseguidos". Pois bem, decida-se, então. Se o mundo não tem nada a dizer contra você, Jesus Cristo nada terá a dizer a favor de você.

Os triunfos mais gloriosos da Igreja foram conquistados em tempos de perseguição. A Igreja Primitiva foi perseguida por cerca de 300 anos após a crucificação de Cristo, e aqueles foram anos de crescimento e progresso. Para vencer em tempos de perseguição, ouça as palavras de Cristo: "...No mundo, passais por aflições; mas tende bom ânimo; eu venci o mundo" (JOÃO 16:33). Paulo pôde testificar que, embora perseguido, nunca foi abandonado; que o Senhor esteve com ele, fortaleceu-o e livrou-o de todas as suas perseguições e aflições. Todos nós precisamos confiar nessa verdade.

A MAIOR DAS VIRTUDES

Nada façais por partidarismo ou vanglória, mas por humildade, considerando cada um os outros superiores a si mesmo. FILIPENSES 2:3

Encontramos nas Escrituras o testemunho sobre três homens cujos rostos brilharam, e todos eles eram conhecidos por sua mansidão e humildade. Somos informados de que o rosto de Cristo brilhou no relato sobre a transfiguração (LUCAS 9:28-29); Moisés, depois de estar no monte por 40 dias, desceu de seu tempo de comunhão com Deus com uma face resplandecente (ÊXODO 34:29-35); e, quando Estêvão se apresentou ao Sinédrio no dia de sua morte, seu rosto se iluminou com glória do Céu (ATOS 6:14-15). Para que nossos rostos também brilhem, devemos entrar no vale da humildade; devemos descer até o pó na presença de Deus. John Bunyan disse que é difícil descer até o vale da humilhação, pois a descida é íngreme e acidentada, mas que, quando lá chegamos, percebemos que é um lugar muito fecundo e bonito. Eu acho que ninguém pode contestar que quase todo ser humano, mesmo o ímpio, admira a humildade.

Alguém perguntou a Agostinho qual é a primeira das graças espirituais, e ele disse: "A humildade". Perguntaram, então, qual seria a segunda, e ele respondeu: "A humildade". Questionaram qual seria a terceira, e sua resposta foi: "A humildade". Diante disso, eu acredito que, se formos humildes, teremos todas as graças derramadas sobre nós. A humildade é tão sensível que não se pode falar sobre ela de qualquer forma. A pessoa que anda perto do Mestre e se gaba de ser humilde engana a si mesma. Ser humilde não consiste em pensar mal de si mesmo, mas em não pensar em si de forma alguma. Moisés não sabia que seu rosto brilhava, e isso nos ensina que, se a humildade fala de si mesma, ela já não existe.

D L Moody

MANTENHA TUDO NO LUGAR CORRETO EM SUA VIDA

...o guiar do carro parece como o de Jeú, filho de Ninsi, porque guia furiosamente.

2 REIS 9:20

Muitos estão buscando ter sucesso nos negócios e fazem isso dia e noite, inclusive aos domingos. Quando uma pessoa guia sua vida profissional como Jeú guiava seu carro, não há algo de errado com essa pessoa? Os negócios são algo legítimo; um bom cidadão sai e ganha seu pão com o suor do seu rosto; ele deve ser um bom "homem de negócios". Ao mesmo tempo, se ele coloca todo o seu coração nos seus negócios, está fazendo dele um deus, ao pensar mais nisso do que qualquer outra coisa. O mundo dos negócios pode ser muito bom quando ocupa o lugar correto em nossa vida; é como o fogo, que, se estiver em seu lugar, é um dos melhores amigos que podemos ter; porém, fora do lugar, é um dos piores inimigos do ser humano. O mesmo acontece com a água, sem a qual não podemos viver; porém, se formos submersos nela, podemos nos afogar. Olhe para você mesmo e se pergunte se você está obtendo vitória, crescendo em sua disposição espiritual e tendo domínio sobre o mundo e sobre a carne.

Tenha isto em mente: cada tentação que você vence o torna mais forte para vencer as outras, enquanto cada tentação que o domina o torna mais fraco. Portanto, você pode ficar cada vez mais fraco ou cada vez mais forte, dependendo da sua atitude. O pecado rouba sua força, mas a virtude o torna poderoso. Quantos foram vencidos por alguma coisinha muito pequena a que deram espaço! Às vezes, você se prepara para lutar contra uma grande tentação, mas, antes que perceba, você cai diante de alguma besteira. A maioria de nós é vencida por uma pequena perseguição e não por um grande inimigo.

D. L. Moody

PRECISAMOS TER MANSIDÃO E HUMILDADE

*Tomai sobre vós o meu jugo e aprendei de mim,
porque sou manso e humilde de coração;
e achareis descanso para a vossa alma.*

MATEUS 11:29

Não há lição mais difícil de aprender do que a da humildade. Não é ensinado nas escolas do mundo, apenas na escola de Cristo. É o mais raro de todos os dons e muito raramente encontramos um homem ou mulher que segue de perto os passos do Mestre na questão da mansidão e da humildade. Eu acredito que é a lição mais difícil que Jesus Cristo teve que ensinar para os Seus discípulos enquanto Ele estava aqui na Terra. A princípio quase parecia que Ele havia falhado em ensiná-lo aos doze homens que estiveram com Ele quase constantemente por três anos.

Acredito que, se formos suficientemente humildes, com certeza receberemos uma grande bênção da parte de Deus. Afinal, acho que depende mais de nós do que do Senhor, porque Ele está sempre pronto para dar uma bênção e dá-la gratuitamente, mas nem sempre nós estamos em condições de recebê-la. Ele sempre abençoa os humildes de coração e, se pudermos descer até o pó diante dele, ninguém será despedido vazio. Foi Maria, aos pés de Jesus, que escolheu a "melhor parte", e não Marta. Você já notou a razão que Cristo deu para aprender dele? Ele poderia ter dito: "Aprenda de mim, porque sou o pensador mais sofisticado da sua época. Eu fiz milagres que nenhum outro homem fez. Mostrei meu poder sobrenatural de mil maneiras." Mas não; a razão que Ele deu foi que Ele era "manso e humilde de coração".

O QUE SIGNIFICA BUSCAR E SALVAR O PERDIDO

Porque o Filho do Homem veio buscar e salvar o perdido. LUCAS 19:10

Se você se voltar até a parte final do capítulo 18 do evangelho de Lucas, encontrará Cristo chegando perto da cidade de Jericó, onde havia um pobre mendigo cego. Talvez ele já estivesse lá há anos, conduzido por um de seus filhos, ou, como às vezes vemos, por um cão. Sentado ali, por anos, ele clamava e mendigava o pão de cada dia. Até que, certo dia, o Grande Profeta da Galileia passou por onde ele estava, e, pela primeira vez, a esperança surgiu em seu coração. O cego não teve que pagar nada para ser curado; ele recebeu sua visão gratuitamente. Ele teve apenas que dizer ao Mestre da Galileia o que ele queria. Ele não precisou enviar uma delegação influente para convencê-lo, pois os pobres têm tanta influência sobre Jesus quanto os ricos; todos são iguais para Ele.

Deixem-me explorar um pouco mais minha imaginação. Jesus continua Sua caminhada e entra em Jericó. Lá, vivia um homem importante, chefe dos publicanos, chamado Zaqueu. Quando ouviu que o Mestre galileu estava na cidade, ele correu rua abaixo, mas só pôde vê-lo de relance, na ponta dos pés, por ser de pequena estatura e por causa da grande multidão ao seu redor. Então, ele não se conteve e subiu em uma árvore. Pendurado entre os galhos, tentou dar uma boa olhada em Jesus. Deve ter sido uma visão muito estranha ver um homem rico fazendo aquilo. De repente, o maravilhoso Deus encarnado convidou Zaqueu para descer da árvore. Posso imaginar seu primeiro pensamento: Como ele sabe meu nome? Ele nunca esteve comigo antes. Só que o Salvador o conhecia bem. Cristo também sabe tudo sobre você; Ele sabe seu nome e onde você mora. Por isso, você não precisa tentar se esconder dele.

19 DE OUTUBRO

O QUE VOCÊ PROCURA?

*E Jesus, voltando-se e vendo que o seguiam,
disse-lhes: Que buscais?*

JOÃO 1:38

Nesse texto bíblico, vemos Cristo fazendo essa pergunta a dois dos discípulos de João Batista que o seguiam. Havia toda classe de pessoas seguindo a Cristo enquanto Ele andava pela Terra. Alguns foram vê-lo apenas por mera curiosidade; alguns pelos peixes e pelos pães multiplicados; outros para obter alívio para suas angústias e cura para eles mesmos ou para alguém que amavam. Havia ainda aqueles que o seguiam para tentar envolvê-lo em alguma polêmica, na esperança de fazê-lo dizer algo contra a lei de Moisés, para poderem condená-lo e matá-lo. Todos nós estamos buscando alguma coisa. A questão por trás dessa verdade é: você sabe o que está buscando? Você sabe por que está lendo esta mensagem? Atrevo-me a dizer que, se pudéssemos ser peneirados para sabermos quem tem a motivação correta diante de Deus, obteríamos um número muito pequeno.

Quando estive na Filadélfia, um homem se levantou em uma reunião e disse que não tinha ido para ouvir a pregação, mas pela curiosidade de ver um lugar tão grande ser tomado por pessoas apenas para ouvir um homem falar. Ele foi o primeiro a chegar e, quando as portas se abriram, ele entrou correndo para ver as cadeiras serem tomadas. Foi isso que o levou ao culto. Um motivo fútil, não acham? Mas o tema da pregação daquela noite era: "Onde estás?", e ele enxergou outra coisa antes que a reunião terminasse. Enxergou que ele era um pecador pobre, cego, miserável e nu. Assim, também, eu espero que muitos que leem estas palavras só por curiosidade tenham seus olhos abertos e recebam algo que não buscavam, algo que vale mais do que o mundo inteiro.

D. L. Moody

PRECISAMOS DE CONTRIÇÃO E ARREPENDIMENTO

Pois não te comprazes em sacrifícios; do contrário, eu tos daria; e não te agradas de holocaustos. Sacrifícios agradáveis a Deus são o espírito quebrantado; coração compungido e contrito, não o desprezarás, ó Deus.

SALMO 51:16-17

Contrição é um profundo pesar piedoso e humilhação de coração por causa do pecado. Se não houver verdadeira contrição, uma pessoa sempre voltará ao seu antigo pecado. Esse é o problema que está havendo com muitos cristãos em nossos dias. Uma pessoa que se zanga, e caso não tenha muita contrição, no dia seguinte ficará zangada de novo e de novo. Assim também uma filha pode dizer coisas terríveis para sua mãe e, se sua consciência a perturba, ela até pode pedir perdão, mas logo ocorrerá outra explosão de raiva, porque sua contrição não é profunda e real. Um marido pode falar de forma rude com sua esposa e, para aliviar sua consciência, ele vai e compra para ela um belo buquê de flores; mas isso não é arrependimento e não houve contrição, por isso, ele não agirá como homem de verdade e não assumirá que errou.

O que Deus quer de nós é contrição; e, se não a tivermos, não haverá arrependimento completo e profundo. Davi nos diz que: "Perto está o Senhor dos que têm o coração quebrantado e salva os de espírito oprimido." (SALMO 34:18) e que Deus não despreza um "coração compungido e contrito". Muitos pecadores lamentam seus pecados, mas se arrependem apenas, sem um verdadeiro quebrantamento do coração. A verdade sobre isso é que muitos não sabem como se arrepender. Muitos dos problemas em nossa vida cristã vêm do fracasso que temos tido nessa área. Tentamos esconder e encobrir nossos pecados e há pouca confissão.

PRECISAMOS GANHAR AS CRIANÇAS PARA CRISTO

Porque, se meu pai e minha mãe me desampararem, o Senhor me acolherá. SALMO 27:10

Uma mãe, que havia se casado pela segunda vez e tinha um filho do qual seu segundo marido não gostava, estava morrendo. Ela mandou me buscar e me disse: "Sr. Moody, eu tenho tuberculose e estou doente há muito tempo. Desde então, estive deitada nesta cama e tenho negligenciado meu filho. Ele se envolveu com más companhias e se tornou uma pessoa rude e de boca suja. Ele não tem ninguém que cuide dele, por isso, eu quero que o senhor me prometa que, depois que eu partir, você cuidará dele".

Eu prometi a ela que o faria, mas, pouco tempo depois que ela morreu, o garoto fugiu e ninguém mais soube dele. Eu pedi para as crianças de escola dominical que procurassem pelo garoto, mas, por algum tempo, não tive notícias. Certo dia, porém, um dos estudantes me disse que o menino estava trabalhando como mensageiro de um hotel da cidade. Fui até lá e o encontrei; nós conversamos, e eu disse tudo o que Jesus tinha feito por ele e como o amava. As lágrimas correram pelo seu rosto e, quando perguntei se ele queria conhecer a Cristo, ele me disse que sim. Ele se ajoelhou e orou comigo. Era meia-noite e, no telhado daquele hotel, eu e o menino oramos e invocamos a Deus, pedindo luz, auxílio e conforto. Ele se tornou um cristão ativo e superintendente de uma escola dominical, mantendo-se firme e conduzindo outros garotos e garotas a Cristo. É uma pena que existam tantas crianças órfãs, mas há muitas outras que estão em situação pior. Precisamos levá-las à cruz de Cristo para que não morram, nem encham nossas penitenciárias ou entrem para a prostituição. Há uma obra para você realizar: pegue essas crianças pela mão e leve-as à cruz de Cristo.

D L Moody

VERDADEIRA GRATIDÃO

Tu, Senhor, és a minha lâmpada;
o Senhor derrama luz nas minhas trevas.
2 SAMUEL 22:29

Falar sobre uma lâmpada me lembra o que ouvi sobre um homem que foi pego por uma terrível tempestade de neve. A neve e o vento a batiam em seu rosto, de modo que ele não podia ver nada à sua frente. Muitos se perdem nas grandes pradarias quando são pegos por esse tipo de tempestade. O homem já não aguentava mais lutar contra o vento e a neve, quando viu uma pequena luz vinda de uma cabana feita de toras. Ele conseguiu chegar até ela e encontrou um abrigo contra a fúria da natureza. Hoje ele é um homem rico, pois, assim que pôde, comprou aquelas terras e construiu uma linda casa no local onde ficava a velha cabana. No topo de uma torre, ele colocou uma luz giratória que ele acende, na esperança de que algum viajante possa ser salvo em meio às tempestades.

Lembro-me de ter ouvido falar de dois homens encarregados de um farol em uma costa rochosa e tempestuosa. O maquinário do farol teve problemas, e ele parou de girar. Os dois homens ficaram com muito medo de que os barcos confundissem uma luz com outra e lutaram a noite toda para manter as luzes em movimento. Assim também nós devemos manter nossas luzes acesas e em movimento, para que o mundo veja Cristo em meio às suas trevas. Quantos irmãos perdem sua luz e sua alegria! Eles já foram luzes brilhantes para sua família, na escola dominical e na igreja. Mas algo se interpôs entre eles e Deus, e sua luz se apagou. Se você já passou por essa experiência, que Deus o ajude a voltar ao altar do Salvador e acender sua tocha novamente, para que a luz do evangelho brilhe nos lugares escuros.

D L Moody

A VITÓRIA QUE VENCE O MUNDO

*Pois nem a circuncisão é coisa alguma,
nem a incircuncisão, mas o ser nova criatura.*
GÁLATAS 6:15

Preceitos e ordenanças são todos muito bons, mas não são suficientes para gerar uma nova criatura. Se nascemos de Deus, temos o poder e a vontade de vencer o mundo. Existem muitas pessoas que, quando falamos de regeneração, podem nos dizer exatamente o momento em que Deus as encontrou; outras afirmam que não se lembram do dia em que Deus as chamou e que as coisas velhas ficaram para trás. Elas se sentem mal por isso e pensam que, pelo fato de não se lembrarem, não são cristãs. Mas pouco importa onde e como aconteceu se você for realmente convertido. Jesus disse: "...Em verdade vos digo que, se não vos converterdes e não vos tornardes como crianças, de modo algum entrareis no reino dos céus" (MATEUS 18:3). Temos que nos tornar crianças, nascidas de novo para Deus.

Algumas pessoas tiveram uma experiência de conversão como o clarão de uma estrela cadente e outras como o nascer do sol, lenta e progressivamente. Isso não importa, se você tiver evidências dessa conversão. Se você tem os frutos do Espírito, então você é filho e filha de Deus. Não é necessário que saibamos dizer onde ou como fomos convertidos; o importante é que possamos dizer que somos convertidos. Jesus também nos diz: "...importa-vos nascer de novo" (JOÃO 3:7). Este é o objetivo da verdadeira conversão: tornar-nos uma nova criatura. Pois, ao receber a Palavra de Deus, nós obtemos poder e força da Sua presença em nós. Como disse o apóstolo João: "Quem é o que vence o mundo, senão aquele que crê ser Jesus o Filho de Deus" (1 JOÃO 5:5)?

SOMOS NOVAS CRIATURAS E ADORAMOS APENAS A DEUS

E, assim, se alguém está em Cristo, é nova criatura;
as coisas antigas já passaram; eis que se fizeram novas.
2 CORÍNTIOS 5:17

Certa noite, eu estava conversando com um homem conhecido por ser muito incrédulo em relação à fé. Ele não tinha dúvidas para tirar, apenas queria ter uma discussão com alguém. Ele me disse que não acreditava na Bíblia, que não concordava com ela, e eu perguntei a ele o motivo, pois a Bíblia foi dada para abençoá-lo. Apesar de ele não acreditar, eu citei o texto que diz: "Ora, o homem natural não aceita as coisas do Espírito de Deus, porque lhe são loucura; e não pode entendê-las, porque elas se discernem espiritualmente" (1 CORÍNTIOS 2:14). O pobre sujeito não sabia o que fazer, então simplesmente abaixou a cabeça e ficou pensando.

No momento em que nos tornamos espiritualmente conscientes de nossa condição é que recebemos a bênção de Deus. A próxima coisa que recebemos é uma nova natureza e, então, passamos a ter muitas evidências dessa nova natureza. Se você tem uma natureza, também anseia por coisas espirituais, e isso é uma evidência. Também recebemos um novo coração, junto com essa nova natureza. Deus é Espírito, e aqueles que servem a Ele devem fazê-lo em espírito. Se temos uma nova natureza, ela deve adorar a um novo Deus. Entenda: todos têm um deus de algum tipo a quem adoram. Com o novo nascimento, com a nova vida que recebemos de Deus, temos novas ambições, novas esperanças, novas alegrias, nova paz e, a partir de então, adoramos apenas ao Deus de Israel.

AS BÊNÇÃOS DE UMA NOVA VIDA

Estes sinais hão de acompanhar aqueles que creem: em meu nome, expelirão demônios; falarão novas línguas...
MARCOS 16:17

Com todas as coisas novas que recebemos com a salvação em Cristo, estão as "novas línguas". Muitos males são cometidos por línguas caluniosas. Se o nosso coração é reto diante de Deus, não continuaremos falando mal das pessoas. Muitos foram para a sepultura com o coração machucado por causa de palavras abusivas, proferidas por um amigo ou conhecido. Cristo disse aquelas palavras aos Seus discípulos quando os estava prestes a subir ao Céu e quer que nos lembremos delas todo o tempo. Eu ouvi a história de um jovem que maltratou sua mãe e a agrediu porque ela não quis dar dinheiro para ele gastar em jogos de azar. Ela não se importou com isso; apenas orou por ele. Ela não ligava para o dinheiro, mas sim para a alma do seu filho, por isso não o atendeu. Ele voltou e pediu a sua mãe que o perdoasse, e ela o fez com alegria. Ele se arrependeu, louvou a Deus e eles ergueram um altar familiar para a glória de Deus.

Quando chegarmos ao Céu, espero cantar com Moisés e com o Cordeiro. Não sei tudo o que fazem no Céu, mas sei que eles cantam e logo cantaremos junto com eles. Não vamos nos alimentar com esse conhecimento que está se espalhando pelo mundo, esses livros miseráveis que confundem a mente das pessoas; não vamos sujar nossa mente com isso, mas vamos ler as Escrituras e não teremos prazer em nenhum outro livro deste mundo. Outra coisa que ganhamos com a salvação são nossos novos amigos. Os amigos mais verdadeiros são os cristãos. Se você quer amigos verdadeiros, busque pelos amigos de Cristo. Viva de uma nova maneira, tenha uma nova língua, cante uma nova canção, consuma o novo alimento espiritual e faça novos amigos.

D L Moody

FIQUE SEMPRE AO LADO DE QUEM TROPEÇA

Então, Pedro, aproximando-se, lhe perguntou: Senhor, até quantas vezes meu irmão pecará contra mim, que eu lhe perdoe? Até sete vezes? Respondeu-lhe Jesus: Não te digo que até sete vezes, mas até setenta vezes sete.
MATEUS 18:21-22

Se alguém tropeçou uma ou duas vezes, não rejeite essa pessoa. Muitos de nós caímos, pois temos tido problemas com pecados persistentes depois de nossa conversão. Se alguém cair pela segunda ou terceira vez, vá atrás dele e continue indo atrás sempre que ele cair. Se algum novo convertido cair, não vamos sair anunciando isso aos quatro ventos, mas vamos tratar com eles em particular e ajudá-los para que sejam restaurados. Eles tendem a ficar desanimados e dizer que não há esperança para eles; depois, abandonam Cristo. Paulo nos alerta sobre isso: "Irmãos, se alguém for surpreendido nalguma falta, vós, que sois espirituais, corrigi-o com espírito de brandura; e guarda-te para que não sejas também tentado" (GÁLATAS 6:1). A pessoa está fugindo de Satanás e este vai atrás dela; essa pessoa não consegue ficar firme no caminho, e o tentador a alcança e a derruba.

Nós, que somos espirituais, devemos ir até essa pessoa para lembrá-la que ela é especial, assim como Paulo diz para fazermos. "Aquele, pois, que pensa que estar em pé veja que não caia" (1 CORÍNTIOS 10:12). Quando olho para alguém que caiu, não posso deixar de sentir compaixão; meu coração está com ele porque eu sou seu próximo. E, se alguém ficar forte em sua própria força, vaidoso e pensar que, porque é um cristão confesso e já fez tanta coisa boa, não corre o risco de cair, não demorará muito para experimentar um grande tropeço. Portanto, se uma pessoa cair, vamos ajudá-la, levantá-la e restaurá-la.

D. L. Moody

DEVEMOS SER HUMILDES E VERDADEIROS

Seis coisas o Senhor aborrece, e a sétima a sua alma abomina: olhos altivos, língua mentirosa...
PROVÉRBIOS 6:16-17

"Olhos altivos, língua mentirosa": elas sempre andam de mãos dadas. Por isso, quando podem ser vistas na vida de um crente, podemos esperar a queda dele. É o que aprendemos de Provérbios 16:18: "A soberba precede a ruína, e a altivez do espírito, a queda." Um dos maiores perigos que as pessoas enfrentam na vida cristã é o orgulho espiritual. Alguém com boas intenções pode ser uma armadilha para um novo convertido, ao elogiá-lo por ele pregar muito bem. O diabo usará isso rapidamente e transformará em laço para os seus pés, enchendo-o de orgulho. O orgulho espiritual é um dos piores inimigos que um novo convertido tem, pois as lisonjas são sempre perigosas. Ore a Deus para que você seja sempre humilde e não encha seu irmão de vaidade, dizendo que ele prega muito bem. A vida é muito curta para gastarmos tempo lisonjeando uns aos outros. Você ouve pessoas orando a Deus para mantê-las humildes? Quase nunca. Pois bem, vamos pedir a Deus que Ele nos torne humildes; isso é o que nós precisamos.

E a mentira é muito ruim; nós não devemos permitir que ela continue agindo em nós. Deus odeia a mentira. "Os lábios mentirosos são abomináveis ao Senhor, mas os que agem fielmente são o seu prazer" (PROVÉRBIOS 12:22). Por isso, nós precisamos ser verdadeiros; não vamos parecer mais do que realmente somos; não devemos fingir humildade, mas devemos ser íntegros e sinceros, pois nisso está o deleite de Deus. Ele não quer que digamos o que não é verdade, que digamos que somos aquilo que não somos. Nunca se esqueça de que Deus sabe tudo ao nosso respeito. Ele odeia a mentira e a farsa.

D. L. Moody

SOMOS RESPONSÁVEIS
POR NOSSOS FILHOS

E vós, pais, não provoqueis vossos filhos à ira,
mas criai-os na disciplina e na admoestação do Senhor.
EFÉSIOS 6:4

Nunca ensine a vingança para seus filhos; eles têm natureza decaída o suficiente e não precisam de mais essa lição. Não os ensine a mentir. Quantos pais dizem aos filhos para atenderem a porta e dizerem ao visitante que não estão em casa! Que terrível atitude! As crianças aprendem muito rápido e logo perceberão as mentiras, que se tornarão a base para uma grande quantidade de problemas em seu futuro. As crianças são ótimas imitadoras, por isso, os pais nunca devem fazer algo que não querem que seus filhos façam. Uma senhora me disse que, em certa ocasião, ela estava em sua cozinha e se assustou quando a campainha tocou; ao se virar para ir atender a porta, ela quebrou um copo. Sua filhinha, que estava perto, pensou que sua mãe estava fazendo algo correto, começou a quebrar todos os copos que estavam diante dela. Você pode rir, mas as crianças fazem esse tipo de coisa e outras muito piores. Se você não quer que seus filhos se esqueçam do dia do Senhor, santifique-o você; se quer que eles vão à igreja, vá você.

Muitas vezes os filhos contam sua primeira mentira imitando seus pais. Eles crescem e, quando tentam abandonar o hábito, percebem que ele é tão forte que já não conseguem. Alguns não acreditam na conversão de filhos enquanto são pequenos; pensam que devem esperar a maturidade para falar sobre sua conversão. Eles se esquecem de que, nesse ínterim, seu caráter será formado e talvez já tenham abraçado o pecado. E, quando chegam à idade adulta, será tarde demais para alterar seu caráter. Que Deus nos desperte e nos ensine a responsabilidade que recai sobre nós na educação de nossos filhos.

D. L. Moody

NÃO HÁ OUTRO CAMINHO PARA O CÉU

Ora, não levou Deus em conta os tempos da ignorância; agora, porém, notifica aos homens que todos, em toda parte, se arrependam... ATOS 17:30

O dia do grande julgamento está marcado, e não sabemos nada sobre a agenda do Céu. E, se você não deseja ser julgado e condenado, é melhor se arrepender logo dos seus pecados. Quando olhamos para o evangelho de Mateus, vemos que João Batista, o precursor de Cristo, levantou sua voz no deserto da Judeia, tendo apenas uma mensagem: "Arrependei-vos" (3:2). Esse era o seu clamor, e ele bradou essa palavra aos ouvidos de todos, até encontrar Cristo no Jordão. A partir daquele momento, seu discurso passou a ser: "Eis o Cordeiro de Deus, que tira o pecado do mundo" (JOÃO 1:29). E, quando Jesus Cristo começou Seu ministério, Ele pegou aquele mesmo brado sobre as planícies da Palestina, dizendo:" Arrependei-vos, porque está próximo o reino dos céus" (MATEUS 4:17).

Quando Cristo enviou Seus discípulos, Ele os ensinou a irem a todas as cidades e proclamarem a mesma mensagem sobre a chegada do Reino dos Céus (MATEUS 10:7). Depois que Cristo subiu ao Céu, Pedro levantou o mesmo clamor no dia de Pentecostes, pregando que os pecadores deveriam se arrepender, e o Espírito Santo desceu e testificou o que Pedro estava dizendo (ATOS 2:38-41). Depois, encontramos Paulo, em Atenas, levantando esse clamor, ordenando que todos, em toda parte, se arrependam. Vejam, meus amigos, que não existe outra forma de uma pessoa ir para o Céu a não ser que se arrependa. Você pode pregar Cristo e oferecer Cristo, mas a pessoa tem que se afastar do pecado. Como clama Isaías: "Deixe o perverso o seu caminho, o iníquo, os seus pensamentos; converta-se ao SENHOR" (55:7).

D.L. Moody

FAÇA ALGO PARA DEUS

Fiel é esta palavra, e quero que, no tocante a estas coisas, faças afirmação, confiadamente, para que os que têm crido em Deus sejam solícitos na prática de boas obras. Estas coisas são excelentes e proveitosas aos homens.
TITO 3:8

Nenhuma boa obra tem real valor diante de Deus, não antes da conversão, pois você é salvo pelos méritos de Cristo e não por qualquer obra que você possa fazer. Mas, depois que se converte, a pessoa deve começar a trabalhar imediatamente se quiser resistir às oposições. A preguiça pertence à velha natureza e não à nova; por isso, não existe um fio de cabelo preguiçoso sequer na cabeça de um verdadeiro cristão. Se a pessoa for verdadeiramente convertida, desejará realizar boas obras; ela desejará intensamente ser útil para Deus. Se você não tem o cuidado de realizar boas obras, isso é um claro sinal de que você não nasceu de Deus verdadeiramente. "...sejam solícitos na prática de boas obras", diz Paulo em Tito 3:8. Trabalhe fervorosamente para dar Cristo a um mundo que está perecendo e sofrendo, dê-lhe toda a ajuda que você puder, seja qual for. Ajude os pobres e caídos, e não seja fechado e fanático ao pregar o evangelho de Jesus Cristo. Vá até eles; não lhes dê trégua!

Há muitos que estão tentando fazer as obras do diabo, pregando que não precisamos nascer de novo e que não há necessidade de regeneração, mas, nós não temos nenhuma comunhão com esse tipo de mensagem. Quando as pessoas estão tentando trabalhar pelo evangelho de Jesus Cristo, devemos orar para que as bênçãos do Céu estejam sobre elas. Existem muitos lugares onde você pode ser útil, não precisa ir muito longe para encontrá-los. Se cada um de nós apenas encontrasse algo para fazer nos próximos dias, quão útil isso poderia ser para a obra de Deus!

D. L. Moody

POR QUE A SALVAÇÃO NÃO SE COMPLETA EM MUITAS PESSOAS?

Se, com a tua boca, confessares Jesus como Senhor e, em teu coração, creres que Deus o ressuscitou dentre os mortos, serás salvo.
ROMANOS 10:9

Eu creio que nós, os cristãos, somos as únicas pessoas do mundo que têm vergonha da sua religião. Acredito que apenas uma em dez pessoas que dizem ser cristãs glorificam a Deus e dão testemunho do evangelho. Elas pertencem a uma igreja, mas você nunca as vê nas reuniões de oração ou tendo qualquer interesse nos assuntos da igreja. Elas não compartilham sua fé entre seus companheiros de trabalho, e a consequência disso é que muitas pessoas continuam sem saber nada sobre o destino eterno de suas almas. Mas o que a Bíblia ensina é que todos os cristãos devem crer em seu coração e confessar com sua boca, não apenas crer. Não devemos ter vergonha de falar do nosso amado Senhor por onde quer que passarmos.

Muitas pessoas me perguntam por que elas ainda estão nas trevas, mesmo estando na igreja, e eu acredito que é porque elas têm vergonha de confessar Cristo aos seus pais, aos amigos ou aos colegas de trabalho. Meus amigos, nós precisamos entender o que Paulo disse. Ele afirma que crer e confessar são coisas que caminham juntas, e você não será salvo até que tenha os dois em sua vida. Este é o problema! Muitos estão querendo crer em Jesus, mas continuar confessando o mundo com seus lábios e, assim, estão tentando servir ao diabo e a Deus ao mesmo tempo. Mas chegará a hora em que a linha será traçada, e descobriremos quem são os amigos de Cristo e quem são os do diabo. Se Cristo nos redimiu, não tentemos ficar com um pé em cada barco. Deixemos o mundo saber que somos de Cristo ou se não somos.

D. L. Moody

NÃO ESCONDA SUA LUZ DESSE MUNDO

Ninguém, depois de acender uma candeia, a cobre com um vaso ou a põe debaixo de uma cama; pelo contrário, coloca-a sobre um velador, a fim de que os que entram vejam a luz. LUCAS 8:16

Longe da cidade, nas regiões rurais, onde muitas vezes não há luz elétrica, os cultos são realizados à noite à luz de velas. A primeira pessoa que chega traz uma com ela. Talvez seja tudo o que ela tem para sua casa, mas ela traz assim mesmo, acende-a e a coloca sobre a mesa. A pequena vela não ilumina muito, mas é melhor do que nada. O próximo que chega também traz a sua; a próxima família também. Todos acendem suas velas e, quando a casa fica cheia, há bastante luz. Assim também acontece conosco. Se todos nós brilharmos um pouco, haverá bastante luz; se não podemos ser um farol, podemos ser uma vela. Um pouco de luz é muito útil quando há apenas trevas. Não deixe Satanás tirar vantagem de você e fazê-lo pensar que, porque você não pode fazer nenhuma grande obra, você não pode fazer absolutamente nada.

Um homem que estava viajando em alto mar e começou a se sentir muito enjoado. Ele resolveu descer para sua cabine e, nesse momento, soube que alguém havia caído no mar. Pensando se poderia fazer alguma coisa para ajudar no resgate, ele tomou uma luz e a colocou para fora da vigia de sua cabine, e os homens que estavam tentando resgatar o tal homem viram-no se afogando e o salvaram. O homem salvo disse ao que levantou a luz que, quando ele estava afundando pela terceira vez, ele estendeu sua mão para fora d'água. Nesse momento, alguém segurou uma luz na vigia, e um marinheiro o pegou pela mão e o puxou para o bote salva-vidas. O homem que segurou a vela poderia pensar que o que ele fez foi uma coisa pequena, mas, na verdade, sua atitude salvou a vida do homem que se afogava. Você pode levantar sua luz para ajudar alguém que perece.

D. L. Moody

DEUS É PODEROSO PARA MANTER VOCÊ FIRME

*Quem és tu que julgas o servo alheio?
Para o seu próprio senhor está em pé ou cai;
mas estará em pé, porque o Senhor é poderoso
para o suster.* ROMANOS 14:4

Quando me tornei cristão, aqueles que me conheciam diziam que eu não permaneceria firme na fé por muitos meses, e confesso que, quando ouvi isso, tive muito medo de cair. Eu não sabia nada sobre esta preciosa Palavra que Deus nos deu: a Bíblia. Creio que não havia nem uma dúzia de passagens em toda ela que eu pudesse citar de cor, mas o versículo que citei acima mostra que Deus foi capaz de manter de pé. Então, se houver algum novo convertido que está agora cheio de medo, cheio de dúvidas e teme as tentações que o cercam, eu o aconselho a simplesmente se agarrar à esta Palavra preciosa, pois Deus tem poder para manter você de pé. Ela o sustentará em toda a sua jornada, não importa quão difícil e perigosa ela seja. O Deus que pôde criar um mundo como este, chamando as coisas à existência a partir do nada, é o mesmo que pode criar vida em você por meio de Sua Palavra. Ele certamente pode fazer um pobre pecador como você e eu resistir no dia mau e, depois de termos vencido tudo, permanecer inabaláveis, como lemos em Efésios 6:13.

Deus tem graça e força suficientes para manter cada um de nós no caminho reto, basta que olhemos para Ele e oremos diariamente pedindo-lhe força. Ó, deixe-me avisá-lo para não colocar sua força em si mesmo. Quando você acha que é forte, torna-se muito fraco. Paulo disse em 2 Coríntios 12:10: "Porque, quando sou fraco, então, é que sou forte". Nossa força não está em nós mesmos, irmãos, mas em nosso Redentor. Portanto, mantenhamo-nos apegados a Deus e à Sua Palavra, pois Ele é o único capaz de nos fazer resistir firmes.

D L Moody

O QUE É O EVANGELHO?

*...Não temais; eis aqui vos trago boa-nova de
grande alegria, que o será para todo o povo:
é que hoje vos nasceu, na cidade de Davi,
o Salvador, que é Cristo, o Senhor.*
LUCAS 2:10-11

Talvez tão exista palavra menos entendida que "evangelho". Nós a ouvimos todos os dias, desde a mais tenra infância, mas há muitas pessoas, e até mesmo muitos cristãos, que não sabem realmente o que ela significa. Acredito que eu mesmo já era crente há muito tempo antes de realmente saber seu real significado. A palavra "evangelho" significa "boas-novas" ou "boas notícias". Antes de entender o que significa "evangelho", eu temia um inimigo terrível: o pecado. Que hora terrível eu pensava que seria quando meus pecados fossem trazidos à luz diante do universo reunido! Mas, graças a Deus, esses pensamentos se foram, pois o evangelho me ensinou que meus pecados foram todos perdoados em Cristo.

Por amor a mim, Ele lançou todos os meus pecados para trás (ISAÍAS 38:17), e esse é um lugar seguro para eles estarem, pois Deus nunca olha atrás; Ele sempre segue em frente. E quão longe eles estão de mim agora! A Palavra de Deus diz que, quanto dista o Oriente do Ocidente, assim Ele afasta de nós as nossas transgressões (SALMO 103:12). Você pode acumular seus pecados até que eles fiquem do tamanho de uma montanha, então, multiplicá-los até que não consiga mais imaginar o tamanho; contudo, ainda assim, você poderá confiar que essa montanha se derreterá diante da graça de Deus. Pois, "o sangue de Jesus, seu Filho, nos purifica de todo pecado" (1 JOÃO 1:7). Não é uma boa notícia saber que você pode ser livre do pecado? Você vai a Cristo como pecador e, ao receber Seu evangelho, seus pecados serão todos levados embora. Para você, essas não são boas notícias?

D L Moody

DEUS ESTÁ BUSCANDO VOCÊ

*E chamou o S*ENHOR *Deus ao homem
e lhe perguntou: Onde estás?*
GÊNESIS 3:9

A primeira coisa que aconteceu depois que a notícia da queda do homem chegou ao Céu foi que Deus desceu para procurá-lo. Você pode ouvir Deus chamando: "Adão! Adão! Onde estás?"? É a voz da graça, da misericórdia e do amor que chama por Adão. Adão deveria ter andado pelo jardim clamando: "Meu Deus! Meu Deus! Onde estás?", mas ele não o fez. Deus deixou o Céu para buscar o rebelde que havia caído, não para destruí-lo, e para preparar-lhe um escape da miséria do seu próprio pecado. E Deus o encontrou. Onde? Escondendo-se entre os arbustos do jardim.

Se um filho de Deus perde sua comunhão com Ele, tentará se esconder, e seu Criador o seguirá chamando: "Onde estás, onde estás?". O tempo passou, e estas perguntas continuam incomodando os filhos de Adão: "Onde estás?", "Quem é você?", "Para onde você irá?", "O que será de você no final da sua vida?". Não pense que estou pregando para seus vizinhos e amigos, porque não estou. Estou tentando falar com você, com cada um de vocês como se estivessem sozinhos diante de mim. A pergunta que fiz foi a primeira pergunta feita ao primeiro ser humano após a queda, e, naquela ocasião, Deus tinha um público muito pequeno para ouvir Seu sermão. Eram apenas Adão e sua esposa. Embora tenham tentado se esconder, as palavras divinas os atingiram. Assim também cada um de nós pode pensar que está bem escondido, mas Deus conhece nossa vida muito melhor do que nós. Seus olhos estão voltados para você desde a sua infância até este momento, e Ele lhe pergunta: "Onde estás?".

O PERIGO DE UM CORAÇÃO DIVIDIDO

Então, falou Deus todas estas palavras:
Eu sou o Senhor, teu Deus, que te tirei da terra
do Egito, da casa da servidão. ÊXODO 20:1-2

Os antepassados dos israelitas adoraram ídolos, não muitas gerações antes daquele momento. Eles tinham sido recentemente libertados do Egito, que era uma terra de muitos deuses. Os egípcios adoravam o Sol, a Lua, insetos, animais, entre outros ídolos. As dez pragas foram, portanto, enviadas por Deus para trazer confusão em sua mente sobre muitos de seus objetos sagrados. E, agora, os filhos de Israel estavam seguindo para tomar posse de uma terra que era habitada por pagãos, que também adoravam ídolos. Havia, portanto, grande necessidade de um mandamento como "não terás outros deuses" (3:3), pois os israelitas tinham muita dificuldade em estabelecer um relacionamento correto com Deus até que entendessem que precisavam reconhecer o único Deus verdadeiro e não oferecer a Ele um coração dividido.

Se Ele nos criou, certamente deve receber nossa adoração incondicional. Não é certo que Ele deva ter o primeiro e único lugar em todos os nossos afetos? Uma razão pela qual os primeiros cristãos foram perseguidos foi que eles não aceitaram colocar Jesus Cristo entre outros deuses. Deus não deu nenhuma nota incerta quanto a este mandamento. Ele é claro, inconfundível, intransigente. Demorou muito para Deus imprimir essa lição no coração dos israelitas. Ele os chamou para serem nação santa e os fez uma propriedade peculiar, mas você pode notar na história bíblica que eles se afastaram do Senhor continuamente e foram punidos com pragas, pestes, guerra e fome. Seu pecado não foi de renunciar a Deus completamente, mas tentar adorá-lo junto com outros deuses. Não devemos cometer esse mesmo erro.

D L Moody

PREPARE SEU FILHO PARA AMAR O SENHOR

Porque já lhe disse que julgarei a sua casa para sempre, pela iniquidade que ele bem conhecia, porque seus filhos se fizeram execráveis, e ele os não repreendeu.
1 SAMUEL 3:13

Se muitos pais fossem honestos, assumiriam que a ruína de seus filhos aconteceu pela falta de repreensão. O sumo sacerdote Eli era um homem bom e gentil, mas não preparou seus filhos para Deus. O Senhor lhe deu um aviso e, por fim, a destruição caiu sobre a sua casa. Aquele ancião de 98 anos estava na cidade de Siló, esperando para saber o resultado da batalha, quando um mensageiro veio do campo e gritou que Israel havia sido derrotado, a Arca fora levada, e Hofni e Fineias haviam sido mortos em batalha. Quando o velho sacerdote ouviu a notícia, caiu da cadeira para trás, quebrou o pescoço e morreu. Que final triste para aquele homem de Deus! (1 SAMUEL 4:12-18).

Lemos também que o rei Davi havia sido expulso de seu trono por seu próprio filho, a quem amava, e estava esperando notícias da batalha. Mas, quando chegou a informação de que seu filho havia sido morto, ele clamou: "Meu filho Absalão, meu filho, meu filho Absalão! Quem me dera que eu morrera por ti, Absalão, meu filho, meu filho!" (2 SAMUEL 18:33). Aquela dor foi pior do que a morte para Davi. Aquilo tudo aconteceu porque Davi não preparou seu filho para amar o Senhor. Se isso aconteceu com o sacerdote Eli e com o rei Davi, não aconteceria comigo ou com você? Que Deus nos perdoe por não darmos a devida atenção aos nossos filhos. Se você não tem um altar para o Senhor em sua casa, erga um. Não diga que os filhos são muito pequenos; encoraje-os em tudo o que você puder.

D.L. Moody

O PERIGO DE CONFIAR EM SI MESMO

Disse-lhe Pedro: Ainda que me seja necessário morrer contigo, de nenhum modo te negarei. E todos os discípulos disseram o mesmo.

MATEUS 26:35

Ao ler minha Bíblia, descubro que alguns dos homens mais eminentes que encontramos nela caíram. Eles confiaram em si mesmos e, quando se tornaram muito autoconfiantes, veio a queda. Quando um cristão se torna espiritualmente orgulhoso e vaidoso, ele não pode se manter firme por muito tempo. As pessoas que mais se destacam neste mundo são as que caem nos melhores momentos de sua vida; e, se você procurar saber, verá que elas tropeçaram na pedra da confiança em sua própria força. Veja como Pedro estava confiante quando disse as palavras desse versículo. Mesmo que os demais discípulos negassem ao Senhor, ele nunca o faria, segundo ele. Mas, poucas horas depois, lá estava Pedro jurando que não conhecia Jesus. Como Pedro era autoconfiante! É sempre assim que acontece. Quando alguém fica muito autoconfiante, satisfeito consigo mesmo e vaidoso, não espere vê-lo em pé por muito tempo; tal pessoa está pisando em terreno perigoso, escorregará e cairá de cabeça.

As pessoas falham em seus pontos mais fortes. Lembre-se do manso e humilde Moisés; foi a falta dessa tal humildade que o afastou da Terra Prometida, embora ela fosse seu ponto forte. Veja Elias, o valente profeta de Deus. No Antigo Testamento é difícil encontrar alguém mais ousado, mas você o encontrará com medo e muito assustado. Ele foi abatido e não pôde comparecer diante de Acabe. Em meio a tanta força, ele se mostrou covarde. Se você começar a pensar que é capaz de se manter sozinho, sua força se tornará em repentina fraqueza. Se colocarmos nossa confiança em qualquer coisa que não seja o poder de Deus, nossa queda não tardará.

D L Moody

SANTIFIQUE O DIA DO SENHOR

Lembra-te do dia de sábado, para o santificar.
ÊXODO 20:8

Tem havido uma terrível atitude em nosso meio em relação ao dia do Senhor, e muitos têm sido privados do poder espiritual, como aconteceu com Sansão, por não observarem este mandamento. Você observa o dia do Senhor corretamente, ou o tem negligenciado, gastando seu tempo bebendo e farreando em lugares de vício e crime, desprezando a Deus e Sua Lei? Você está pronto para ser pesado na balança de Deus por esse mandamento? Onde você estava no último domingo? Como você o passou? Sinceramente, eu acredito que esse mandamento é tão obrigatório hoje como sempre foi, embora tenha ouvido pessoas dizerem que ele foi revogado, mas elas nunca foram capazes de apontar qualquer lugar na Bíblia onde Deus o tenha revogado.

Quando Cristo esteve na Terra, Ele nada fez para o revogar; Ele apenas o libertou dos jugos introduzidos pelos escribas e fariseus e o colocou em seu verdadeiro lugar. O sábado era obrigatório no Éden e está em vigor desde então. Ele é ordenado começando com a palavra "lembre-se", mostrando que o sábado já existia quando Deus deu esta Lei nas tábuas de pedra do Sinai. Como as pessoas podem alegar que ele foi abolido quando admitem que os outros nove ainda são válidos? Acredito que a questão do sábado hoje é vital para a nossa vida e muito importante na atualidade. E, se desistirmos do dia santo, a Igreja não sobreviverá; e se a Igreja se for, o lar também irá; e se o lar for, a nação ruirá. Essa é a direção em que estamos hoje. A Igreja de Deus está perdendo seu poder por causa de tantas pessoas desistindo de buscar ao Senhor no dia do Senhor, enquanto o usam para realizar seus propósitos egoístas.

D L Moody

O BOM PASTOR NOS ATRAI ATÉ ELE

Qual, dentre vós, é o homem que, possuindo cem ovelhas e perdendo uma delas, não deixa no deserto as noventa e nove e vai em busca da que se perdeu, até encontrá-la? LUCAS 15:3

Lemos neste capítulo de Lucas que há um pastor trazendo suas ovelhas para o seu redil. E, quando elas passam pela porta, ele se levanta e as conta. Posso vê-lo contando uma, duas, três, até a noventa e nove. Mas ele não chega à centésima e diz a si mesmo que deve ter cometido algum erro. Então, ele as conta novamente e percebe que realmente falta uma. Diante disso, o bom pastor sai à procura de sua ovelha perdida. Quando Ele a encontra, coloca-a sobre os ombros e a leva para casa. É a ovelha que encontra seu pastor? Não, é o pastor que a encontra e a conduz para o seu redil.

Da mesma forma acontece conosco. Não podemos nos achegar a Deus por nós mesmos. Quanto mais endurecido está o nosso coração, mais necessitamos de Cristo; quanto mais pecador somos, mais precisamos do Salvador. Mesmo que os nossos pecados sejam grandes como uma montanha diante de nós, devemos nos lembrar de que o sangue de Jesus Cristo nos purifica de todos eles. Não há pecado tão grande, ou tão terrível, que o sangue de Cristo não possa cobrir.

Você pode se levantar hoje e dizer ao mundo que o Filho de Deus nunca procurou por você? Não acredito que haja um homem ou mulher em todo o mundo que possa dizer isso. Ele tem chamado por você desde a sua infância. Talvez nunca tenha havido um momento na história de sua vida em que tantos oraram por você como agora. E o Filho de Deus buscando a sua alma através das orações da Igreja, através das orações dos ministros; não apenas por você, mas por todo o mundo.

10 DE NOVEMBRO

NÃO OLHE MAIS PARA O MUNDO

*Portanto, meus amados irmãos, sede firmes,
inabaláveis e sempre abundantes na obra do Senhor,
sabendo que, no Senhor, o vosso trabalho não é vão.*
1 CORÍNTIOS 15:58

Quando você ganhar uma alma para Cristo, desejará ganhar duas e, quando você ganhar mais, será um novo mundo para você. Acredito que, depois dessa experiência, você não pensará em voltar para sua antiga condição. Você não ficará mais pensando em quanto do mundo você pode estar perdendo. Há muitos que se dizem cristãos, mas estão olhando ao seu redor para ver quanto do mundo é permitido para eles. Muitas pessoas pensam que se tornaram cristãs porque fizeram uma profissão de fé. Depois, elas vão para o mundo para ver o que lhes resta. Esse é o tipo de crente que fica perguntando sempre se ele pode fazer isso e aquilo. Se você entrar neste trabalho abençoado de ganhar almas para Cristo, não terá mais gosto pelo mundo. Meu conselho para você é: comece a trabalhar para Cristo, pois essa é a maneira mais rápida de você tirar o amor do mundo do seu coração.

Há várias maneiras de trabalhar; pode ser uma reunião de oração com crianças, por exemplo. Eu costumava ser maravilhosamente abençoado dessa forma. Algumas das noites mais felizes que já tive foram realizando reuniões com crianças. Algumas pessoas não acreditam na conversão de crianças; dizem que, se elas têm um pai e uma mãe, temos então que deixá-los cuidar delas. Mas muitos desses pais e mães não podem fazer isso. Vá para as crianças de rua que não têm quem cuide delas e ensine-as a amar a Cristo. Algumas das pessoas mais ativas que tive para me ajudar em Chicago haviam sido meninos de rua que foram tirados das vielas e becos da cidade.

DEUS CONDENA O ADULTÉRIO

*Digno de honra entre todos seja o matrimônio,
bem como o leito sem mácula; porque Deus julgará
os impuros e adúlteros.* HEBREUS 13:4

Deus já designou o dia em que este pecado será punido. Em Gálatas 6:7, a Bíblia afirma: "Não vos enganeis: de Deus não se zomba; pois aquilo que o homem semear, isso também ceifará." Deus recompensará cada pessoa de acordo com suas ações. Você pode caminhar pelo corredor de sua igreja e se sentar pensando que ninguém sabe do seu pecado, mas Deus certamente o levará a julgamento naquele grande dia. Se você é culpado desse pecado, não deixe o dia de hoje terminar antes que você se arrependa. Se você está vivendo em algum pecado secreto ou alimentando pensamentos impuros, decida que, pela graça de Deus, você será liberto dele. Não acredito que alguém culpado desse pecado verá o reino de Deus, a menos que se arrependa em pano de saco e cinza e faça tudo o que puder para fazer restituição às pessoas que pecaram com ele.

Mesmo nesta vida, o adultério e a impureza trazem terríveis resultados, tanto físicos quanto mentais. O prazer e a excitação logo passam e apenas o mal permanece. Esse vício carrega uma ferroada dolorosa, como a de um escorpião. O corpo, mais cedo ou mais tarde, acaba sofrendo com a consequência desse pecado. Paulo nos orienta em 1 Coríntios 6:18: "Fugi da impureza. Qualquer outro pecado que uma pessoa cometer é fora do corpo; mas aquele que pratica a imoralidade peca contra o próprio corpo." Há muitas doenças sem nome que acometem as pessoas, que as fazem descer podres à sepultura, deixando os efeitos de seu pecado para arruinar sua posteridade. Se você se sente culpado desse pecado terrível, fuja para salvar sua vida. Ouça a voz de Deus enquanto ainda há tempo. Confesse tudo a Ele e abandone esse pecado.

D. L. Moody

O LOUVOR ESTÁ NA BOCA DOS SALVOS

Restitui-me a alegria da tua salvação e sustenta-me com um espírito voluntário. Então, ensinarei aos transgressores os teus caminhos, e os pecadores se converterão a ti. SALMO 51:12-13

Tenha isto em mente: Deus espera que o louvemos pelo que Ele tem feito por nós. Se o nosso coração está cheio de gratidão, louvaremos ao Senhor com grande alegria. Eu quero dizer a vocês que eu creio que uma igreja que louva é a igreja que o Senhor deseja. E, uma igreja fria, cheia de formalismo, nunca será uma igreja que louva; mas uma igreja que está cheia de alegria, cheia de gratidão, louva a Deus o tempo todo. Eu acredito que, se tivéssemos esse texto todo o tempo em nossa mente, teríamos um avivamento tão duradouro quanto a própria eternidade. Você já parou para pensar nisso? Os céus declaram a glória de Deus, o sol, a lua e as estrelas o louvam; quando a chuva cai, ela louva a Deus. Todas as criaturas o louvam, mas o coração humano, apenas ele, se recusa a louvá-lo.

Ó, quão enganoso é o nosso coração. É incrível que quem mais recebe bênçãos materiais é quem menos louva a Deus, não é verdade? Uma pessoa pode ser grata pelas bênçãos de Deus e ainda assim não o louvar. Louvor é estar ocupado com as coisas celestiais. É por isso que os redimidos o louvam o tempo todo. A razão de muitos cristãos não louvarem a Deus é porque eles não são nascidos de Deus, pois, se fossem, o fariam o tempo todo. Se o nosso coração realmente estiver cheio do Espírito de Deus, não poderemos deixar de louvá-lo. Tenho pena dos cristãos que não têm nenhum louvor em seu coração. Eles estão vivendo uma vida de formalismo, de doutrinas de homens. Eles não têm Cristo em suas almas e, por isso, não podem louvá-lo. Que nós possamos louvá-lo pelo que Ele fez e pelo que está fazendo; assim, o mundo virá até Ele.

D. L. Moody

SEJA EXEMPLO EM TUDO

Torna-te, pessoalmente, padrão de boas obras.
No ensino, mostra integridade, reverência, linguagem
sadia e irrepreensível, para que o adversário
seja envergonhado, não tendo indignidade nenhuma
que dizer a nosso respeito.

TITO 2:7-8

O hábito de xingar é condenado por todas as pessoas sensatas do mundo. Muitos chamam esse erro de "pecado sem sentido", porque ninguém ganha nada com ele. Não é apenas um hábito pecaminoso, mas também inútil. Quando alguém xinga ou blasfema, mostra um total desrespeito por Deus. Durante a guerra, eu vi soldados xingando e praguejando, mas duvido que eles fariam aquilo diante de suas mães, ou de suas esposas, ou de suas irmãs, o que mostra que eles tinham mais respeito por elas do que por Deus! Muitos perguntam como podem parar de xingar, e eu gostaria de dar algumas orientações sobre isso. Se Deus colocar amor por Ele em seu coração, você não terá nenhum desejo de falar coisas que o entristeçam. Se você tem muito respeito por Deus, não pensará em xingar, assim como não pensa em falar levianamente ou depreciativamente sobre sua mãe, a quem você ama.

Mas o homem natural está em estado de inimizade com Deus e tem total desprezo por Sua Lei. Porém, quando essa Lei estiver escrita em seu coração, ele não terá problemas em obedecê-la. Seja um exemplo de boas obras. Podemos colocar este mandamento de Paulo na balança de Deus e subir nela para sermos pesados? Mesmo que você use linguagem imprópria apenas de vez em quando, você acha que Deus o tomará por inocente? Limpe seu coração diante de Deus e não seja um blasfemo. Não seja achado em falta diante do Todo-poderoso.

D. L. Moody

CONFISSÃO E RESTITUIÇÃO PRECEDEM O PERDÃO

*Quando eu também disser ao perverso:
Certamente, morrerás; se ele se converter do seu pecado,
e fizer juízo e justiça, e restituir esse perverso o penhor,
e pagar o furtado, e andar nos estatutos da vida,
e não praticar iniquidade, certamente, viverá;
não morrerá. De todos os seus pecados que cometeu
não se fará memória contra ele; juízo e justiça fez;
certamente, viverá.* EZEQUIEL 33:14-16

Se você já tomou algo de alguém desonestamente, não ore a Deus para perdoá-lo e enchê-lo com o Espírito Santo até que você esteja disposto a restituir quem você defraudou. Se você não tem como restituir agora, decida-se a fazê-lo, e Deus aceitará sua decisão. Muitas pessoas são mantidas em trevas e inquietação porque deixam de obedecer a Deus nesse ponto. Somente se o arado cavar bem fundo a terra, isto é, se o arrependimento for verdadeiro, é que haverá fruto. De que adianta ir a Deus sem estar disposto a se consertar com seu semelhante, como fez Zaqueu?

Veja o que diz a Palavra de Deus: "…se ele se converter do seu pecado, e fizer juízo e justiça, e restituir esse perverso o penhor (…) certamente, viverá". A confissão e a restituição são os passos que conduzem ao perdão. E, até que você trilhe esses passos, sua consciência estará atormentada e seu pecado o assombrará. Você já pensou como o pecado pode levá-lo à ruína? Suas esperanças podem ser destruídas e será difícil se levantar novamente. Qualquer que seja a condição em que você se encontre, não pegue um centavo que não lhe pertence. Em vez de roubar, vá para o Céu pobre, mas íntegro. Seja honesto em vez de percorrer o mundo em uma carruagem dourada, adquirida com riquezas ilícitas.

CRISTO É O NOSSO PRECIOSO MEDIADOR

Porque foi subindo como renovo perante ele e como raiz de uma terra seca; não tinha aparência nem formosura; olhamo-lo, mas nenhuma beleza havia que nos agradasse. Era desprezado e o mais rejeitado entre os homens; homem de dores e que sabe o que é padecer; e, como um de quem os homens escondem o rosto, era desprezado, e dele não fizemos caso. ISAÍAS 53:2-3

Os reis da Terra olharam para Jesus com desprezo quando Ele andou entre nós. Embora fosse grande, fez-se fraco; embora fosse rico, tornou-se pobre por nossa causa; e agora, olhe e veja como Seu reino está sendo estendido e como os arautos da cruz de Cristo estão subindo montanhas e descendo pelos vales deste mundo tenebroso para proclamar Sua Palavra. E ainda assim as pessoas se levantam e dizem que querem alguma evidência de que a Bíblia é verdadeira. Que evidência maior você deseja? Olhe ao seu redor e veja o que Cristo está fazendo. Veja como Ele está salvando os oprimidos. Veja como Ele está levantando Seu braço para salvar os bêbados, os rejeitados e os desafortunados. Agradeço a Deus pelo dia no qual, por Sua graça, Deus nos enviou Jesus, Seu Filho bendito.

Ó, que mundo terrível seria o nosso se Cristo não tivesse descido até nós! O Príncipe do Céu, que desceu a este mundo e nasceu de uma mulher, tem compaixão de cada um de nós e é nosso Mediador diante do santo Deus, que se assenta no trono de glória. Aquele que era rico tornou-se pobre por nossa causa. Ele nasceu neste mundo, mas pertence ao Céu, e nós damos graças a Deus por Ele ter vindo do Céu. Portanto, meus amigos, neste dia, tenhamos em mente que Deus enviou Cristo a este mundo para que Ele pudesse trazer essa grande benção que é a salvação eterna; para que Ele pudesse ser o Mediador entre Deus e cada um de nós.

D. L. Moody

UM NOME PODEROSO

Eis que conceberás e darás à luz um filho,
a quem chamarás pelo nome de Jesus.
LUCAS 1:31

Gabriel fez sua terceira visita a essa Terra para trazer a melhor notícia de todos os tempos. Quando ele visitou Daniel na Babilônia, ele trouxe uma boa notícia, dizendo que o Messias deveria vir por causa da transgressão do povo de Israel. Quando ele apareceu para Zacarias, foi uma notícia ainda mais importante, sobre João, o precursor do Messias que haveria de ver. Nove meses depois, Isabel, trouxe o menino João ao mundo.

Na terceira vinda, Gabriel vai a Nazaré e diz a Maria que ela seria a mãe daquela criança que Israel estava esperando por tanto tempo. Lembre-se do que Gabriel disse a Maria sobre a criança: "...a quem chamarás pelo nome de Jesus. Este será grande..." (1:31-32). A história nos conta que Maria saiu de sua casa em Nazaré e foi se encontrar com sua prima Isabel e, quando elas se viram, os dois bebês se reconheceram, e João saltou em seu ventre (1:39-41). Há 256 nomes que podemos encontrar na Bíblia para chamá-lo, mas o nome pelo qual Ele é conhecido poderosamente por nós é Jesus. Seu nome veio do Céu e é o nome mais doce que um ser humano já recebeu; foi o nome que Gabriel trouxe do Céu, direto de Deus. E quando Saulo o encontrou, Ele mesmo disse: "Eu sou Jesus" (ATOS 9:5). Tudo sobre Cristo é maravilhoso; Ele era diferente dos outros seres humanos. Pouco antes de João nascer, Maria voltou para Nazaré, e me parece singular que João, que deveria ser dado à nação sob a antiga dispensação, tenha nascido de uma idosa, enquanto a velha dispensação estava terminando. E Jesus, que deveria nascer sob a nova dispensação, tenha sido gerado de uma jovem virgem.

NOSSA VITÓRIA ESTÁ NO SANGUE DO CORDEIRO

Sem misericórdia morre pelo depoimento de duas ou três testemunhas quem tiver rejeitado a lei de Moisés. De quanto mais severo castigo julgais vós será considerado digno aquele que calcou aos pés o Filho de Deus, e profanou o sangue da aliança com o qual foi santificado, e ultrajou o Espírito da graça? HEBREUS 10:28-29

Se alguém desprezava a Lei de Moisés, era levado para fora da cidade e apedrejado pelo povo até a morte. Deixe-me perguntar: o que você fará com o sangue do único Filho de Deus? Digo a você que é uma coisa terrível desprezar o sangue de Cristo, rir e ridicularizar a doutrina do sangue. Eu prefiro cair morto no púlpito a fazer uma coisa dessas. Meu coração estremece quando ouço pessoas falarem levianamente sobre esse assunto. Há algum tempo, um pensamento muito solene me invadiu e causou um profundo impacto sobre mim. A única coisa que Cristo deixou de seu corpo na Terra foi Seu sangue; Sua carne e Seus ossos Ele levou para o Céu. O que você fará com o sangue de Cristo? Vai desprezá-lo, pisoteá-lo? Que Deus dê a todos nós um vislumbre do Cristo crucificado nesta hora.

Apocalipse 12:11 nos diz: "Eles, pois, o venceram por causa do sangue do Cordeiro..." Essa é a única maneira de vencer o diabo — pelo sangue do Cordeiro. Ele sabe que, quando um pobre pecador se refugia nesse sangue, tal homem ou mulher está fora do seu alcance. Ao viajar para vários lugares neste país e em outros, descobri que um pregador que fala claramente sobre essa doutrina é bem-sucedido. Mas alguém que encobre a cruz não terá êxito, e sua igreja será apenas um sepulcro caiado. Deus honra aqueles que pregam Cristo como a única esperança para o pecador, por isso, eles sempre verão a salvação das almas para quem eles pregam.

D. L. Moody

# 18 DE NOVEMBRO

VIGIAR E ESPERAR

… Varões galileus, por que estais olhando para as alturas? Esse Jesus que dentre vós foi assunto ao céu virá do modo como o vistes subir. ATOS 1:10-11

Alguns têm ido além do que as profecias dizem e tentam prever o dia exato da volta de Jesus. Talvez, esta seja uma das razões pelas quais muitas pessoas não acreditam nessa doutrina, pois essas previsões têm causado muita confusão. Jesus está vindo, nós sabemos disso, mas não sabemos exatamente quando Ele virá. Em Mateus 24:36, Jesus resolve essa questão de uma vez por todas: "Mas a respeito daquele dia e hora ninguém sabe, nem os anjos dos céus, nem o Filho, senão o Pai." Os anjos não sabem e Cristo diz que mesmo Ele não sabe, pois essa questão é algo que o Pai guarda para si mesmo. Se Cristo tivesse dito que Ele voltaria em 2.000 anos, nenhum dos seus discípulos teria vigiado e esperado por Seu retorno. Mas lembre-se de que esperar e estar atento é a atitude apropriada de um cristão; todos devemos estar sempre esperando pela volta do nosso Senhor.

Deus não nos diz quando Seu Filho deve vir, e, por isso, vigiamos e esperamos todos os dias. Nesse mesmo capítulo de Mateus, no versículo 27, descobrimos que Ele virá repentinamente, como o relâmpago sai do oriente e se mostra até o ocidente. E, novamente, no versículo 44, lemos que devemos estar preparados, porque o Filho do Homem virá à hora em que menos esperamos. Algumas pessoas dizem que isso diz respeito à hora da nossa morte, mas a Palavra de Deus não diz isso. A morte é nossa inimiga, e nosso Senhor possui as chaves da morte (APOCALIPSE 1:17-18); Ele conquistou a morte, o inferno e a sepultura e a qualquer momento pode vir para nos libertar da morte. Portanto, a maneira adequada de um crente em Cristo se portar é observando os sinais e esperando o retorno de nosso Senhor.

D L Moody

A LUTA ENTRE A NOVA E A VELHA NATUREZA

Porque a carne milita contra o Espírito, e o Espírito, contra a carne, porque são opostos entre si; para que não façais o que, porventura, seja do vosso querer.
GÁLATAS 5:17

Nunca tive conflitos comigo mesmo até ter um encontro com Deus. Eu tinha uma boa opinião sobre mim mesmo, mas, desde que Jesus entrou em minha vida, começou uma guerra entre a velha e a nova natureza. Se alguém não tem conflito com sua natureza, essa pessoa não é cristã. Mas, quando se está lutando contra uma disposição mesquinha e desprezível, tal pessoa certamente é participante da natureza divina. Quem está tentando superar e obter a vitória sobre uma disposição carnal é mais respeitável do que quem se acha naturalmente bom e não quer ser transformado. Pessoas assim vêm ao mundo com essas disposições, tentam conquistá-las e conseguem se tornar respeitáveis o suficiente para que possamos conviver com elas.

Paulo viveu uma grande luta contra o velho homem; ele tinha o mesmo conflito que incomoda você também. Quantas vezes podemos dizer junto com o apóstolo que fazemos coisas que não queremos, que dissemos coisas que não deveríamos ter dito e precisamos pedir perdão a alguém. Muita gente pensa que o velho homem está morto. Satanás as cegou. Se o velho homem tivesse sido expulso de nós, não precisaríamos vigiar. Ele não está morto, e não sabemos em que momento ele se levantará. Só não tem necessidade de vigiar quem já morreu e foi enterrado. Nos primeiros 10 anos de minha experiência de vida cristã, tive muitos conflitos e me questionava por que ainda tinha anseio de fazer as coisas más se eu já havia me convertido. Só descobri depois de ler muitas vezes a minha Bíblia que Deus me deu uma nova natureza, mas não tirou minha velha natureza.

D. L. Moody

CRISTO TEM PODER PARA GUARDAR NOSSAS ALMAS

...por isso, estou sofrendo estas coisas; todavia, não me envergonho, porque sei em quem tenho crido e estou certo de que ele é poderoso para guardar o meu depósito até aquele Dia.

2 TIMÓTEO 1:12

Alguém pode perguntar a que denominação você pertence, ou qual é a sua convicção cristã. Diga-lhe que você tem a mesma de Paulo: "de que ele é poderoso para guardar o meu depósito até aquele Dia". Denominações não podem mantê-lo firme. Alguém pode ser presbiteriano, episcopal, metodista ou congregacionalista e ainda não ser um cristão verdadeiro. Lembre-se de que não podemos nos manter firmes em Cristo por nós mesmos, nem mesmo as igrejas podem nos ajudar; somente o Filho de Deus pode; Ele é o único capaz de fazer isso. O Filho de Deus, que desceu de Seu trono no Céu e veio a este mundo, é capaz de guardar o que foi confiado a Ele. Se alguém mora na Inglaterra, pode querer colocar todo o seu dinheiro no Banco da Inglaterra, por acreditar que ele é o banco mais seguro do país, caso algo de ruim aconteça. Essas pessoas têm certeza de que, mesmo se algo ocorrer ao governo, seus depósitos estão seguros.

Pois o Filho de Deus é mais capaz de manter sua alma do que o Banco da Inglaterra é capaz de manter sua moeda protegida. Portanto, se nos comprometermos com Ele e confiarmos que Ele nos guardará, Ele o fará. Há três inimigos contra os quais devemos lutar: o mundo, a carne e o diabo. Eles estão sempre se esforçando para ter domínio sobre nossa alma. Diante disso, há uma única coisa que podemos fazer: chamar nosso "irmão mais velho", pois Ele nos protegerá de todo perigo. E, se vocês simplesmente confiarem que Ele guardará sua alma, Ele a guardará.

D. L. Moody

VÁ E ANUNCIE O QUE JESUS FEZ

*...Vai para tua casa, para os teus.
Anuncia-lhes tudo o que o Senhor te fez
e como teve compaixão de ti.*
MARCOS 5:19

Que grito de aleluia deve ter subido ao trono de Deus por aquela alma nascida de novo! Por isso, precisamos ir para as ruas, becos e favelas da cidade, aos lugares onde abunda o pecado. Precisamos encontrar um perdido e falar sobre Cristo e sobre o Céu. Tenho pena, do fundo do meu coração, daquele cristão que não ajuda seu irmão a ter a salvação. Cristo nos chama para entrarmos em Sua vinha e trabalharmos para Ele. Certa vez, vi uma pintura, sobre a qual refleti muito. Era de uma mulher saindo da água abraçada a uma cruz. Eu a achei linda.

Mas, certo dia, eu estava andando na rua e vi em uma janela outra pintura: era de uma mulher saindo das águas da morte. Ela tinha um braço ao redor da cruz e com o outro estava ajudando as pessoas que lutavam ao seu redor para sair. Desde então, não pensei muito mais na primeira, pois acho que ela representa muitos cristãos que abraçam firmemente a cruz, mas não ajudam aqueles que lutam ao seu redor. Se o Filho de Deus tirou você do abismo das trevas e colocou uma nova canção em sua boca, não se cale. Lembre-se do que Jesus disse ao homem geraseno: "...vai para tua casa, para os teus. Anuncia-lhes tudo o que o Senhor te fez e como teve compaixão de ti". Esse homem tinha um grande poder de influência naquela pequena cidade, assim como os novos convertidos têm poder sobre as pessoas ao seu redor. Pelo nosso testemunho, podemos levar muitos a Cristo. Queridos irmãos, saiam pelo mundo e deem testemunho do que Jesus fez por vocês, e sua recompensa por ganhar almas será grande.

D. L. Moody

ATÉ QUE CAIAMOS DE JOELHOS

*...Na verdade, somos culpados, no tocante
a nosso irmão, pois lhe vimos a angústia da alma,
quando nos rogava, e não lhe acudimos;
por isso, nos vem esta ansiedade.*

GÊNESIS 42:21

A falta de convencimento profundo de pecado é um sinal bem seguro de que uma pessoa não se arrependeu de fato. A experiência da vida tem me ensinado que aqueles que têm uma convicção muito frágil do pecado voltarão para o mundo mais cedo ou mais tarde. Se alguém professa ter se convertido, mas não se dá conta da indecência dos seus pecados, é provável que em sua vida o evangelho seja como aquela semente que caiu em solo rochoso, que logo nasce, mas, como não tinha raiz profunda, secou rapidamente (MATEUS 13:5,20,21). Estamos cometendo um erro lamentável ao levar para a Igreja tantas pessoas que nunca foram verdadeiramente convencidas dos seus pecados. Quanto mais luz uma pessoa possui, maior é sua responsabilidade e, portanto, maior a necessidade de uma convicção profunda. Até que a convicção de pecado nos coloque de joelhos, até que sejamos completamente humilhados, até que não tenhamos mais esperança em nós mesmos, não poderemos encontrar o Salvador.

É a convicção de pecados e a contrição que levam ao verdadeiro arrependimento. E não pense você que, quando eu ensino isso, estou me dirigindo apenas aos não convertidos, porque eu acredito sinceramente que há muita necessidade de arrependimento dentro da Igreja e, antes que isso ocorra nela, não se realizará no mundo. Eu acredito firmemente que o baixo padrão de vida cristã que temos hoje mantém muitas pessoas no mundo. Não podemos esperar que os não cristãos se arrependam e abandonem seus pecados se nem a Igreja faz isso. Eu acho que a maioria de nós tem algumas coisas das quais precisa se arrepender urgentemente.

D L Moody

VITÓRIA SOBRE AS TENTAÇÕES

*Pois, naquilo que ele mesmo sofreu,
tendo sido tentado, é poderoso para socorrer
os que são tentados.* HEBREUS 2:18

Quero chamar sua atenção para esse versículo da carta aos Hebreus. Deixe-me salientar nele as palavras "é poderoso para socorrer os que são tentados". Ó, que benditas palavras! O próprio Deus feito homem suportou as tentações do pecado para poder nos amparar em nossas necessidades. Eu acredito que todas essas provações e tentações que caem sobre nós são enviadas com o propósito de forjar nosso caráter. Quem nunca foi tentado, não pode ser um bom cristão, pois são as tentações que disciplinam uma pessoa; e quanto mais desses espinhos nos machucam, melhor e mais fortes nos tornamos. Eu acredito que foi isso que Paulo quis nos ensinar quando proclamou: "Porque, quando sou fraco, então, é que sou forte." (2 CORÍNTIOS 12:10)

Por isso, não devemos tentar proteger as pessoas dentro da igreja, mas prepará-las para lutar bravamente, pois Cristo veio do Céu para preparar uma esposa vitoriosa, não medrosa e insegura. Não devemos orar para Deus nos livrar de todas as tentações; não é isso. Devemos orar para que possamos vencê-las. Assim, sempre que o grande tentador vier sobre nós, Deus nos dará a vontade, o poder e a graça necessários para vencê-lo e nos tornarmos mais fortes do que éramos antes. Em si mesmo, ninguém tem esse poder, mas Deus pode concedê-lo àqueles que lhe pedirem. Agora, deixe-me dizer aqui, que, se você for tentado, não deve confundir tentação com pecado. Não é pecado ser tentado; só haverá pecado se você ceder à tentação. É pecado dar ouvidos ao tentador. Deixe-o vir, pois nós vamos resisti-lo, orando para que Deus nos dê graça para vencê-lo e esmagá-lo debaixo dos nossos pés. E cada tentação que vencermos nos dá mais força para vencer a seguinte.

D. L. Moody

TRABALHE COM HUMILDADE NA OBRA DO SENHOR

Tudo quanto fizerdes, fazei-o de todo o coração, como para o Senhor e não para homens, cientes de que recebereis do Senhor a recompensa da herança.
COLOSSENSES 3:23-24

Eu recomendo que você procure seu pastor para encontrar algo para fazer na obra de Deus. Não faça cerimônia, vá e ajude. Não despreze os trabalhos humildes; tudo o que é feito para o Senhor Jesus é honroso. Um dos missionários mais santos e bem-sucedidos que eu ouvi falar queria ser convidado para pregar. Mas alguns líderes desacreditavam do seu talento. Finalmente, depois de seus pedidos persistentes, eles perguntaram se ele sairia e ensinaria em escolas para não convertidos, em vez de pregar na igreja. Ele ficou feliz com a proposta, e logo seu maravilhoso talento para ganhar almas se manifestou, e todos o honraram. Sim, vale a pena trabalhar na obra do Senhor em qualquer função; se for necessário, trabalhe em tarefas mais simples, pois, no devido tempo, você receberá mais responsabilidade. O problema é que muitos estão dispostos a fazer as grandes coisas, mas não as pequenas.

Lembre-se de que aquele garotinho que você, sendo usado por Deus, conduziu ao evangelho pode se tornar um Martinho Lutero, um John Wesley; quem pode dizer o contrário? E, assim, pelo seu humilde esforço, as joias mais belas serão colocadas na coroa do Senhor, à medida que os tempos eternos avançam. Resultados inimagináveis podem surgir dos seus pequenos esforços. Milhões ainda não nascidos podem ser trazidos para o reino de Deus. Portanto, trabalhe! Que essa seja sua palavra de ordem na obra do Senhor. Eu garanto a você que passei a ter uma nova alegria desde que comecei a trabalhar para ganhar almas. E, quanto mais trabalho e prego, mais alegria e satisfação vem à minha alma.

D L Moody

NOSSO SUCESSO COMEÇA EM NOSSA CASA

Filhos, em tudo obedecei a vossos pais; pois fazê-lo é grato diante do Senhor.
COLOSSENSES 3:20

Estamos vivendo dias sombrios em relação a esse assunto; realmente parece que os dias sobre os quais o apóstolo Paulo escreveu em 2 Timóteo 3:2-4 chegaram. Se Paulo estivesse vivo hoje, ele poderia ter descrito o presente estado de coisas com maior precisão? Talvez haja mais pessoas em nosso país partindo o coração de seus pais e pisoteando a lei de Deus, do que em qualquer outro lugar do mundo. E eu nunca soube de um filho ou filha que tenha desonrado seus pais e se dado bem na vida. Eles invariavelmente trazem a ruína sobre si mesmos, a menos que se arrependam.

Quando lemos os Dez Mandamentos, vemos que os primeiros quatro mandamentos tratam sobre nosso relacionamento com Deus. Depois, eles se voltam para as relações humanas e não é significativo que, nesse ponto, Deus aponte primeiro para a vida familiar? Para mostrar o nosso dever para com os nossos semelhantes, Deus não começou dizendo como os reis devem reinar, ou como os soldados devem lutar, ou como os profissionais devem conduzir seus negócios, mas como os filhos e filhas devem se comportar em casa. Podemos ver que, se sua vida familiar estiver bem, tudo ficará mais fácil em relação a Deus e ao próximo. Se os filhos e filhas não aprendem a ser obedientes e respeitosos em casa, é provável que tenham pouco respeito pela lei de seu país e pela lei de Deus. Está tudo no coração, e o coração é preparado em casa para boa ou má conduta no mundo. Como diz o ditado popular: "Pau que nasce torto morre torto".

D. L. Moody

IGREJA, LOUVE AO SENHOR EM TODO O TEMPO!

Aleluia! Louvai a Deus no seu santuário...
SALMO 150:1

Nunca ouvi falar de um pássaro que canta enquanto está descansando em seu ninho. É quando ele voa que ele canta, e é assim também com a igreja: quando ela está em pé é quando ela canta seus louvores a Deus. Ela pode cantar até quando está no escuro, como um rouxinol. Paulo e Silas cantaram na escuridão daquele cárcere em Filipos. Quando os colocaram naquela prisão, o Deus Todo-poderoso estava lá com eles.

Um jovem ministro foi assumir uma igreja cujo pastor havia se aposentado. As pessoas estavam adormecidas na fé, e o novo pastor tentou despertá-los, mas foi inútil. Ele pregou, pregou e tentou despertá-los para irem às reuniões de oração, mas não conseguiu. Certa noite, ele disse que eles não fariam a reunião de oração, mas uma reunião de louvor. Eles nunca tinham feito uma reunião dessas e não sabiam sequer o que significava uma reunião de louvor. Eles foram perguntar a ele, mas ele não contou; disse apenas para esperarem até o dia, que eles veriam. No dia da reunião, o jovem ministro leu alguns bons e velhos salmos e depois pediu para os presentes pensarem em qualquer coisa em sua vida, em dias passados, que houvessem recebido de Deus e depois o louvassem por aquilo. Eles começaram a pensar e descobriram que tinham muitas coisas pelas quais louvar a Deus. Um homem se levantou e louvou a Deus por sua mãe, que orava muito por ele e o havia conduzido a Cristo. Outro se levantou e louvou a Deus pela Bíblia; outro louvou a Deus por isso e por aquilo, e o resultado foi que, quando a reunião acabou, eles trocaram apertos de mão e falaram uns com os outros sobre como estavam certos de que eles teriam um avivamento em sua igreja. Quem dera tivéssemos uma igreja cheia de louvor em cada canto da nossa cidade.

D. L. Moody

NENHUMA DAS PROMESSAS DE DEUS FALHARÁ

*Eis que, já hoje, sigo pelo caminho de todos os da terra; e vós bem sabeis de todo o vosso coração e de toda a vossa alma que nem uma só promessa caiu de todas as boas palavras que falou de vós o S*ENHOR*, vosso Deus; todas vos sobrevieram, nem uma delas falhou.* JOSUÉ 23:14

Pense em Josué, quando ele estava para morrer. Ele reuniu os anciãos diante dele e revisou os 40 anos de sua vida no Egito, os 40 no deserto e os 30 anos na Terra da Promessa. Ele ergueu sua voz e testificou do cumprimento total e completo das promessas de Deus. E, assim como nos dias de Josué, Deus faz cumprir toda a Sua Palavra; nenhuma de Suas promessas falhará, mas Ele está cumprindo todas elas hoje. Sempre que você começar a duvidar da Palavra de Deus, pense no testemunho de todos os Seus profetas e, então, confie nele. Confie absolutamente nas preciosas promessas da Palavra de Deus; faça delas o seu escudo para enfrentar todas as suas batalhas. Como lemos em Judas 1:24, Deus "é poderoso para vos guardar de tropeços e para vos apresentar com exultação, imaculados diante da sua glória..."

Chamo sua atenção para o que lemos sobre Abraão, em Romanos 4:20: "...não duvidou, por incredulidade, da promessa de Deus; mas, pela fé, se fortaleceu, dando glória a Deus". Entenda que Deus é capaz de fazer tudo o que Ele prometeu. Quando Jesus deixou este mundo, Ele prometeu que nos enviaria o Consolador e disse aos discípulos que esperassem em Jerusalém pelo poder do alto. E, após permanecerem esperando por três dias, o Espírito Santo veio como Cristo havia prometido. Pois eu digo a vocês que Ele ainda promete enviar o Consolador a todos os que orarem pedindo pelo Seu poder.

D.L Moody

PRECISAMOS DE VERDADEIRO ARREPENDIMENTO

Quando os céus se cerrarem, e não houver chuva, por ter o povo pecado contra ti, e orar neste lugar, e confessar o teu nome, e se converter dos seus pecados, havendo-o tu afligido, ouve tu nos céus, perdoa o pecado de teus servos e do teu povo de Israel, ensinando-lhes o bom caminho em que andem, e dá chuva na tua terra, que deste em herança ao teu povo. 1 REIS 8:35-36

A palavra conversão significa duas coisas: dizemos que uma pessoa é convertida quando nasce de novo, mas também tem um significado diferente na Bíblia. Paulo disse que ele não foi desobediente à visão celestial (ATOS 26:19), mas começou a pregar para judeus e gentios que eles deveriam se arrepender e se voltar para Deus. Um santo ancião disse: "Todo homem nasce de costas para Deus e o arrependimento é uma mudança de curso; é voltar o seu rosto para Deus". O pecado é um afastamento de Deus. Como alguém já disse, é aversão por Deus e conversão ao mundo, e o verdadeiro arrependimento significa conversão a Deus e aversão ao mundo.

Quando há verdadeira contrição, o coração se entristece com pecado; quando há uma conversão genuína, o coração rompe seus laços com o pecado. Deixamos a velha vida e somos transportados do reino das trevas para o Reino da luz. A menos que o nosso arrependimento seja marcado por essa conversão, ele não terá muito valor. Se alguém continua vivendo no pecado, isso é prova de uma conversão vazia. Salomão disse: "…e orar neste lugar, e confessar o teu nome, e se converter dos seus pecados…" A oração e a confissão de nada serviriam enquanto eles continuassem no pecado. Prestemos atenção ao chamado de Deus e vamos abandonar o velho caminho mau; voltemo-nos para o Senhor, e Ele terá misericórdia de nós e nos perdoará generosamente.

D. L. Moody

NÃO SE ENVERGONHE DE CRISTO

Será, pois, que, sendo culpado numa destas coisas, confessará aquilo em que pecou.
LEVÍTICO 5:5

Confessar Cristo abertamente é o ponto culminante do verdadeiro arrependimento. Devemos isso ao mundo, aos nossos irmãos cristãos e a nós mesmos. A religião como abstração, como doutrina, tem pouco interesse para as pessoas, mas a nossa experiência sempre tem muito peso. Muitos estão dispostos a aceitar a Cristo, mas não a confessá-lo publicamente. Paulo disse: "Pois não me envergonho do evangelho, porque é o poder de Deus para a salvação…" (ROMANOS 1:16).

Um jovem cristão se alistou no exército e foi enviado para o seu regimento. Na primeira noite, ele estava no quartel com cerca de 15 jovens que passavam o tempo jogando cartas e apostando. Antes de dormir, ele se ajoelhou e orou; os companheiros o xingaram e zombaram dele. O mesmo ocorreu nas noites seguintes; então, o jovem contou ao capelão o que tinha acontecido e perguntou o que ele deveria fazer. O capelão disse a ele que o Senhor também o ouviria se ele fizesse suas orações em silêncio. Após algumas semanas, o capelão o encontrou novamente e perguntou se ele havia seguido seu conselho. O jovem respondeu: "Sim, por duas ou três noites, mas eu me senti como um cão preso a uma coleira; então, na terceira noite, eu me levantei da cama, ajoelhei-me e orei". "E como foi isso?", perguntou o capelão. "Temos uma reunião de oração lá agora todas as noites, pois três companheiros se converteram e estamos orando pelos demais.", respondeu o jovem soldado cristão. Portanto, meus irmãos, estejamos sempre prontos para testemunhar a Cristo. Graças a Deus pelo privilégio que temos de confessar a Cristo diante do mundo.

D. L. Moody

RESPLANDEÇA NO MUNDO, PARA A GLÓRIA DE DEUS

Os que forem sábios, pois, resplandecerão como o fulgor do firmamento; e os que a muitos conduzirem à justiça, como as estrelas, sempre e eternamente.

DANIEL 12:3

Esse é o testemunho de um homem idoso, que teve a experiência mais rica e profunda do que qualquer homem que viveu na face da Terra em sua época. Ele foi levado para a Babilônia quando jovem; alguns estudiosos da Bíblia dizem que ele não tinha mais de 20 anos. Se alguém tivesse dito, quando este jovem hebreu foi levado para o cativeiro, que ele superaria todos os homens poderosos do seu tempo e que todos os generais que haviam sido vitoriosos em quase todas as nações naquela época seriam eclipsados por este jovem escravo, provavelmente ninguém teria acreditado. No entanto, por 500 anos nenhum homem brilhou como Daniel. Ele ofuscou Nabucodonosor, Belsazar, Ciro, Dario e todos os príncipes e poderosos monarcas de sua época. Não sabemos como foi sua experiência com o Deus verdadeiro, mas temos boas razões para acreditar que ele foi influenciado pelo profeta Jeremias. Evidentemente, algum homem sério e piedoso causou um profundo impacto nele.

Hoje em dia, ouvimos pessoas falando sobre a dureza do campo onde trabalham; dizem que sua situação é muito complexa, mas pense no campo em que Daniel teve que trabalhar. Ele não era apenas um escravo, mas foi mantido cativo por uma nação que detestava os hebreus; a língua era desconhecida e ele estava entre idólatras. No entanto, ele começou imediatamente a brilhar; defendeu o nome de Deus desde que chegou ali e assim continuou por toda a sua vida. Ele deu o melhor de sua juventude a Deus e continuou fiel até o fim de sua peregrinação.

D L Moody

SEJA IRREPREENSÍVEL E SINCERO

*...para que vos torneis irrepreensíveis e sinceros,
filhos de Deus inculpáveis no meio de uma geração
pervertida e corrupta, na qual resplandeceis
como luzeiros no mundo...* FILIPENSES 2:15

Você já percebeu que os santos que causaram um profundo impacto no mundo e brilharam mais intensamente foram aqueles que viveram em dias sombrios? José foi vendido como escravo ao Egito pelos ismaelitas; no entanto, ele levou seu Deus consigo para o cativeiro, como Daniel, muitos séculos depois. José permaneceu fiel até o fim e não desistiu de sua fé porque foi tirado de casa e colocado entre os idólatras. Ele permaneceu firme, e Deus ficou ao seu lado. Moisés deu as costas aos palácios suntuosos do Egito e se identificou com sua nação desprezada e oprimida. Se uma pessoa teve um campo duro para trabalhar para Deus, esse foi Moisés; ainda assim, ele brilhou intensamente e nunca se mostrou infiel ao seu Deus.

Elias viveu em um tempo muito mais sombrio que o nosso; sua nação estava mergulhada em idolatria. Acabe, sua rainha e toda a corte estavam trabalhando contra a adoração ao Deus verdadeiro, mas, ainda assim, Elias permaneceu firme e brilhou intensamente naquele tempo sombrio e maligno. E como seu nome se destacou nas páginas da história! Assim foi quando João Batista apareceu. Veja como seu nome brilha hoje! Séculos se passaram, e a fama daquele pregador do deserto continua brilhando mais forte do que nunca. Ele foi desprezado por sua geração, mas sobreviveu a todos os seus inimigos; seu nome será reverenciado e sua obra lembrada enquanto a Igreja estiver na Terra. Tenha certeza de que, assim também hoje, quando um profeta de Deus se levanta é porque a Igreja de Deus passou a servir ao deus deste mundo. Portanto, pense bem antes de falar sobre seu campo ser difícil.

D. L. Moody

CRISTO ESTÁ ESPERANDO NOSSA RESPOSTA

…Que farei, então, deste a quem chamais o rei dos judeus?
MARCOS 15:12

Os anjos podem estar pairando sobre cada um de vocês agora, esperando que você responda essa pergunta. O que você fará com esse Jesus, chamado Messias? (MATEUS 27:22). Você vai deixar para trás todos os obstáculos e receber a salvação? Não seja como Caifás, Pilatos, Agripa ou qualquer um daqueles que desprezaram ou brincaram com a questão da salvação eterna. A última vez que preguei sobre esse assunto, considero que cometi o maior erro de toda a minha vida. Foi em uma noite memorável de outubro, quando, de repente, ouvimos um alarme de incêndio, mas eu não dei muita atenção. Estávamos acostumados a ouvir esse alarme com frequência em Chicago e não nos incomodava muito quando ele soava. Terminei meu sermão intitulado "O que devo fazer com Jesus?" e disse aos presentes que eu queria que levassem essa questão com eles, pensassem bem e no domingo seguinte voltassem para me dizer o que fariam com ela.

Depois da reunião, voltamos para casa e logo vimos o brilho das chamas do grande incêndio que destruiu nossa cidade. Uma hora depois, a igreja em que eu havia pregado caiu sob as chamas e eu nunca mais vi aquele público. Que erro! Desde então, nunca mais ousei dar a uma audiência uma semana para pensar sobre sua salvação. Não sabemos o que pode nos acontecer amanhã, mas há uma coisa que sabemos: se recebermos o Salvador agora, estaremos salvos. E, se você tem a garantia da salvação eterna, não precisamos temer o fogo, a doença ou a morte. Meus amigos, que Deus nos leve a tomar uma decisão agora, e que este seja o momento em que você receberá o Filho de Deus como seu Salvador e Redentor. Agora é a hora aceitar a mensagem do evangelho.

D L Moody

SEJA SÁBIO E VIVA PARA DEUS

*Vós sois a luz do mundo. Não se pode esconder a cidade
edificada sobre um monte; nem se acende uma candeia
para colocá-la debaixo do alqueire, mas no velador,
e alumia a todos os que se encontram na casa.
Assim brilhe também a vossa luz diante dos homens,
para que vejam as vossas boas obras e glorifiquem
a vosso Pai que está nos céus.*

MATEUS 5:14-16

Se formos sábios, viveremos para Deus e para a eternidade; sairemos de nós mesmos e não nos importaremos com a honra e a glória deste mundo. Em Provérbios 11:30 lemos: "O que ganha almas é sábio". Qualquer homem, mulher ou criança que, por meio de uma vida e exemplo piedosos, puder ganhar uma alma para Deus, não terá vivido em vão. Eles terão ofuscado todos os poderosos de seus dias, porque eles terão posto em movimento uma corrente que fluirá continuamente para todo o sempre.

Deus nos deixou aqui na Terra para brilhar. Não estamos aqui para comprar, vender, ter ganhos, acumular riqueza ou para adquirir posição na sociedade. Para nós que somos cristãos, este mundo não é nossa casa; nosso verdadeiro lar está lá em cima. Deus nos enviou ao mundo para brilhar por Ele, para iluminar este mundo tenebroso. Por isso, antes de Cristo subir ao Céu, Ele disse aos Seus discípulos: "Vós sois a luz do mundo..."

Deus nos chamou para brilhar, assim como Daniel foi enviado à Babilônia para brilhar. Que ninguém diga que não pode brilhar porque não têm tanta influência quanto alguns outros podem ter; o que Deus deseja é que você faça tudo para usar a influência que você tem. Lembre-se de que uma pequena luz é muito útil quando está em um local muito escuro. Coloque uma pequena vela no meio de um grande salão escuro e ela iluminará bastante.

D. L. Moody

COMO É O NOVO NASCIMENTO?

E todos nós, com o rosto desvendado, contemplando, como por espelho, a glória do Senhor, somos transformados, de glória em glória, na sua própria imagem, como pelo Senhor, o Espírito.

2 CORÍNTIOS 3:18

Eu não posso explicar a você tudo sobre como é o novo nascimento; nenhum ser vivo pode; nós só podemos senti-lo e vivê-lo. Se você pegasse um morador de rua do local mais sujo dessa cidade e o colocasse nas ruas de cristal do Céu, ele não gostaria de ficar lá por muito tempo, pois ficaria com saudades de sua antiga casa. Em tal lugar, ele seria um homem natural o qual não consegue encontrar qualquer coisa de caráter mundano no Céu; por isso ele desejará sair daquele belo lugar o mais rápido possível. Se vocês sabem o que a velha natureza realmente é e o que Deus quer que vocês façam com ela, então Ele facilmente encontrará um lugar para vocês no seu santo lugar. Eu tive tantos problemas com o velho Moody quanto qualquer um de vocês já teve consigo mesmo, mas eu não tenho problemas com o novo Moody, agora que encontrei Cristo.

Quando uma pessoa começa a mentir e não sentir nada, é sinal de que ela não tem o Espírito de Deus em si. Eu digo a você que, se alguém for convertido de verdade, essa pessoa não mentirá mais sem que se arrependa, pois terá infinito prazer em cantar os louvores a Deus com lábios puros. As canções do mundo não servirão quando ele se converter. Você sabe que algumas pessoas vão se afastando de um relacionamento íntimo com Cristo durante sua jornada, mas, a minha experiência é que quanto mais eu sei sobre Cristo, maior Ele se torna para mim e mais perto eu quero ficar dele.

PRECISAMOS DE VERDADEIRAS CONVERSÕES

Pois não me envergonho do evangelho, porque é o poder de Deus para a salvação de todo aquele que crê, primeiro do judeu e também do grego... ROMANOS 1:16

O evangelho não perdeu seu poder; ele é tão poderoso hoje como sempre foi. Por isso, não precisamos de nenhuma nova doutrina para nos ajudar. Ainda é o velho evangelho, com aquele velho poder do Espírito Santo que nós buscamos. E, se as igrejas apenas confessarem seus pecados e os lançarem fora, se a Igreja orar por uma vida mais santa, então, o temor do Senhor virá sobre as pessoas. Foi quando Jacó se afastou dos deuses estranhos e voltou seu rosto para Betel que o temor de Deus caiu sobre as nações ao redor. Assim também, quando as igrejas se voltarem para Deus e deixarem de entristecer o Espírito, Ele poderá operar através de nós e teremos conversões o tempo todo.

É triste ver o povo de Deus desolado; ver quão pouca vida e poder espiritual existe na Igreja de Deus hoje; como muitos membros da igreja nem mesmo querem o poder do Espírito Santo. Querem poder intelectual, querem um homem eloquente, música para os animar, mas não se importam se alguém será salvo. Para eles, isso não é uma questão importante. Apenas estão preocupados que as cadeiras fiquem cheias, com pessoas elegantes e da alta sociedade, que na noite seguinte estarão nos bailes e festas do mundo. Não gostam das reuniões de oração; na verdade, eles as abominam. E, se o pastor apenas os entreter, isso será suficiente para eles. Você pode ir a muitas igrejas neste país e perguntar se eles têm muitas conversões lá, e eles não saberão dizer o que isso significa. Estão tão distantes do Senhor que sequer esperam que algo assim aconteça. Não podemos esperar que o Espírito de Deus trabalhe em uma igreja em tal estado.

D L Moody

TODOS SOMOS SEMENTES DE ADÃO

Portanto, assim como por um só homem entrou o pecado no mundo, e pelo pecado, a morte, assim também a morte passou a todos os homens, porque todos pecaram.
ROMANOS 5:12

Há árvores que dão mais frutas do que outras, mas todas são árvores. Se eu tenho duas macieiras em meu pomar, faz alguma diferença para mim que uma delas dê quinhentas maçãs ruins e a outra cem, se todas as maçãs de uma e de outra não prestam? É óbvio que não. O mesmo pode ser aplicado aos seres humanos. Há quem acredite ter um ou dois pecados pequenos, que Deus não levará em conta, porque há outra pessoa que peca muito mais do que ele. Mas, na verdade, diante de Deus, isso não importa: não há distinção alguma entre um pecador e outro. Todos são culpados, todos transgridem a Lei, e ela exige completa e perfeita restituição.

Posso imaginar alguém perguntando para si mesmo se realmente não há diferença entre ele e outra pessoa, aparentemente bem pior. Ou o abstêmio, perguntando-se se ele realmente não é melhor que os demais viciados que não conseguem sair da bebida. Eu quero dizer aqui que é bem melhor ser controlado do que descontrolado, e é muito melhor ser honesto do que corrupto; mas, quando se trata de salvação eterna, não há distinção entre pessoas, porque "todos pecaram e carecem da glória de Deus" (ROMANOS 3:23). Um elo rompido inutiliza toda a corrente. Assim também, quem quebra um mandamento é culpado de todos e se torna réu aos olhos de Deus. Pense em uma penitenciária, com alguns condenados por homicídio, outros por roubo, falsificação, ou por uma coisa. Você pode classificá-los, mas todos são criminosos. Desta mesma forma, a Lei coloca toda a humanidade como culpada aos olhos de Deus.

D.L. Moody

PEQUENAS INDULGÊNCIAS PODEM DESTRUIR VOCÊ

Abomináveis para o Senhor são os perversos de coração,
mas os que andam em integridade são o seu prazer.
O mau, é evidente, não ficará sem castigo,
mas a geração dos justos é livre.
PROVÉRBIOS 11:20-21

Tenho notado que as pessoas ficam satisfeitas quando falo sobre os pecados dos patriarcas, mas não gostam muito quando toco nos pecados de hoje, pois é algo que as deixa desconfortáveis. Mas nós precisamos que essas antigas doutrinas sejam declaradas repetidamente em nossas igrejas. Talvez não seja necessário falar aqui das violações mais grosseiras em relação ao roubo, porque a sociedade cuida delas; mas nós precisamos nos lembrar de que uma pessoa pode roubar sem arrombar cofres ou bater carteiras. Muitas pessoas se gabam por nunca terem tomado o que pertence a outra pessoa, mas se esquecem de que sonegar impostos também é pecado. Outros que não sonegam impostos prosperam com lucros desonestos.

Geralmente esse pecado é aprendido em casa e na escola. Os pais são terrivelmente relaxados em sua condenação do pecado de roubo. A criança começa roubando alguns doces aqui e ali, e a mãe desconsidera, mas, com isso, o caráter da criança é construído sem senso de certo e errado. Aos poucos, o hábito vai ficando difícil de controlar e se alastrando, e a coisa roubada já não tem valor em relação ao próprio ato. Certa vez, duas pessoas estavam discutindo sobre essa questão e uma disse que o roubo de um alfinete e de dinheiro não eram a mesma coisa para Deus. A resposta da outra pessoa foi que, se alguém pudesse dizer qual é a diferença entre um alfinete e dinheiro para Deus, ela poderia concordar. As pequenas indulgências são o que retiram o temor de Deus da nossa alma.

D L Moody

QUE AS TUAS OBRAS SEJAM UM TESTEMUNHO

Então, ouvi uma voz do céu, dizendo: Escreve: Bem-aventurados os mortos que, desde agora, morrem no Senhor. Sim, diz o Espírito, para que descansem das suas fadigas, pois as suas obras os acompanham.
APOCALIPSE 14:13

Há muitos personagens mencionados nas Escrituras sobre os quais lemos que viveram tantos anos e depois morreram; é tudo o que sabemos sobre eles. O mesmo que poderia ser escrito na lápide de muitos cristãos de hoje; ou seja, nada, além de seu nascimento e sua morte. Mas há uma coisa que você não pode enterrar junto com o corpo de uma pessoa piedosa: sua influência. Ninguém conseguiu ainda enterrar Daniel; sua influência é tão grande hoje como quando ele vivia nos palácios da Babilônia. Você pode me dizer que José está morto? Não. Pois, sua influência ainda vive e continuará a viver eternamente. Paulo nunca foi mais poderoso do hoje.

Você pode me dizer que Henry Martyn, John Bunyan ou William Wilberforce estão mortos? Encontre algum dos milhões de homens e mulheres que foram feitos escravos, mencione a qualquer um deles o nome de Wilberforce e veja como seus olhos brilham. Ele viveu para algo maior do que ele mesmo, e sua memória nunca morrerá no coração daqueles por quem viveu e trabalhou. Wesley ou Whitefield estão mortos? Os nomes desses grandes evangelistas nunca foram mais honrados do que agora. John Knox está morto? Você pode ir a qualquer parte da Escócia hoje e sentir o poder de sua influência. Eu vou lhe dizer quem está morto. Os inimigos desses servos de Deus, aqueles que os perseguiram e mentiram sobre eles. Mas os próprios homens sobreviveram a todas as mentiras que foram proferidas a respeito deles. Portanto, vivamos para Deus, saindo continuamente para ganhar almas para ele.

D L Moody

NÃO SEJA DOMINADO PELO PRAZER

Porque os que se inclinam para a carne cogitam das coisas da carne; mas os que se inclinam para o Espírito, das coisas do Espírito. ROMANOS 8:5

Muitas pessoas simplesmente estão se afogando no prazer e não encontram tempo para meditar ou orar. Elas estão se perdendo de si mesmas e de suas famílias ao se entregarem ao deus chamado "prazer". O nosso Deus quer que Seus filhos sejam felizes, mas de uma forma que seja saudável, não destrutível. Uma senhora me disse que gostaria de saber como ela poderia se tornar cristã. Contou-me que ia ao teatro e ao cinema três ou quatro vezes por semana e não estava disposta a abrir mão desse prazer. Perguntei a ela se alguma vez ela havia me ouvido falar contra ir ao teatro, e ela disse que não; então, eu lhe disse que, quando Jesus Cristo tivesse a primazia em sua vida, ela entenderia essa questão.

Eu também expliquei a ela que Jesus não veio a esse mundo para dizer que não devemos ir a esse ou aquele lugar; Ele nos deu princípios. Porém Ele disse que, se nós o amamos, teremos prazer em agradá-lo. Então, comecei a pregar Cristo para ela. Se você é cristão, ficará feliz em fazer tudo o que agrada seu Mestre e Senhor. Depois de alguns dias, ela voltou e me disse que tinha ido ao teatro novamente com o seu marido e tudo parecia diferente e comentou com ele que aquele lugar não era mais para ela. O teatro não mudou, mas ela tinha algo melhor agora. Quando Cristo tem o primeiro lugar em seu coração, você terá vitória sobre tudo o que tentar dominar você. Faça apenas o que você sabe que agradará a Jesus. A grande objeção que eu tenho a coisas como o teatro é que elas não podem ter domínio sobre nós, senão, se tornarão um obstáculo ao nosso crescimento espiritual.

D L Moody

DEUS CUIDA DE VOCÊ

*Veio-lhe a palavra do Senhor, dizendo: Retira-te daqui,
vai para o lado oriental e esconde-te junto à torrente
de Querite, fronteira ao Jordão. Beberás da torrente;
e ordenei aos corvos que ali mesmo te sustentem.
Foi, pois, e fez segundo a palavra do Senhor...*
1 REIS 17:2-5

Muitos crentes pensam da seguinte forma: Se eu estou em uma condição confortável, com boa saúde e tendo tudo o que eu preciso, então eu posso louvar a Deus. Porém eu tenho encontrado pessoas pobres materialmente, com problemas de saúde, que continuamente louvam a Deus. Posso levar você à casa de uma pessoa pobre que eu conheço, tão doente que não sai de sua cama há 10 anos, mas ainda assim ela louva a Deus mais do que centenas de cristãos. Seu quarto parece ser a antessala do Céu; sua alma está cheia do amor por Deus, cheia de alegria, mesmo sendo pobre e enferma. Como Elias, no ribeiro de Querite, sendo alimentado pelo Todo-poderoso. Qualquer pessoa que conhece a Deus pode confiar nele e louvá-lo, pois sabe que, se Ele cuida dos lírios do campo e dos pardais, não pode cuidar de cada um de nós?

Meus amigos, se não agradecermos a Deus pelo que Ele tem feito por nós, o mundo não irá a Cristo. Deixe o nome de Cristo ser levantado em sua igreja através da sua vida e deixe o mundo saber que esse é o nome em que nós confiamos, que esse é o nome do qual falamos bem. Quando começarmos a fazer isso, o mundo então perceberá que o evangelho da graça de Deus é a verdade. Comece a falar sobre Cristo e, se pudermos, vamos fazer os cristãos falarem sobre Cristo por toda parte — no transporte público, no trabalho, nas ruas —, e não demorará muito para que milhares sejam convertidos em um único dia. Que Deus desperte Sua Igreja para louvá-lo pelo que Ele tem feito por nós.

D. L. Moody

NOSSA BIOGRAFIA ESTÁ SENDO ESCRITA

...o Livro da Vida, foi aberto. E os mortos foram julgados, segundo as suas obras, conforme o que se achava escrito nos livros.
APOCALIPSE 20:12

Naquele grande dia, quando Deus tocar a fonte secreta da nossa mente e disser: "Filho, filha, lembre-se!", toda a nossa vida passará diante dos nossos olhos. As pessoas podem mergulhar no mundo e nos prazeres que ele oferece; podem beber e afogar suas consciências no álcool, mas está chegando a hora em que não poderemos mais fazer isso; está chegando a hora em que a memória fará seu trabalho e não poderemos, nem por um momento, esquecer nosso passado. Alguns falam que há um anjo que está mantendo os registros da nossa vida, mas eu acho que cada ser humano mantém seu próprio registro. Estamos escrevendo nossa própria biografia em nossa memória. Dia após dia, esse registro está sendo escrito.

Algumas pessoas famosas ficam muito ansiosas para que sua biografia seja escrita por alguém depois de sua morte, mas elas não sabem que todos já estão escrevendo sua própria biografia. Tenha certeza disso. Não precisa de mais ninguém para fazer isso, e o tempo está chegando quando Deus dirá a cada um para ler seu próprio registro, ler sua própria vida. Não será Deus quem condenará o ser humano, será o próprio ser humano. Não precisaremos de ninguém para nos condenar, nosso próprio registro o fará. Não haverá desculpas para o que fizemos no passado; nenhuma quantidade de lágrimas e orações poderá apagar esses registros. O ser humano pode se perdoar e ter uma boa opinião sobre si mesmo, pode dizer que seu histórico é bom, mas isso não ajudará naquele grande e terrível dia.

D. L. Moody

NÃO MENOSPREZE O CONVITE DE CRISTO

Não obstante, todos, à uma, começaram a escusar-se... LUCAS 14:18

É só você começar a pregar o evangelho, e logo começa a ouvir muitas "desculpas" das pessoas. Essa é uma velha história... Não há uma pessoa não salva que não tenha alguma desculpa na ponta da língua para apresentar quando o assunto é sua salvação eterna. E, mesmo que ela não tivesse uma, o diabo estaria prontinho para ajudá-la a encontrar. Ele tem milhares de anos de experiência e é muito bom nisso; ele pode dar quantas a pessoa quiser. E você sabe de onde vêm as desculpas? Do Éden, quando Adão pecou e tentou se desculpar: "A mulher que me deste por esposa, ela me deu da árvore, e eu comi" (GÊNESIS 3:12). Ele tentou colocar a culpa em Deus, em Eva, na serpente, e, até hoje, o ser humano continua fazendo a mesma coisa.

Eu prefiro ser esquartejado membro por membro, ou ter meu coração arrancado do meu peito, mas estar presente naquele dia glorioso. Não se trata apenas de uma festa, mas de uma festa real e divina. Se você tivesse a honra de receber um convite da rainha da Inglaterra para algum grande banquete em homenagem ao seu filho, recusaria? Pelo contrário, qualquer pessoa gostaria que todos soubessem disso para mostrar como foi honrada pela monarca. Mas aqui está algo que vale mais do que o convite de qualquer rei deste mundo: é um convite do Rei dos reis e Senhor dos senhores, do único Filho de Deus. Ele está chamando Sua noiva para a câmara nupcial, e a ceia das bodas do Cordeiro está se aproximando. Que honra para nós, pó da terra! E, ainda assim, as pessoas dão desculpas para não estarem presentes. Tão logo o convite é feito por Deus, começam a chover desculpas. Não menospreze o convite do Filho de Deus para você.

D. L. Moody

PREGUE O PRECIOSO NOME DE JESUS

Simeão os abençoou e disse a Maria, mãe do menino: Eis que este menino está destinado tanto para ruína como para levantamento de muitos em Israel e para ser alvo de contradição (também uma espada traspassará a tua própria alma), para que se manifestem os pensamentos de muitos corações. LUCAS 2:34-35

Sempre que o Espírito Santo está sobre uma pessoa, ela está falando bem de Cristo. Você não pode encontrar alguém que está cheio do Espírito Santo que não fale bem de Jesus. Pode ser um grande orador, ter toda a eloquência e ser grande aos olhos do mundo, mas, se não tiver o Espírito Santo, não será grande aos olhos de Deus. É interessante que, onde quer que você pregue Cristo, há alguém falando algo contra Ele. Basta ter isto em mente: sempre haverá oposição a Jesus. Há algo no coração humano que está sob o poder do diabo de forma tão tremenda que leva a pessoa a resistir quando você prega a Cristo. Por isso, quando você começa a pregar e alguém se opõe à pregação, pode saber que você está pregando a Palavra de Deus. Mas quando o mundo aplaude você, fica satisfeito e as pessoas dizem: "Ah, esse é o meu estilo!". Você pode saber que não estão dando a elas a Palavra de Deus.

Jesus tem poder sobre este mundo, e há milhões e milhões que dariam a vida por amor a Cristo. Existem muitos filhos e filhas que são leais ao Rei do Céu. Nós amamos mais Seu nome do que de qualquer outro. Esse é o nome que veio do Céu, o nome mais precioso que um ser humano já teve; o nome que Gabriel lhe deu veio direto de Deus. Ó, que Deus nos ajude a pregar a gloriosa salvação e a vinda de Cristo. Que Ele ajude cada um de nós a receber esse Salvador glorioso em nossa vida.

D. L. Moody

A MAIOR VIRTUDE QUE VOCÊ PODE BUSCAR

Tende em vós o mesmo sentimento que houve também em Cristo Jesus, pois ele, subsistindo em forma de Deus, não julgou como usurpação o ser igual a Deus.
FILIPENSES 2:5-6

A virtude mais proeminente de Cristo, depois de Sua obediência, era Sua humildade; e mesmo Sua obediência cresceu a partir da Sua humildade. Seu nascimento humilde, Sua submissão aos pais terrenos, Sua reclusão durante 30 anos, Sua associação com os pobres e desprezados, Sua inteira submissão e dependência de Seu Pai, tudo isso foi consumado em Sua morte na cruz.

Certo dia, Jesus estava a caminho de Cafarnaum e estava falando sobre Sua morte e sofrimento vindouros e sobre Sua ressurreição, quando ouviu uma discussão acalorada atrás dele. Ele perguntou aos Seus discípulos o motivo da discussão e soube que era para saberem quem deles era o maior. A maneira que Cristo usou para ensiná-los a humildade foi colocando uma criança no meio deles e disse: "Portanto, aquele que se humilhar como esta criança, esse é o maior no reino dos céus" (MATEUS 18:4)

Para mim, uma das coisas mais tristes da vida de Jesus Cristo foi o fato de, pouco antes de Sua crucificação, Seus discípulos estarem se esforçado para saber quem seria o maior. Era última noite deles juntos, e eles nunca o haviam visto tão triste antes. Ele sabia que Judas o venderia e sabia que Pedro o negaria. E, além disso, ao se aproximar da hora da crucificação, surgiu essa disputa. Jesus tomou uma toalha e se cingiu como um escravo; pegou uma bacia de água e lavou os pés dos discípulos. Essa foi outra lição prática de humildade dada pelo Mestre. Se você servir a seus semelhantes, se tornará grande no reino de Deus.

D. L. Moody

NÃO DESEJE A GLÓRIA DESTE MUNDO

Senhor, não é soberbo o meu coração, nem altivo o meu olhar; não ando à procura de grandes coisas, nem de coisas maravilhosas demais para mim.
SALMO 131:1

Todos gostam de brilhar. No mundo dos negócios as pessoas lutam para chegar ao topo; todos querem ofuscar seu concorrente e ser o melhor em sua área de atuação. No mundo político, há uma luta constante para se saber quem é o maior. Na escola, descobrimos que existe muita rivalidade entre os meninos e meninas; todos querem ser o melhor da classe. Quando um deles alcança essa posição e supera todos os outros, sua mãe fica muito orgulhosa. No exército é a mesma coisa: um tentando superar o outro; todos estão muito ansiosos para brilhar e superar seus companheiros. No meio dos jovens, nas práticas esportivas, um está ansioso para superar o outro. Portanto, todos temos esse desejo; gostamos de brilhar mais do que os nossos semelhantes. No entanto, existem poucos que podem realmente brilhar no mundo.

Muitos lutam para conseguir esse lugar, mas ficam desiludidos, pois apenas um pode alcançar o cobiçado prêmio. De forma contrária, no reino de Deus, o menor e o mais fraco podem brilhar, se quiserem. Não apenas um pode ter esse prêmio, mas todos que assim o desejarem. Há muitos anos estive em Paris, por ocasião da Grande Exposição. Napoleão III estava no auge da sua glória, mas, após alguns poucos anos, ele caiu de sua elevada posição e morreu exilado, longe de seu país e de seu trono. Hoje, poucos pensam nele e seu nome não é mencionado com amor e estima. Quão vazios e efêmeros são a glória e o orgulho deste mundo!

SOMOS LÂMPADAS NAS MÃOS DE DEUS

...a sua lâmpada não se apaga de noite.
PROVÉRBIOS 31:18

No Lago Erie, um navio foi pego por uma terrível tempestade e o capitão tentava chegar ao porto de Cleveland. Na entrada desse porto, havia o que chamamos de luzes superiores e luzes inferiores. Bem longe, nas encostas, estavam as luzes superiores acesas com força suficiente para que o barco pudesse vez, mas, quando chegaram perto do porto, não podiam mais ver as luzes que indicavam a entrada. O piloto achava melhor voltar para o lago, mas o capitão tinha certeza de que eles afundariam se voltassem e pediu que ele fizesse o possível para chegar ao porto. O piloto tinha poucas esperanças de chegar ao porto, pois não tinha nada que pudesse orientá-lo para conduzir o navio. Eles tentaram tudo o que podiam. Ele surfou no topo das ondas e depois nos vales que elas abriam. Por fim, eles se viram encalhados na praia, onde o navio se despedaçou. Alguém havia deixado as luzes inferiores se apagarem, o que os impediu de chegarem ao seu destino.

Deus mantém as luzes superiores acesas com a intensidade de sempre, mas Ele nos deixou aqui na Terra para cuidarmos das luzes inferiores. Devemos representá-lo aqui, como Cristo nos representa no Céu. Às vezes, penso que, se tivéssemos um representante tão irresponsável nos tribunais celestiais como Deus tem aqui na Terra, teríamos uma chance muito pequena de ir para o Céu. Vamos cingir nossos lombos e acender as luzes inferiores, para que as pessoas possam ver o caminho que as levará à salvação e não andem perdidas nas trevas.

NOSSA VITÓRIA SOBRE A MORTE

O aguilhão da morte é o pecado, e a força do pecado é a lei. Graças a Deus, que nos dá a vitória por intermédio de nosso Senhor Jesus Cristo.

1 CORÍNTIOS 15:56-57

O evangelho foi a melhor notícia que já recebi na minha vida. É por isso que eu gosto de pregar, porque o evangelho de Cristo me fez muito bem quando o recebi. Ele tirou do meu caminho os mais terríveis inimigos que já tive. Existe esse terrível inimigo mencionado por Paulo em 1 Coríntios 15: nosso último inimigo, a morte. O evangelho o tirou do meu caminho. Lembro-me de que, antes de ser convertido, tudo me parecia sombrio ao pensar no meu futuro. Lembro-me bem de como costumava ver a morte como um monstro terrível, como ela costumava lançar sua sombra escura sobre meu caminho, como eu tremia ao pensar na hora terrível em que ela viria me buscar. Mas tudo mudou quando conheci o Senhor Jesus como meu salvador. O túmulo perdeu seu terror.

Enquanto prossigo em direção ao Céu, posso bradar com Paulo: "Onde está, ó morte, a tua vitória? Onde está, ó morte, o teu aguilhão?". Pegue uma vespa e arranque seu ferrão; depois disso, você não precisará mais ter medo dela mais do que tem de uma mosca. Assim também, para os salvos em Cristo, acontece com a morte: ela perdeu seu ferrão. Esse último inimigo foi vencido, e posso encará-la como um inimigo sem força e esmagado. Tudo o que a morte pode conseguir agora é tocar esse velho corpo, e não me importa o quão rápido eu me livre dele, pois terei um corpo glorificado, um corpo ressurreto, um corpo muito melhor do que este. Ah, meus amigos, não há notícia melhor do que essa o evangelho que me dá, que torna o morrer algo tão doce quanto é a vida.

D. L. Moody

NÃO ENCUBRA SUAS TRANSGRESSÕES

Confessei-te o meu pecado e a minha iniquidade não mais ocultei. Disse: confessarei ao Senhor as minhas transgressões; e tu perdoaste a iniquidade do meu pecado. SALMO 32:5

Quando temos algum pecado que precisa ser confessado ou algo na vida que precisa ser corrigido, não há nenhuma quantidade de louvor, de frequência a cultos, de oração ou leitura da Bíblia que possa resolver a questão. O pecado deve ser confessado; e, se há orgulho demais para se confessar, não se deve esperar nenhuma misericórdia de Deus ou resposta às orações. Como lemos neste versículo, quem encobre as suas transgressões jamais prospera. Pode ser alguém que prega, um sacerdote atrás do altar, um rei sentado em seu trono, não importa. O ser humano vem tentando isso desde o princípio: Adão tentou e falhou; Moisés tentou quando enterrou o egípcio que ele havia matado, mas também falhou. Não é possível enterrar o pecado tão profundamente, pois ele retornará lentamente, caso não tiver sido apagado pelo Filho de Deus. É melhor desistirmos de fazer aquilo que o ser humano tem falhado em fazer desde o Éden.

Existem três maneiras de confessar o pecado. Todo pecado é contra Deus e deve ser confessado a Ele. Se o pecado foi entre mim e Deus, devo confessá-lo a Ele. Mas, se eu fiz algo errado a alguém e essa pessoa sabe que eu o fiz, devo confessar esse pecado não apenas a Deus, mas também à pessoa. Se eu tenho muito orgulho para confessar a à pessoa, não devo ir a Deus. Há, ainda, aqueles pecados que devem ser confessados publicamente. Mas quando devemos fazer isso? A confissão deve ser tão pública quanto a transgressão cometida e deve ser feita para todos os que foram afetados ou souberam da transgressão.

D. L. Moody

CONFIE NAS PROMESSAS DE DEUS

Porque o Filho de Deus, Cristo Jesus, que foi, por nosso intermédio, anunciado entre vós, isto é, por mim, e Silvano, e Timóteo, não foi sim e não; mas sempre nele houve o sim. Porque quantas são as promessas de Deus, tantas têm nele o sim; porquanto também por ele é o amém para glória de Deus, por nosso intermédio.

2 CORÍNTIOS 1:19-20

Existem muitas pessoas que pensam que determinadas promessas da Bíblia não se cumprirão. No entanto existem profecias que já se cumpriram, e, portanto, ninguém pode dizer que elas não são verdadeiras. Mas precisamos nos lembrar de que todas as promessas são feitas sob certas condições. Algumas são dadas com e outras sem condições associadas a elas. Por exemplo: "Se eu no coração contemplara a vaidade, o Senhor não me teria ouvido." (SALMO 66:18) Portanto, eu não devo orar enquanto estiver acariciando algum pecado consciente, pois, Deus não me ouvirá, muito menos me responderá. O Senhor diz no Salmo 84:11 que Ele "nenhum bem sonega aos que andam retamente". Diante disso, se eu não estou andando retamente, não tenho direito a essa promessa.

Também há promessas sem condições. Deus prometeu a Adão e Eva que o mundo teria um Salvador, e, diante disso, não havia poder na Terra que pudesse impedir que Cristo viesse no tempo determinado. E, quando Cristo deixou o mundo, Ele disse que nos enviaria o Espírito Santo, e, após apenas 10 dias da Sua partida, o Espírito Santo veio. Assim, você pode examinar as Escrituras e descobrir que algumas promessas têm e outras não têm condições para o seu cumprimento. No caso daquelas que têm condições, se não cumprirmos os requisitos, não podemos esperar que elas se cumpram.

D. L. Moody

UMA CARTA VIVA NAS MÃOS DE DEUS

Vós sois a nossa carta, escrita em nosso coração, conhecida e lida por todos os homens... estando já manifestos como carta de Cristo, produzida pelo nosso ministério, escrita não com tinta, mas pelo Espírito do Deus vivente... 2 CORÍNTIOS 3:2-3

Para que a multidão que perece seja alcançada, devemos empenhar nossa vida para isso, orar e trabalhar para que isso aconteça. Eu não daria muito pelo cristianismo que alguém diz professar, se essa pessoa não for salva e não estiver disposta a trabalhar pela salvação de outras pessoas. Essa falta de disposição para se estender a mão aos que estão na cova de onde fomos libertos é a mais vil ingratidão que podemos imaginar. Quem foi escravo da bebida é quem está mais capacitado para alcançar e ajudar os que estão presos a esse vício. Se todos nós fizéssemos o possível para nós, veríamos os bares da nossa cidade vazios.

Certo homem cego ficava sentado na esquina de uma rua de uma grande cidade com uma lanterna ao seu lado. Alguém se aproximou dele e perguntou para que era aquela lanterna, visto que ele era cego e a luz para ele não tinha valor. E a resposta do cego foi: "Eu a tenho para que ninguém tropece em mim". Enquanto uma pessoa lê a Bíblia, 100 leem a nossa vida. Isso é o que Paulo quis dizer quando escreveu: "Vós sois a nossa carta, escrita em nosso coração, conhecida e lida por todos os homens..." Eu não atribuiria muito valor ao que pode ser feito por meio de sermões se não pregarmos a Cristo por meio da nossa vida. Se não recomendarmos o evangelho às pessoas por meio do nosso testemunho cristão, não ganharemos ninguém para Cristo. Algum pequeno ato de bondade possivelmente fará mais para influenciar uma pessoa do que centenas de longos sermões.

D.L. Moody

OS SÍMBOLOS DO ESPÍRITO SANTO

*Eis que estarei ali diante de ti sobre a rocha em Horebe;
ferirás a rocha, e dela sairá água, e o povo beberá.
Moisés assim o fez na presença dos anciãos de Israel.*
ÊXODO 17:6

Quero chamar sua atenção para os símbolos do Espírito Santo. Um símbolo é aquilo que representa algo, como, por exemplo, a balança, que simboliza a justiça; a coroa, que simboliza a realeza; e o cetro, que simboliza o poder. Neste texto de Êxodo 17:6, portanto, encontramos a água como símbolo do Espírito Santo. Em 1 Coríntios 10:4, Paulo declara que a rocha que verteu água no deserto representava Cristo (ÊXODO 17:6). Deus diz: "Eis que estarei ali diante de ti sobre a rocha em Horebe", e, quando Moisés feriu a rocha, a água saiu, e ela é um símbolo do Espírito Santo. A água fluiu ao longo do acampamento e todos beberam dela. A água é purificadora, é fertilizante, refrescante, abundante e gratuita. Assim também é o Espírito de Deus: Ele purifica, fertiliza, refresca, renova; Ele nos foi dado gratuitamente quando Cristo foi ferido na cruz e glorificado em sua ressurreição e ascensão.

Assim também o fogo é um símbolo do Espírito Santo; ele é purificador, iluminador, revelador. Falamos sobre revelar nosso coração, mas não podemos fazer isso por nós mesmos. Precisamos que Deus nos examine e nos revele o que há em nosso coração. Ó, que Deus possa nos examinar e trazer à luz as coisas ocultas que estão ali. O vento é outro desses símbolos. O vento é livre, poderoso, sensível em seus efeitos e revigorante; como o Espírito de Deus, que nos reaviva quando Ele vem sobre nossa vida. Há, também, a chuva e o orvalho, que são fertilizantes, refrescantes, abundantes; a pomba — o que pode ser mais gentil que uma pomba? Oro para que todos nós possamos conhecer o Espírito Santo em toda a sua riqueza de bênçãos.

D. L. Moody

DEUS NÃO ESTÁ LONGE DE VOCÊ

Nunca mais haverá qualquer maldição. Nela, estará o trono de Deus e do Cordeiro. Os seus servos o servirão, contemplarão a sua face, e na sua fronte está o nome dele. APOCALIPSE 22:3-4

Temos certeza de que Jesus está no Céu, mas também de que Ele não está longe de cada um de nós. Ele pode ouvir a mais humilde oração e ver as lágrimas de quebrantamento que correm pela face de alguém que está verdadeiramente arrependido ou que está sofrendo com algum problema. E, se tivermos fé, podemos olhar da Terra para o Céu e ver o Senhor assentado em Seu sublime trono, assim como Estêvão viu. Diz-nos Atos 7:55: "Mas Estêvão, cheio do Espírito Santo, fitou os olhos no céu e viu a glória de Deus e Jesus, que estava à sua direita". Ao contemplar essa glória maravilhosa, Estêvão disse: "Eis que vejo os céus abertos e o Filho do Homem, em pé à destra de Deus." (v.56). O Rei da glória, em toda Sua beleza, está no Céu, e é isso torna aquele lugar tão atrativo para o crente.

Perguntaram a um crente o que ele esperava fazer quando chegasse ao Céu, e ele respondeu que daria uma boa olhada em Cristo por cerca de 500 anos e, então, poderia ir ver os apóstolos, santos e mártires. Uma criança, cuja mãe estava morrendo, foi levada para morar na casa de conhecidos porque se pensava que ela não entendia o que é a morte, mas o tempo todo a criança queria ir para casa e ver sua mãe. Por fim, quando sua mãe morreu, ela foi levada para casa. A menina correu por toda a casa, procurando sua mãe e, como não conseguiu encontrá-la, desejou ser levada de volta para o lugar onde ela estava morando. O lar havia perdido seu atrativo, pois sua mãe não estava mais lá. A grande atração do Céu não são seus portões, suas ruas de ouro, nem seu coro de anjos, mas Cristo. O Céu não seria o Céu se Cristo não estivesse lá.

D.L. Moody

O QUE DEUS NOS DÁ E O QUE ELE PEDE DE NÓS

As nações verão a tua justiça, e todos os reis,
a tua glória; e serás chamada por um nome novo,
*que a boca do S*ENHOR *designará.* ISAÍAS 62:2

Depois que uma criança nasce, damos um nome a ela. Assim também, nesta passagem e em Apocalipse 2:17, temos a promessa de que receberemos um novo nome da parte de Deus. Depois de sermos inseridos na Sua família, também recebemos a promessa de um novo nome. Deus nos tornou herdeiros do Seu reino e da Sua paz. Outra coisa que recebemos é uma nova maneira de viver. Não andamos mais da mesma maneira que andávamos antes. Hebreus 10:20 afirma que nós fomos introduzidos em um novo e vivo caminho. Desistimos do nosso próprio caminho e seguimos pelo Seu caminho. Não somos conduzidos para as trevas, mas para a luz; não para a escravidão, mas para a paz e para a alegria.

Em Isaías 59:8, lemos que os ímpios "desconhecem o caminho da paz, nem há justiça nos seus passos". Muitas pessoas dizem que não acreditam no Antigo Testamento, só no Novo. Perguntei a uma mulher se ela era cristã, e ela disse que eu tinha que perguntar para o pastor dela. Existem muitas pessoas nessa condição, ou seja, elas sabem exatamente o que seu pastor sabe e nada mais. Elas gostam de igrejas onde dizem que elas podem ser salvas permanecendo em seus pecados. Deus não pede que renunciemos a nada que aumenta nossa felicidade; tudo o que Ele pede é que renunciemos àquilo que é uma maldição para nós. Eu sirvo a Cristo há 21 anos, e este último ano foi o melhor da minha vida. Eu cresço cada vez mais, subo cada vez mais alto, a cada ano. Tive mais paz, mais força, mais descanso no ano passado do que jamais tive em minha vida.

D. L. Moody

GRANDE PARA O MUNDO, PEQUENO PARA DEUS

...Ide informar-vos cuidadosamente a respeito do menino; e, quando o tiverdes encontrado, avisai-me, para eu também ir adorá-lo. MATEUS 2:8

O povo de Jerusalém, em vez de erguer a voz de alegria e bradar com louvores a Deus, estava aflito com as notícias que vinham do palácio de Herodes. Se eles tivessem jornais naqueles dias, quão ocupados os repórteres estariam tentando descobrir o que o nascimento daquele menino significava! Depois que os magos foram ao rei Herodes para perguntar sobre o Salvador, ele ficou tomado de ciúmes e preocupação. Chamas do inferno queimavam em seu peito, mas ele manteve seu segredo bem guardado; ele não os deixou saber o que planejava. Esse homem foi um dos maiores hipócritas que já pisaram neste mundo. Ele queria matar a criança, não a adorar. Mesmo sendo o Salvador, o Deus encarnado, o Filho do Deus vivo, que veio do Céu para redimir o mundo, Herodes queria matá-lo.

Mas Deus os avisou para que eles não voltassem pelo mesmo caminho. Então, quando o rei descobriu que havia sido ludibriado, mandou matar todos os pequenos de 2 anos de idade para baixo. Eu acredito que eles foram os primeiros mártires da nossa fé. Herodes foi o primeiro a levantar sua espada contra Cristo, e a história nos diz que ele não viveu 30 dias depois de ter levantado sua espada contra o nosso Salvador. Uma pedra caiu sobre ele e o reduziu a pó. Como Deus cuidou do Seu pequeno Filho no Egito! Herodes se considerava grande e não quis honrar o Filho de Deus, mas quão pequeno seu nome se tornou para a posteridade. Ele estava apodrecido em seus próprios pecados. Esse rei foi chamado de Herodes, o Grande, mas, quão pequeno ele era aos olhos de Deus. O que o mundo chama de grande, Deus chama de pequeno.

D. L. Moody

O AMOR DE DEUS NÃO FALHA

Acaso, pode uma mulher esquecer-se do filho que ainda mama, de sorte que não se compadeça do filho do seu ventre? Mas ainda que esta viesse a se esquecer dele, eu, todavia, não me esquecerei de ti. Eis que nas palmas das minhas mãos te gravei; os teus muros estão continuamente perante mim. ISAÍAS 49:15-16

O amor de Deus não é apenas imutável, ele também é infalível. Quero chamar a sua atenção nestas maravilhosas palavras que você leu em Isaías 49:15-16. Uma mãe pode se esquecer do filho que ela mesma concebeu? Vocês, mães, já se esqueceram de seus filhos um dia que seja? Eu acredito que não. Isso porque, provavelmente, esta é a expressão de amor mais forte que há na Terra: o amor de uma mãe. Existem muitas coisas que podem separar um homem de sua esposa; muitas coisas podem separar um pai de um filho, mas não há nada no mundo que possa separar uma verdadeira mãe de seu filho. Dizem que a morte derruba tudo nesse mundo, menos o amor de uma mãe. O profeta Isaías se apoderou dessa verdade para dizer que mesmo esse amor pode falhar, mas o amor de Deus não, pois, Ele nos ama mil vezes mais do que seríamos capazes de amá-lo.

Seu amor não tem fim. Não sei se podemos ilustrar melhor o amor de Deus do que por exemplos de amor humano. As mães sabem que não há nada em seu poder que elas não façam por seus filhos, ou seja, para o seu bem. Há algumas coisas que elas negarão, porque amam demais para conceder todos os desejos de uma criança ou jovem. Igualmente, podemos pensar que Deus não nos ama, quando Ele não atende todos os nossos pedidos ou não responde a todas as nossas orações da forma como gostaríamos que fossem atendidas. Mas isso não é verdade. O amor de mãe pode ser muito forte, mas não se compara ao amor de Deus.

D. L. Moody

NOSSA RECOMPENSA ESTÁ NO CÉU

Regozijai-vos e exultai, porque é grande o vosso galardão nos céus; pois assim perseguiram aos profetas que viveram antes de vós. MATEUS 5:12

Lembre-se sempre que nós, cristãos, não recebemos nossa recompensa aqui nesta Terra. Por isso, vivemos contra a corrente do mundo. Podemos nos tornar impopulares e ir contra muitos de nossos amigos se vivermos piedosamente em Cristo Jesus. Ao mesmo tempo, se formos perseguidos por causa do Mestre, teremos essa alegria fervilhante em nós; uma alegria que vem para nosso coração o tempo todo; uma alegria que flui sem parar. O mundo não pode sufocar a fonte dessa alegria. Se tivermos Cristo em nosso coração, pouco a pouco nossa recompensa virá. Quanto mais eu vivo, mais me convenço de que homens e mulheres piedosos não são apreciados em nossos dias. Mas o trabalho desses santos viverá depois que eles se forem, e será feito um trabalho maior ainda depois, pela influência que eles produziram na vida de outras pessoas.

O profeta Daniel tem mil vezes mais influência hoje do que quando ele estava vivo na Babilônia. Abraão está fazendo mais hoje do que nas planícies de Canaã, com sua tenda e seu altar. Vamos colocar para fluir os rios de influência a partir da nossa vida. Se sofrermos perseguição e oposição hoje, vamos ficar firmes, e nossa recompensa será grande em breve. Pense nisto: o Senhor Jesus, o criador do Céu e da Terra, disse: "é grande o vosso galardão nos céus". Temos alegria em saber que há uma recompensa aguardando aqueles que o servem! Um homem ou mulher que está abatido não está apto para trabalhar para Deus. O que precisamos hoje é de uma igreja alegre. Ó, que haja grande alegria sobre os crentes em todos os lugares, para que possamos gritar de alegria e nos regozijarmos em Deus dia e noite. E lembremo-nos constantemente de que o tempo da recompensa virá.

D.L. Moody

O FUNDAMENTO DA NOSSA ESPERANÇA

Portanto, os que estão na carne não podem agradar a Deus. Vós, porém, não estais na carne, mas no Espírito, se, de fato, o Espírito de Deus habita em vós. E, se alguém não tem o Espírito de Cristo, esse tal não é dele. ROMANOS 8:8-9

Nesta passagem, temos um teste que podemos aplicar a nós mesmos: se tivermos o espírito de Jesus Cristo, nossa vida será como a dele; seremos humildes e amorosos. Não seremos ciumentos, ambiciosos, egoístas, cobiçosos, vingativos, mas mansos de coração, ternos, afetuosos, amorosos, bondosos e estaremos o tempo todo crescendo nessas graças. Podemos dizer que temos esse espírito ou não? O versículo 9 afirma que, "se alguém não tem o Espírito de Cristo, esse tal não é dele". Portanto, se nós temos o Espírito de Cristo, isso demonstra que temos uma boa esperança, mas se não o temos, nossa esperança é vã.

Lemos em Isaías 28:16 que o alicerce da Casa de Deus já está posto, feito com uma pedra provada, preciosa, angular, solidamente assentada. Cristo é nossa preciosa pedra angular, nosso fundamento. Ele foi julgado; os escribas e fariseus o testaram; os saduceus também; Ele foi julgado pela Lei; Ele guardou a Lei. Ele foi provado e venceu a morte. Portanto, se construirmos nossa casa sobre Ele, teremos um alicerce seguro, pois, "debaixo do céu não existe nenhum outro nome, dado entre os homens, pelo qual importa que sejamos salvos" (ATOS 4:12). "Ninguém pode lançar outro fundamento, além do que foi posto, o qual é Jesus Cristo." (1 CORÍNTIOS 3:11). É por isso que todos os que constroem sobre esse fundamento serão salvos. Nisso está nossa poderosa e gloriosa esperança. Deixe as tempestades chegarem e testarem esse fundamento. Nossa esperança é certa e firme como a rocha, porque está em Jesus Cristo.

D. L. Moody

PAZ, GRAÇA E GLÓRIA EM CRISTO

…porque aprouve a Deus que, nele, residisse toda a plenitude e que, havendo feito a paz pelo sangue da sua cruz, por meio dele, reconciliasse consigo mesmo todas as coisas, quer sobre a terra, quer nos céus.
COLOSSENSES 1:19-20

Paulo nos ensina nesta passagem que Jesus trouxe a paz pelo sangue da Sua cruz. Por isso, podemos afirmar que não há paz no mundo sem Jesus Cristo. Existem muitos ricos, muitos grandes homens e mulheres no mundo, mas eles não têm paz. Eu nunca conheci uma pessoa que verdadeiramente soubesse o que é ter paz até que tenha chegado ao Calvário. Romanos 5:1 nos diz que nós somos "justificados, pois, mediante a fé, temos paz com Deus por meio de nosso Senhor Jesus Cristo". É quando o pecado é coberto pelo sangue de Cristo, vertido na cruz, que a pessoa recebe paz.

Por isso, não há paz para os ímpios; eles são como o mar agitado, que não pode descansar. O Calvário é o lugar para encontrar paz — paz para o passado e graça para o presente. E há ainda algo melhor na cruz, que é o regozijar-se na esperança da glória futura. Algumas pessoas pensam que, quando chegarem ao Calvário terão o melhor, mas há algo mais bem guardado para elas: a glória! Não sei o quão perto ela pode estar de nós; pode ser que alguns de nós sejamos levados daqui em breve para a presença do Rei. Se assim for, um só olhar para Ele será suficiente para recompensar tudo o que tivemos que suportar nesta Terra por amor ao Seu nome. Sim, há paz para o passado, graça para o presente e glória para o futuro daquele que crê. Essas são as três coisas que todo filho de Deus deve ter. É isso que o sangue da cruz traz: paz para o passado, graça para o presente e glória para o futuro.

NÃO DUVIDE DA VOLTA DE CRISTO

Toda a Escritura é inspirada por Deus e útil para o ensino, para a repreensão, para a correção, para a educação na justiça, a fim de que o homem de Deus seja perfeito e perfeitamente habilitado para toda boa obra.

2 TIMÓTEO 3:16-17

Algumas pessoas dizem que devemos crer nas profecias, mas, no caso das que tratam sobre coisas futuras, dizem que não adianta tentar entendê-las. Elas creem que devemos lidar apenas com as profecias que já se cumpriram, mas Paulo não acreditava assim; ele afirma em 2 Timóteo 3:16 que "Toda a Escritura é inspirada por Deus e útil para o ensino". Ora, se ele pensasse como essas pessoas, ele deveria ter dito: "Algumas Escrituras são úteis; outras, não podemos entender, e, por isso, é melhor deixá-las em paz". Mas não foi isso que Paulo disse. Se Deus não queria que estudássemos as profecias, ele não as teria colocado na Bíblia. Algumas delas já se cumpriram, e Ele está trabalhando para que as demais se cumpram; e, se não as virmos cumpridas nesta vida, saberemos do seu cumprimento no mundo vindouro.

Não quero ensinar nada dogmaticamente, mas penso que a preciosa doutrina sobre o retorno do Senhor é ensinada tão claramente no Novo Testamento quanto qualquer outra doutrina. No entanto, eu fiquei na igreja 15 ou 16 anos, antes de poder ouvir um sermão sobre ela. Vejo uma razão para isso: o diabo não quer que saibamos mais sobre esta verdade, porque nada pode despertar tanto a Igreja como a volta do Senhor. Quando voltar, Cristo trará todos os nossos amigos com Ele; todos os que morreram no Senhor estarão com Ele nas nuvens do Céu. No momento em que uma pessoa se apodera da verdade de que Jesus Cristo está voltando para receber seus amigos, este mundo perde o controle sobre ela e seu coração está livre para viver e trabalhar para Cristo.

D. L. Moody

NINGUÉM ESCAPA AOS OLHOS DE DEUS

Ora, sabemos que tudo o que a lei diz, aos que vivem na lei o diz para que se cale toda boca, e todo o mundo seja culpável perante Deus... ROMANOS 3:19

Se alguém dissesse que poder tirar uma foto do que há no seu coração, você acreditaria? Todos sabemos que não há ninguém nem nenhuma câmera capaz de tirar essa foto, nem nunca haverá. Quando uma pessoa é apresentada desnuda diante Daquele que sonda os corações, não há nada que possa ser encoberto. Você não gostaria que sua própria esposa visse o que há em seu coração, não é verdade? Acredito que nós mesmos ficaríamos desconfortáveis se pudéssemos ver tudo o que há nele com sinceridade. Ninguém conhece plenamente o que está no próprio coração: "Enganoso é o coração, mais do que todas as coisas, e desesperadamente corrupto; quem o conhecerá?". É o que diz o Senhor pela boca de Jeremias (17:9).

Eu posso entender por que muitas pessoas não gostam deste terceiro capítulo de Romanos: é porque ele fala a verdade sobre nós de forma clara demais. Se achamos que não somos tão ruins quanto o texto bíblico descreve, precisamos olhar mais de perto para nós mesmos. Paulo fala sobre a Lei para nos mostrar que estamos perdidos e arruinados. Eu quero que você entenda isso claramente, porque acredito que centenas e milhares tropeçam nisso. Eles tentam se salvar tentando cumprir a Lei, mas isso não é possível. A Lei nunca salvou um único ser humano desde o início do mundo. As pessoas têm tentado cumpri-la, mas nunca conseguiram e nunca conseguirão. A menos que nos humilhemos perante o Senhor, e confessemos diante dele nossas iniquidades e pecados, a porta do Céu, que está aberta somente aos pecadores salvos pela graça, estará fechada para nós, para sempre.

DEUS LHE DARÁ GRAÇA ABUNDANTE

Deus pode fazer-vos abundar em toda graça, a fim de que, tendo sempre, em tudo, ampla suficiência, superabundeis em toda boa obra...
2 CORÍNTIOS 9:8

Deus pode tornar Sua graça tão abundante sobre você que isso fará você abundante em Sua gloriosa obra! Não há nada que Deus nos chame para fazer para o qual Ele não dê a graça necessária. Só precisamos nos achegar ao trono de Deus, para dele recebermos toda a graça de que precisamos. Espero que você trabalhe muito na igreja; espero que seja isso que você se propõe a fazer. Procure encontrar algum trabalho para você em sua igreja, a fim de que todos nós possamos bradar: "Ó, Deus, dê-me uma alma para que eu a leve a ti". Tente ganhar as pessoas para Cristo. Eu acredito que não há ninguém na Igreja que não possa ganhar pelo menos uma alma para Cristo neste próximo mês, se quiser.

Imagine se cada crente fizer isso; serão doze almas em doze meses, por crente! E, se assim for, que multidão de almas nascidas de novo nós teremos? Quero terminar essa mensagem deixando para você duas recomendações. A primeira é: confie na Palavra de Deus; estude a Bíblia e você se tornará forte no Senhor. Se não o fizer, certamente cairá e as pessoas zombarão de você, dizendo que você apenas teve algum tipo de experiência emocional, mas não nasceu de novo. E a segunda recomendação é: trabalhe para o Senhor com todas as suas forças. Saia e trabalhe para Ele e você se tornará forte. Seja fiel. Você não pertence mais a si mesmo, mas foi comprado por Cristo. Sua vida agora está escondida com Cristo em Deus e você é um instrumento para a Sua glória. Por isso, glorifique seu Mestre e trabalhe para Ele, pregando Seu santo evangelho. Amém.

D.L. Moody

TABELA DE VERSÍCULOS

ANTIGO TESTAMENTO	NOVO TESTAMENTO
Gênesis 3:9; 6:13-14; 12:1; 13:12; 20:1-2; 42:21; 46:3;	Mateus 1:20-21; 2:8; 5:12; 5:14-16; 5:22; 5:44; 6:5; 6:19-20; 6:21; 6:33; 7:26; 9:2; 9:12; 10:32; 11:28; 11:29; 11:30; 12:36-37; 12:39; 13:5-6; 13:44; 13:58; 14:30; 18:21-22; 19:14; 21:2222:8; 22:29; 22:42; 23:11-12; 26:27-28; 26:35; 27:22; 28:18
Êxodo 12:11; 12:13; 15:1; 20:3; 20:7; 20:8; 20:12; 20:13; 20:14; 20:17; 40:33-35	Marcos 1:8; 2.27; 5:8; 5:19; 5:33; 7:20-23; 7:34; 8:36; 9:19; 10:13-14; 15:12; 16:6; 16:15; 16:17
Números 23:19	Lucas 1:18; 1:31; 2:10-11; 2:34-35; 2:38; 3:8; 5:8; 6:38; 7:47; 9:23; 10:20; 12:15; 12:16; 12:17; 12:45-46; 13:3; 14:18; 14:28; 15:1-2; 15:3; 15:18; 15:21; 15:24; 16:25; 18:7; 18:11-12; 18:13; 19:10; 23:33-34; 23:42-43; 24:39; 24:49
Levítico 5:5; 8:23; 19:11-12	João 1:38; 3:3; 3:5; 3:16; 3:30; 4:9; 5:24; 6:37; 7:37; 7:38; 8:36; 9:4; 9:11; 11:14-15; 11:25; 11:44; 14:1; 14:3; 14:12; 14:16-17; 14:25-26; 14:27; 15:26-27; 16:8; 16:9-11; 16:13; 16:33; 17:17; 18:33; 20:17; 20:22; 20:27; 21:15
Deuteronômio 6:5-7; 11:18-19; 27:16; 31:6; 32:9-10; 32:30-31	Atos 1:8; 1:10-11; 2:4; 2:37; 4:31; 4:33; 7:55-56; 9:4; 9:5; 16:29; 16:30-31; 17:30; 26:28
Josué 1:8; 23:14	Romanos 1:16; 2:15; 3:19; 3:24-26; 5:1-2; 5:5; 5:12; 6:22; 6:23; 7:18-20; 8:5; 8:8-9; 8.32-33; 10:9; 10:13; 10:14; 11:19-20; 12:9-10; 14:4; 15:1; 15:13
1 Samuel 3:13;	1 Coríntios 1:23; 1:28-29; 2:9; 2:14; 3:16-17; 4:12-13; 6:9-10; 6:18; 9:22; 10:13; 10:14; 13:2; 13:8; 15:19; 15:48; 15.55; 15:56-57
2 Samuel 18:32-33; 22:29	2 Coríntios 1:4; 1:19-20; 3:2-3; 3:7-8; 3:18; 4:8; 4:16-18; 5:14; 5:17; 6:2; 6:17; 9:6; 9:8; 12:9
1 Reis 8:35-36; 17:1; 17:2-5; 18:21; 18:38-39	Gálatas 5:1; 5:17; 5:22; 5:22-23; 5:24; 6:7; 6:8; 6:15
2 Reis 2:9; 7:1-2; 9:20	Efésios 2:8-9; 3:19; 4:15-16; 4:28; 6:1-3; 6:4; 6:10; 6:11-13; 6:17
1 Crônicas 10:13-14; 16:10-11	Filipenses 2:3; 2:5-6; 2:7-8; 2:15
2 Crônicas 5:13; 7:1	Colossenses 1:12-14; 1:19-20; 3:20; 3:23-24

ANTIGO TESTAMENTO	NOVO TESTAMENTO
Neemias 8:10	1 Tessalonicenses 4:16-17
Jó 22:21; 40:4; 42:10;	1 Timóteo 1:15; 4:1-2; 6:9-10
Salmos 6:2; 23:1; 27:4-5; 27:10; 32:3; 32:5 33:12; 34:1; 34:15; 45:1; 51:12-13; 51:16-17; 84:11; 107:13-16; 116:11; 121:1-2; 126:1-3; 131:1; 147:2-3; 150:1	2 Timóteo 1:12; 2:15; 3:1; 3:12; 3:16-17; 4:2
Provérbios 1:8-9; 6:16-17; 6:32; 10:2; 11:20-21; 22:6; 25:28; 28:13; 31:18	Tito 2:2; 2:7-8; 2:14; 3:5; 3:8
Cânticos dos Cânticos 2.4	Hebreus 2:18; 3:7-8; 3:15; 4:9-10; 4:12; 9:14; 10:17; 10:28-29; 11:6; 13:4; 13:5
Isaías 1:6; 41:10; 44:3-4; 48:22; 49:15-16; 53:2-3; 55:6; 55:7; 62:2	Tiago 1:25; 1:26; 2:10; 3:6; 3:16; 4:14; 5:16
Jeremias 17:11; 29:12; 31:3	1 Pedro 1:18-19; 3:12; 3:18; 5:10
Ezequiel 33:14-16	2 Pedro 1.5-8
Daniel 5:6; 5:26,27,30; 12:3	1 João 1:7; 1:9; 2:11; 2:15; 4:4; 4:7; 5:4-5
Oséias 4:10-11	Judas 1:22-23
Amós 3.3; 4:12	Apocalipse 3:5-67:13-15; 14:13; 20:12; 21:4; 22:3-4; 22:17
Habacuque 3:2	